Amour et sexualité en Occident

AVEC LES CONTRIBUTIONS DE :

Philippe Ariès
Jean Bottéro
Guy Chaussinand-Nogaret
Alain Corbin
Pierre Darmon
Robert Delort
Georges Duby
Roger-Henri Guerrand
Arlette Lebigre
François Lebrun
Jacques Le Goff
Claude Mossé
Anne-Marie Moulin
Michel Rey
Daniel Roche
Catherine Salles
Maurice Sartre
Jacques Solé
Michel Sot
Françoise Thébaud
Paul Veyne
Theodore Zeldin

L'HISTOIRE

Amour et sexualité en Occident

INTRODUCTION DE GEORGES DUBY
DE L'ACADÉMIE FRANÇAISE

Éditions du Seuil

Le livre est la reproduction d'un numéro spécial de *L'Histoire*. On y a ajouté quelques articles de la même revue. L'introduction de Georges Duby est originale.

EN COUVERTURE :
F. Hayez, *Le Baiser* (détail).
Pinacothèque de Brera, Milan. Archives Scala.

ISBN 2-02-012500-5

Introduction

La revue *L'Histoire* s'emploie à divulguer largement les résultats les plus neufs de la recherche historique française. Elle expose au grand jour le travail mené dans les laboratoires. Elle révèle ce que sont aujourd'hui les curiosités des historiens dans leurs rapports avec les curiosités du public. Il est par conséquent remarquable que cette revue ait publié en 1984 un numéro spécial tout entier consacré à l'amour et à la sexualité, et plus remarquable peut-être encore que, six ans plus tôt, dans son numéro inaugural, sur six articles de fond, deux (on les trouvera dans les pages qui suivent) aient abordé déjà ces thèmes, l'un traitant des relations entre le masculin et le féminin dans la société féodale, l'autre de l'usage de la contraception depuis la fin du XVIIIe siècle jusqu'au début du XXe. En effet, depuis deux ou trois décennies, nous autres, historiens professionnels, nous sommes engagés sur un terrain jusqu'ici délaissé. Nos devanciers s'en écartaient. Ils l'abandonnaient aux amateurs, aux romanciers notamment, lesquels, lorsqu'ils projetaient l'intrigue dans le passé et devant un décor souvent savamment reconstruit, prêtaient à leurs personnages — et la plupart le font encore — leurs propres sentiments, leurs propres attitudes, les façons d'aimer de notre temps. Cela en toute ingénuité, sans soupçonner le moins du monde l'anachronisme. D'ailleurs, d'un tel anachronisme, les très sérieux historiens positivistes du début de ce siècle étaient-ils eux-mêmes conscients ? Pfister, je l'ai noté jadis, évoquant l'amour d'Hugues Capet pour son fils, l'amour de ce fils pour son épouse, attribuait à l'un et à l'autre les manières et les passions de ses contemporains. Tout a changé. Nous sommes aujourd'hui tous persuadés que les hommes ne traitaient pas les femmes de la même façon au temps de Laclos et au temps de Zola, dans l'Espagne du Cid, dans la Rome antique ou à Sumer, et il nous intéresse de mieux savoir comment ils les traitaient. La sexualité, l'amour figurent parmi les objets qui retiennent aujourd'hui fortement l'attention des historiens. Deux objets sensiblement différents, l'un relevant du charnel, comme auraient dit les moralistes du XIIe siècle, l'autre du spirituel, mais étroitement imbriqués, comme les mêmes moralistes pensaient que le sont l'âme et le corps, les mouvements de l'un retentissant immédiatement sur l'autre. Pourquoi cette récente ouverture ?

Qu'elle ait tardé, qu'elle se soit affirmée il y a moins d'un quart de siècle n'a rien de surprenant. Les récentes transformations de nos mœurs l'expliquent. Et d'abord que tout ce qui restait d'une pudibonderie héritée du XIXe siècle se soit dissipé. Un obstacle s'est écroulé dont il ne faut pas sous-estimer la vigueur. Lorsque j'étais étudiant, presque tous mes maîtres auraient, j'en suis sûr, éprouvé quelque gêne à développer devant nous certains sujets ; il ne paraissait pas décent de s'y attarder ; de cette réserve, commune parmi les historiens universitaires, témoigne par exemple la délicatesse avec laquelle Marc Bloch, en 1940, choisissait ses mots pour exprimer la conception qu'il se faisait de l'amour courtois. J'imagine mal la *Bibliothèque de l'École des Chartes* publiant à cette époque des textes aussi violemment érotiques que ceux cités ici par Jean Bottéro. Mais justement, ne sommes-nous pas au cœur de l'histoire dont il est ici question : ce qui faisait honte à nos mères ne fait plus honte à nos enfants. Voici où se situe la rupture.

Dans une brusquerie qui laissa pantois plus d'un, se sont effondrées sous nos yeux des armatures dressées depuis des siècles pour l'ordonnance des rapports entre les sexes. Des interdits se sont levés. Les corps se sont dénudés. On s'est accoutumé à ne plus rougir de certains propos. Des comportements, naguère soigneusement dissimulés, ont commencé de s'afficher, tandis que la conjugalité revêtait des formes nouvelles. Plus décisive encore fut la révolution — fondamentale, beaucoup plus profonde que tous les changements survenus depuis des générations dans l'économie ou dans la culture ; les autres secousses, que nous appelons aussi révolution, paraissent au regard de celle-ci superficielles et fugaces

— la révolution, dis-je, qui, annulant des dispositions établies depuis les origines de l'espèce humaine, est venue modifier de fond en comble la répartition des rôles et des pouvoirs entre les hommes et les femmes. Il ne faut pas s'étonner que des perturbations aussi radicales aient attiré sur les phénomènes qu'elles affectent l'intérêt des spécialistes en sciences humaines et particulièrement des historiens. De même que, dans les années 20 de ce siècle, les turbulences du marché monétaire avaient stimulé l'essor d'une histoire économique fondée sur l'étude de la conjoncture, de même l'ébranlement, la dislocation du système gouvernant les comportements amoureux, vint récemment rappeler que ces comportements ne sont pas immuables, qu'ils changent avec le temps et qu'il peut être utile d'observer ce qu'ils étaient dans le passé, ne serait-ce que pour mieux comprendre ce qu'ils deviennent de nos jours.

De cette prise de conscience est issue l'impulsion la plus forte qui nous a portés à prospecter ce nouveau champ. Il convient d'ajouter cependant que nous y étions préparés : le développement des recherches en démographie historique, dont le succès fit la gloire de l'École française dans les années 50, disposait à s'interroger plus délibérément sur la nuptialité, sur la natalité, bref sur les conjonctions, légitimes ou non, entre les deux sexes. Des lectures enfin nous encourageaient, l'une, générale et diffuse, celle de Freud, l'autre plus appuyée et plus particulière aux historiens, la lecture des ethnologues. Si l'œuvre de Freud, plus tardivement, plus sourdement que celle de Marx, exerça quelque influence positive sur l'orientation de nos recherches, ce fut en nous incitant à considérer les phénomènes sexuels avec cette attention soutenue que, depuis la fin du XIXe siècle, leur prêtait la psychiatrie. D'autre part, découvrir, en lisant le résultat d'enquêtes menées parmi les peuplades d'Afrique ou d'Océanie, que toute organisation sociale se fonde sur les relations de parenté, c'est-à-dire sur la codification des échanges sexuels, révélait la nécessité d'examiner de près de telles structures dans les sociétés anciennes afin d'étudier convenablement les caractères et l'évolution de celles-ci. Ainsi prit place, dans une histoire qui se veut résolument anthropologique, le thème de l'amour et de la sexualité.

Du domaine qui sous ces diverses pressions s'est ouvert à la recherche, l'exploration se montre singulièrement difficile. Se risquer à l'entreprendre, c'est s'enfoncer dans l'obscur. Les témoignages en effet sont rares. Dans la culture européenne, depuis l'Antiquité jusqu'à nos jours, tout ce qui se rapporte à l'amour relevait de l'intime, autrement dit s'isolait, se retirait au sein du plus privé, se dérobait au regard. Rien n'en était rapporté sinon à mots couverts, chuchotés. Ces phénomènes ont laissé fort peu de traces dans les documents que l'historien met en œuvre. En effet, la plupart de ces documents, et l'on peut dire presque tous lorsqu'il s'agit d'époques très anciennes, concernent ce qui est public, ostensible, et sur quoi pèse de tout son poids la censure. Les pudeurs d'antan font ainsi écran entre le chercheur et ce qu'il cherche à voir. Le voile dont elles ont recouvert les désirs et leur assouvissement est, au fil du temps, plus ou moins épais, et de telles fluctuations intéressent au premier chef l'historien. Il arrive que l'indiscrétion soulève ce voile, mais ce qui est ainsi démasqué fait l'objet de révélations la plupart du temps clandestines, diffusées dans des cercles étroits et sous des formes légères, vulnérables, qui généralement résistent mal à l'usure du temps et dont à peu près rien n'est parvenu jusqu'à nous. Combien de fois me suis-je heurté à ce mur que, devant la réalité des choses de l'amour, dresse ce que nous avons conservé de la littérature chevaleresque, que je n'imaginais pas aussi pudique.

Rares, les témoignages sont de surcroît très ambigus. Car ce que les gens font apercevoir en ce domaine de leurs sentiments et de leurs actes, ce qu'ils en exhibent, comme une couverture pour justement dissimuler le reste et qui est peut-être l'essentiel, est toujours ce que le système de valeurs, la morale, le quant-à-soi, les convenances exigent de montrer. Le plus clair de l'information — et même lorsqu'il s'agit de temps très proches de nous et pour lesquels l'historien dispose de moyens assez efficaces de pénétrer dans l'intimité — vient de ces mises en scène conventionnelles de l'amour et de la sexualité que proposent les textes littéraires ou les arts visuels.

On sait la difficulté de critiquer convenablement des témoignages de cette sorte, d'évaluer la part de réalité vécue qui se reflète dans le poème, le roman, la fresque, si réaliste soit-elle, le film, et de mesurer le retentissement du contenu de ces ouvrages sur le comportement de ceux qui les écoutent, les lisent, les regardent. J'ai compris, par expérience, qu'il serait dangereux de prendre pour argent comptant ce que disent des façons d'aimer en France au XIIe siècle les chansons courtoises ou les fabliaux, les vies de saints ou bien les sermons de prédicateurs. Si pertinente, si aiguë que soit sa critique, l'historien peut-il espérer restituer autre chose que cette enveloppe quasi rituelle, cette poudre que l'on jeta jadis aux yeux des voyeurs ? S'il avait plus d'ambition, qu'il considère combien sont sujettes à caution les données recueillies parmi nous par des sondages, des questionnaires que chacun pourtant peut remplir dans la plus parfaite discrétion. C'est qu'il est déjà malaisé à propos de ces choses de voir clair en soi-même.

Écrire ce genre d'histoire requiert par conséquent de deviner ce qui n'est pas dit, de déceler le sens caché des rares expressions accessibles, de combler à chaque pas des vides immenses. L'imagination ainsi s'engouffre dans le jeu. Force est de lui lâcher la bride, plus généreusement que sur d'autres terrains de la recherche historique. On peut se demander si celui qui s'aventure en ces parages parvient toujours à se défendre de projeter sur les schémas imparfaits qu'il reconstruit un peu de ses propres fantasmes. Peut-il refouler tout à fait ce qui surgit de cette part de son être, obscure, qui le domine et qu'il ne connaît pas ? A propos de l'amour et de la sexualité, l'historien, je pense, parle bien davantage de lui-même que lorsqu'il traite de la diplomatie de Gladstone ou du grand domaine carolingien.

Cette part d'inévitable subjectivité explique la diversité de ton des contributions rassemblées dans ce volume, et que parfois elles se contredisent. Qu'il s'agisse de l'amour discipliné dans le cadre conjugal ou de celui qui se donne libre cours dans les espaces du jeu, qu'il s'agisse des crimes de l'amour ou de ses joies paisibles, ces articles en effet, tous écrits, ne l'oublions pas, non point pour des savants mais à l'intention d'amateurs éclairés, ne sont en vérité que des jalons, quadrillant un chantier à peine ouvert. L'enquête en est à ses débuts. Surpris parfois, passionné, le lecteur s'apercevra vite que cette enquête est indispensable. Le peu qu'elle a mis au jour, péniblement, à tâtons, oblige à regarder déjà les sociétés du passé d'un tout autre œil.

G. D.

L'amour n'est plus ce qu'il était

Tandis que le voile des conformistes partait en lambeaux, le monde occidental s'aperçut, il y a peu, que dans son sein les comportements se transformaient : les manières d'aimer ne sont plus ce qu'elles étaient, ni les rapports entre le masculin et le féminin. C'est l'un des aspects les plus troublants d'une modification d'ensemble des relations familiales, une mutation bouleversante, le plus important peut-être de tous les changements qui affectent notre civilisation à la veille du IIIe millénaire ; bien plus que tous ces soubresauts que des habitudes de langage nous incitent à tenir pour des révolutions.

Il n'est donc pas surprenant que les historiens aient récemment dirigé leur attention vers ces phénomènes. Mais du nouvel espace où s'aventurent leurs recherches, l'exploration s'avère singulièrement difficile. L'observation des faits l'est déjà. Car, parmi les traces explicites qui demeurent des sociétés du passé, ce qui touche à l'amour, à la sexualité, est fort discret : c'est le peu que de robustes censures ont laissé filtrer, et souvent pour mieux masquer ce qu'il ne paraissait pas décent d'exhiber. Aussi conviendrait-il peut-être de commencer par écrire l'histoire, passionnante, éclairante, de la pudeur.

D'autre part, ces codes, ces textes normatifs ou bien ces récits, ces chansons, ces images, qui proposent des modèles de conduite, ne se laissent pas toujours aisément déchiffrer : qui peut assurer que, dans les poèmes célébrant au XIIe, au XIIIe siècle, l'amour que nous disons courtois, un autre visage, le vrai, masculin, ne se cache pas sous celui de la dame élue ? Enfin, le plus ardu reste bien sûr d'interpréter ces rares vestiges, de rendre compte des lents mouvements que nous devinons travaillant en profondeur une formation morale dont nous n'apercevons jamais que l'écorce, et qui de temps à autre la portent à changer de peau. Je suis tenté de suivre Paul Veyne, de penser avec lui que ces mouvements risquent de rester inexpliqués. Convaincu, en tout cas, qu'il serait trop simple d'en chercher la cause, hier ou aujourd'hui, dans les flux ou les reflux du christianisme.

G.D.

1

L'amour en liberté

La règle du jeu

Tout commence à Babylone

Jean Bottéro

Tout comme les impératifs et les rites du manger et du boire, l'amour et la sexualité qui le commande sont inscrits dans notre nature profonde et originelle. Chaque culture leur a donc, par force, gardé une place privilégiée dans son système, tout en les présentant à sa manière. Or, pas plus que nous ne savons comment nos ancêtres de la Préhistoire accommodaient leur cuisine, nous ne saurons jamais comment ils faisaient, et surtout estimaient l'amour : les images qu'ils nous en ont laissées sont ambiguës et malaisées à interpréter. Seule une documentation écrite pourrait nous en fournir une connaissance circonstanciée et sans ambages.

Avec l'Égypte ancienne, l'antique Mésopotamie est le plus vieux pays qui ait connu et utilisé l'écriture, dont elle nous a laissé, entre 3000 avant J.-C. et les alentours de notre ère, un monumental amoncellement de pièces : quelque chose comme un demi-million de tablettes, qui couvrent bien des « genres littéraires », depuis les comptes d'apothicaires les plus tatillons jusqu'aux créations les plus échevelées de l'imaginaire. Il serait bien surprenant que dans ce gigantesque fouillis, trituré depuis un bon siècle par les assyriologues, nous ne retrouvions pas, entre autres trésors, de quoi nous faire une idée de la vie sexuelle et amoureuse des très anciens habitants d'un pays où est née, au tournant du IVe au IIIe millénaire, la première grande civilisation véritablement digne de ce nom : complexe et raffinée dans tous les secteurs de l'existence.

« Tabous… »

Certes, si les Mésopotamiens ignoraient beaucoup de nos « tabous » tournant autour du sexe et de son usage, du moins, à la différence de nos contemporains, n'aimaient-ils pas se prévaloir exagérément, en tout cas par écrit, de leurs préoccupations, capacités et prouesses en ce domaine. Elles leur semblaient bien trop naturelles pour qu'il valût la peine d'en disserter. Du reste, même dans la portion la plus personnalisée de leur littérature, leur correspondance, ils paraissent avoir gardé une étrange pudeur touchant leurs sentiments les plus intimes : nous n'y trouvons pas la moindre déclaration d'amour, ni même d'épanchement ou de tendresse. De pareils mouvements du cœur ne s'y font jour que rarement et sont plus suggérés qu'exprimés. Ainsi dans cette missive en laquelle la reine de Mari, vers 1780 avant J.-C., souhaite à son époux en campagne de regagner au plus tôt ses foyers, « tranquille et satisfait », et l'invite à porter les lainages qu'elle lui a préparés et qu'elle lui envoie par le même courrier. Ou dans ce billet désespéré d'une jeune femme qui, vers la même époque, annonce à son mari la mort, à sept mois de grossesse, du bébé qu'elle portait « en son ventre », et sa propre peur de mourir, de maladie ou de chagrin, abandonnée de tous, loin de son époux qu'elle languit de revoir vite.

Si donc, parmi leur héritage littéraire, il ne faut pas espérer surprendre beaucoup de ce que l'Amour — sentiment, passion ou simple amusement — peut avoir déclenché d'expériences, de bonheurs ou de drames personnalisés, il reste largement de quoi nous laisser entrevoir comment ces vieux ancêtres le comprenaient, comment ils le pratiquaient et bien des plaisirs et des peines qu'il pouvait apporter à leur vie. D'autant qu'ayant imaginé leurs dieux sur leur propre modèle mis au superlatif, nombre de pièces, qui ont pour sujets ces hauts personnages, nous renseignent tout aussi bien, voire mieux, que si de simples mortels étaient en jeu : on en trouvera plus loin des exemples suggestifs.

En Mésopotamie comme chez nous, impulsions et capacités amoureuses avaient été traditionnellement canalisées par la contrainte collective en vue d'assurer ce que l'on tenait pour la propre cellule du corps social : la famille, et de pourvoir ainsi à sa continuité. La vocation foncière de chaque homme et de chaque femme, son « destin », comme on disait, en référant les natures à une volonté radicale des dieux, c'était donc le mariage. Et l'on réputait marginaux, voués à une existence languissante et malheureuse, « le jeune homme demeuré solitaire [...] qui n'avait ni pris de femme, ni élevé d'enfants, et la jeune femme [qui n'avait été] ni déflorée, ni imprégnée, [dont] nul mari n'avait détaché l'agrafe de son vêtement et écarté la robe [pour] la serrer contre lui et lui faire goûter le plaisir [jusqu'à ce que] ses mamelles se gonflassent de lait [et qu']elle fût devenue mère ».

« *Jusqu'à huit fois* ».

Ce mariage, normalement monogamique, se faisait très tôt, arrangé par les parents des futurs dès l'enfance de ces derniers, parfois même avant leur naissance, quitte à ne les réunir qu'une fois nubiles. C'est alors qu'elle laissait sa famille pour « être introduite en la maison paternelle de son époux », où elle demeurerait jusqu'à sa mort, à moins qu'elle ne fût stérile et incapable d'accomplir sa fonction essentielle : dans ce cas, le mari pouvait la répudier. Rien ne fait mieux comprendre à quel point vocation et union matrimoniales étaient avant tout « asservies » à la constitution de la famille, à la procréation et l'éducation des enfants, à la survie de la communauté.

Que cette institution n'ait pas suffi à épuiser, si l'on peut dire, toutes les possibilités amoureuses, on le perçoit d'abord à la faculté accordée à chaque homme, au gré de ses fantaisies et surtout de ses capacités économiques, de prendre, chez lui, une ou plusieurs « épouses secondes » ou concubines. Mais on le voit surtout à quantité d'« accidents de parcours », aventures ou drames conjugaux, signalés çà et là dans ces manuels de casuistique jurisprudentielle que l'on a appelés à tort « codes de lois », dans les pièces de procédure judiciaire et dans les traités divinatoires, où les présages et l'avenir dont ils étaient chargés ne transposaient guère que du « déjà vécu ». On y trouve des hommes qui se jettent « en pleine rue » sur des femmes pour les séduire ou les violer ; ou qui couchent avec elles en secret, qu'elles soient mariées ou non, au risque d'être surpris par le mari, le père ou des témoins gênants. On y trouve des femmes courant la prétantaine et faisant jaser ; d'autres réputées « faciles » ; d'autres qui trompent leur époux, sans vergogne ou en tapinois, moyennant les bons offices d'amies complaisantes ou d'entremetteuses ; d'autres encore qui abandonnent, « jusqu'à huit fois », leur foyer, ou se font prostituées ; d'autres enfin qui vont jusqu'à se débarrasser de leur mari gênant en le dénonçant, en le faisant assassiner ou même en le trucidant de leur propre main...

Découvertes, ces fautes étaient sévèrement punies par les juges, peine de mort comprise : celles des hommes dans la mesure où elles portaient un tort grave à des tiers ; celles des femmes parce que, même secrètes, elles pouvaient nuire sérieusement à la cohésion de la famille. Sans compter que, dans ce pays de culture foncièrement patriarcale, l'homme était, de plein droit, le maître absolu de sa femme, au même titre que de ses serviteurs, de son bétail et de ses biens. Une telle position de principe, commune aux Sémites antiques et modernes, paraît avoir été, de fait, passablement atténuée en Mésopotamie, non seulement par une conception plus libérale de la condition féminine — peut-être héritée de l'influence archaïque des Sumériens —, mais aussi par le fait que, dans ce temps comme toujours et dans ce pays comme partout, personne n'a jamais réussi à empêcher les femmes de n'en faire qu'à leur tête et de mener, sans le dire, les hommes par le bout du nez...

Les dieux eux-mêmes n'échappaient pas à de telles mésaventures. Dans un mythe sumérien, le dieu Enlil épie la jeune déesse Ninlil, se jette sur elle, la viole et l'engrosse, si bien que les autres dieux, révoltés par cette méconduite, finissent par le bannir —, ce qui ne l'empêche pas de recommencer ! Inanna, la fille du dieu An, se fait violenter par le jardinier de son père, selon un autre mythe sumérien, alors que, dans sa transposition en accadien, c'est elle qui le sollicite éhontément et en termes fort crus, et qui, devant sa résistance, le change en grenouille. Dans la célèbre *Épopée de Gilgamesh,* en langue accadienne, la même déesse s'offre pareillement sans vergogne au héros revenu glorieux de son expédition dans la Forêt des Cèdres ; mais celui-ci, ne tenant pas à tomber entre les pattes de la dévergondée, lui jette au visage la liste des nombreux amants qu'elle a tous abandonnés et maltraités après les avoir aimés.

L'amour « libre ».

Une telle situation explique qu'à côté de l'amour « asservi » aux besoins de la société, il y ait eu place pour ce que j'ai appelé l'amour « libre », pratiqué librement par chacun pour son propre plaisir. Afin qu'il ne portât préjudice à personne, il était assuré par des « spécialistes » exerçant ce que nous appellerions la prostitution. Vu les goûts et les manières de voir du temps et du pays, selon lesquels l'amour n'était pas forcément hétérosexuel, ces employés de l'amour « libre » étaient des professionnels de l'un et de l'autre sexe. Mais, à la différence de ce qui se passe chez nous, il y a de fortes chances que leur office ait été fortement coloré de religiosité. Non seulement ils prenaient part, ès qualités, à des cérémonies liturgiques, en particulier dans certains sanctuaires, mais on leur avait donné pour patronne et modèle la déesse appelée Inanna en sumérien, Ishtar en accadien, la plus notoire du panthéon, où elle avait le titre de « Hiérodule » : prostituée surnaturelle. L'on s'est déjà fait, ci-dessus, quelque idée des licences qu'un tel rôle lui autorisait...

A en juger par les dénominations multiples que nous en connaissons, mais qui, la plupart, ne nous disent plus grand-chose, « prostituées » et « prostitués » nous apparaissent répartis en catégories ou corporations diverses, dont nous n'avons plus les moyens de percevoir différences et spécialisations. L'une d'entre elles aurait été, à en croire sa désignation (« ishtariennes »), rattachée plus immédiatement à la personne d'Ishtar, et l'autre (« consacrées »), en contact plus direct avec le monde religieux. Parmi les hommes, certains devaient être, non seulement invertis mais travestis, quelques-uns — on n'a rien inventé ! — portant même des noms de femmes, voire — si l'on en croit un texte oraculaire étonnant — pouvant jouer les épouses et même les accouchées...

Ces officiants de l'amour « libre » étaient apparemment nombreux, surtout autour de certains temples. Le bon Hérodote (I, 199) s'y est trompé : surpris de voir tant de créatures offrir à l'encan leurs services, il s'est laissé dire qu'il s'agissait de « toutes les femmes du pays » obligées, par une « coutume honteuse », de s'y prêter au moins « une fois dans leur vie »... On les traitait comme des marginaux, les reléguant à la frontière de l'espace socialisé des villes, dans la région des remparts, et ils semblent n'avoir guère été protégés contre mauvais traitements, avanies et mépris. Un mythe en sumérien nous en suggère la raison : chacun avait en somme « manqué son destin » spécifique — les femmes, de n'avoir qu'un époux, afin de lui donner des enfants, et les hommes, de jouer en amour le rôle masculin.

Un pareil jugement dépréciatif porté sur le personnel au service de l'amour « libre » n'empêchait pas que l'on tînt ce dernier, en tant qu'activité humaine, dans la plus haute estime, et qu'on le réputât une prérogative essentielle de ce que nous appellerions la culture raffinée. Un autre mythe en sumérien nous l'explique sans ambages, et nous en avons la preuve dans l'histoire d'Enkidu, le futur ami et compagnon de Gilgamesh, au début de l'*Épopée* en accadien qui porte le nom de ce héros. Né et élevé dans la steppe, avec les bêtes sauvages pour toute société, sorte de brute puissante et de « bel animal », il découvre l'amour véritable — non plus bestial, mais avec une vraie femme, experte et lascive — grâce à une prostituée qu'on lui a expédiée pour l'amadouer :

« Elle laissa tomber son écharpe / Et découvrit sa vulve, pour qu'il pût jouir d'elle. / Hardiment, elle le baisa sur la bouche (“lui prit le souffle”) / Et rejeta ses vêtements. / Alors il s'allongea sur elle, / Qui lui montra, à ce sauvage, / Ce que peut faire une femme, / Tandis que, de ses mamours, il la cajolait. » (Tabl. I, colonne IV, 16 s).

Après « six jours et sept nuits » d'étreinte, il se trouve complètement subjugué par cette enchanteresse et prêt à la suivre partout. Elle lui fait alors quitter sa steppe natale et ses compagnons animaux, qui d'ailleurs le refuient désormais, et l'emmène en ville, où, grâce à elle, il « devient un homme », un homme au sens plein du mot, cultivé et civilisé. C'est l'amour « libre » qui, de la nature, l'a introduit en la culture. Comment marquer mieux à quel point on estimait un des privilèges de la haute civilisation, cette possibilité d'exercer librement et pleinement, si nécessaire, avec l'aide d'« experts », nos capacités amoureuses natives ?

Il va sans dire qu'à notre connaissance nulle interdiction explicite, nulle inhibition, consciente ou non, ne venaient freiner l'exercice d'une telle prérogative. Faire l'amour était une activité naturelle, aussi culturellement anoblie que le manger magnifié par la cuisine[1]. Au nom de quoi se serait-on senti déchu, ou amoindri, ou coupable devant les dieux en le pratiquant de quelque manière que ce fût, pourvu, la chose va de soi dans une société aussi policée, que, le faisant, on ne portât nul préjudice à des tiers ou que l'on n'enfreignît pas un de ces interdits coutumiers qui quadrillaient la vie de chaque jour. Par exemple, à tels ou tels jours de l'année (le 6 du mois de Tashrît — septembre-octobre — pour n'en citer qu'un), il était déconseillé ou prohibé, nous ignorons pourquoi, de faire l'amour. Et encore : certaines femmes paraissant avoir été en quelque sorte « réservées » aux dieux, totalement ou en partie, c'était une faute grave que de coucher avec les premières ou de faire un enfant aux autres. Ces restrictions mises à part, non seulement la pratique de l'amour ne posait pas le moindre problème « de conscience », mais les dieux en personne étaient tout prêts, pour peu qu'on le leur demandât selon les rites, à contribuer à sa réussite.

Prières pour le bon succès de l'amour.

Il nous reste ainsi un certain nombre de prières et d'exercices dévots « pour [favoriser] l'amour d'un homme envers une femme », ou « d'une femme envers un homme », et même « d'un homme envers un homme » (bien que le symétrique attendu, « d'une femme envers une femme », ne figure pas dans la liste, nous savons d'autre part que l'amour saphique n'était évidemment pas inconnu) ; ou encore « pour séduire une femme » ; « pour arriver à faire l'amour [avec elle] » (mot à mot « à rire », un de ces nombreux synonymes imagés, dans tout langage érotique, pour désigner l'union des sexes) ; d'aures « pour le cas où un homme ne serait point encore parvenu à coucher avec une femme » ; d'autres encore « pour qu'une femme se laisse séduire », etc.

En voici une « pour obtenir qu'une femme ait envie (mot à mot : ''porte les yeux sur le pénis'') d'un homme » :

« ''La plus belle des femmes a inventé l'Amour ! Ishtar, qui se délecte de pommes et de grenades [fruits réputés aphrodisiaques], a créé le Désir. Monte et descends, pierre-d'amour [terme érotique probable, se rapportant au membre en érection plutôt qu'à un simple adjuvant] ; entre en action à mon avantage ! C'est Ishtar qui doit présider à notre accouplement !'' A réciter trois fois sur une pomme ou une grenade, que l'on fera ensuite croquer à la femme désirée : dès lors, elle s'abandonnera et on pourra lui faire l'amour. »

D'autres procédures analogues, sortes de charmes, mais à peu près toujours subordonnées à l'aide implorée des dieux et que, pour cette raison, il vaut mieux considérer comme « sacramentelles » que comme « magiques » — on en a retrouvé des quantités et qui intéressent tous les secteurs de la vie individuelle ou sociale —, sont peut-être encore plus éloquentes. Un catalogue, en partie perdu, en dénombrait au moins soixante-dix ; mais nous n'en avons récupéré guère plus d'une trentaine, souvent délabrées. Toutes sont mises sur la bouche de la partenaire (« la femme » et non pas « l'épouse » !), avec, pour but, d'obtenir que l'amant, « tenant bon » jusqu'au bout lui assure ainsi tout le plaisir physique qu'elle était en droit d'attendre de leur rapprochement. Cette capacité, pour l'homme, de conduire sans faute son amante jusqu'à l'orgasme, on l'appelait, dans la langue érotique, *nîsh libbi*, mot à mot « lever du cœur », — métaphore transparente.

De telles « prières » sont tout à fait remarquables. Adressées aux dieux et déesses, elles soulignent à quel point plaisir sexuel et sentiment religieux étaient compatibles. Elle attestent également que, dans une société en apparence aussi « machiste », comme on dit aujourd'hui, la femme, en amour, était vraiment l'égale de l'homme : elle avait droit comme lui au plaisir, elle n'était ni un objet, ni un instrument, mais une véritable partenaire — ce qui vaut bien la peine qu'on le souligne. Enfin, le contenu même de ces dévotions est particulièrement savoureux : il nous fait entrer, si l'on peut dire, dans l'intimité du couple en action. On y trouve une amante enflammée, déchaînée et un peu folle, qui déparle et rugit de désir et de plaisir. Ce sont d'excellents documents de la vie amoureuse. En voici deux, le premier accompagné de manipulations « confortantes », le second fait de seuls cris, mais combien éloquents !

Prière. « Prends-moi ! N'aie pas peur ! Bande sans

crainte ! par ordre d'Ishtar [la déesse de l'Amour], de Shamash, d'Ea et d'Asalluhi ! [les dieux qui présidaient couramment aux rites « sacramentels »]. Cette recette n'est pas de moi : c'est celle-là même d'Ishtar, déesse de l'Amour ! [manière courante de souligner l'origine surnaturelle et donc l'infaillibilité du rite]. On recueillera quelques poils arrachés à un bouc en rut, un peu de son sperme, quelques poils d'un bélier en rut... ; on amalgamera le tout ensemble pour le fixer aux lombes de l'amant, après avoir récité sept fois, par-dessus, la susdite prière. »

Prière. « Excite-toi ! Excite-toi ! Bande ! Bande ! Excite-toi comme un cerf ! Bande comme un taureau sauvage ! [...] Fais-moi l'amour six fois comme un mouflon ! Sept fois comme un cerf ! Douze fois comme un mâle de perdrix ! [tous animaux réputés pour leur vigueur sexuelle]. Fais-moi l'amour parce que je suis jeune ! Fais-moi l'amour parce que je suis ardente ! Fais-moi l'amour comme un cerf ! Et moi, protégée par le dieu Ningirsu [lequel devait avoir sur le présent article une autorité qui ne nous est pas autrement attestée], moi, je t'apaiserai ! »

Les ébats amoureux.

Puisque nous voici en l'alcôve, demeurons-y un instant grâce à un document assez inattendu et fort suggestif. C'est le chapitre d'un gros traité divinatoire. Férus de divination « déductive », les anciens Mésopotamiens avaient pour principe de considérer comme un présage à peu près tout ce qui se voyait, au monde, dans la nature et dans la vie de l'homme, d'inhabituel, de fortuit ou de singulier.

Moyennant des règles d'herméneutique qu'ils avaient élucubrées, ils se faisaient fort d'en « déduire » l'avenir heureux ou malheureux à quoi étaient exposés ceux que concernaient de telles conjonctures. Un des nombreux ouvrages qu'ils y avaient consacrés rassemblait les aléas de la vie quotidienne : tous les événements imprévus, les rencontres peu communes qu'un individu pouvait affronter au jour le jour dans les divers secteurs de son existence. Et l'une des divisions de ce recueil monumental (dans son état originel et indemne des injures du temps, il comprenait environ 110 tablettes, ce qui devait représenter entre dix et quinze mille présages et oracles) se trouvait assignée aux relations sexuelles et conjugales. Tout le début de la tablette 104, qui nous est parvenue à peu près complète, poursuivant la 103e dont il ne reste que des bribes, étudie précisément les rapports amoureux. Il ne s'agit évidemment pas de leurs aspects de routine, banals et constants — on ne nous y souffle mot par exemple des « positions » universellement adoptées et les plus courantes —, mais seulement des fantaisies plus inhabituelles, ou alors des accidents qui pouvaient survenir à l'occasion des ébats.

Il arrivait, par exemple, que, pour ceux-ci, l'on choisît un cadre excentrique au lieu de s'en tenir à son lieu d'élection, « la chambre à coucher » : on pouvait se mettre en tête de « faire l'amour sur le toit-terrasse de la maison » ; ou « sur le seuil de la porte » ; ou « en plein milieu d'un champ ou d'un verger » ; ou « dans un lieu désert » ou « un chemin sans issue » ; ou encore « en pleine rue », soit avec une femme quelconque, sur laquelle on s'était « jeté », soit avec une prostituée ; et l'on pouvait aussi, seul ou accompagné de sa partenaire, s'en aller dans ce but « à la taverne », qui jouait le rôle à la fois d'estaminet et de lupanar... Diverses « positions » peu habituelles pouvaient être adoptées : « debout » ; « sur une chaise » ; « en travers » du lit ou de la partenaire ; « en la prenant par-derrière » ou même « en la sodomisant » ; ou alors « chevauché par elle », voire « en préférant jouer le rôle féminin »... on se livrait aussi à l'amour homosexuel et, dans ce cas, ou bien l'on sodomisait « quelqu'un de son milieu » — autrement dit un non-professionnel — ou « l'un de ses propres domestiques » ou « de ses serviteurs », si l'on ne recourait pas à un inverti qualifié ; ou encore, on préférait si délibérément « se soumettre à d'autres hommes » qu'on finissait par passer pour un professionnel.

Il y avait encore les rêves érotiques : l'homme pouvait en faire juste après l'amour ou même en éprouver une perte séminale carabinée ; ou alors, au lit avec sa femme, il la rêvait ne cessant de le désirer, mot à mot de « regarder vers son membre ». Le traité d'oniromancie, dont nous avons également retrouvé des portions, complète sur ce point le tableau : le sujet se rêve faisant l'amour à la déesse Ishtar en personne ou à une prêtresse (interdite) ; à la reine du pays ; à la fille du roi ; à sa propre fille ; à sa propre sœur ; et, dans le domaine homosexuel, à un dieu ; au souverain ; à un notable ; à un jeune homme ; à un petit garçon ; et même, en fin de compte, à... un cadavre !

Il est remarquable qu'on n'ait jamais trouvé, dans ces documents ou ailleurs, la moindre allusion à l'usage sexuel de la bouche, si bien qu'on peut se demander si fellation et cunnilingue — pourtant bien connus ailleurs à l'époque, par exemple en Égypte — n'étaient pas l'objet d'une aversion particulière ou d'un interdit coutumier. En revanche, la sodomie était courante, avec les femmes aussi bien qu'avec les hommes : elle n'est pas seulement attestée par d'assez nombreuses figurines, mais les textes en parlent sans détour. Outre le passage plus haut rapporté de la tablette 104 du traité, elle reparaît au moins quatre fois dans les débris de la 103. On trouve même cette pratique choisie comme « contraceptive » : dans un traité d'extispicine — ou divination par l'état des entrailles de l'animal sacrifié — est mentionnée une prêtresse qui « se fait sodomiser pour éviter de tomber enceinte ». On ne paraît du reste pas avoir connu d'autres moyens anticonceptionnels : les « pierres pour ne pas concevoir », comme celles « pour concevoir », « pour enfanter », ou « empêcher l'enfantement », « pour [favoriser] l'amour » ou « l'empêcher », relevaient de la thérapeutique « magique » ou « exorcistique ».

A ce tableau de la vie sexuelle, les textes médicaux ajoutent quelques touches. On y fait état de relations intimes sacrilèges — et donc porte-malheur — : avec des femmes « réservées aux dieux » ; ou incestueuses : avec des membres de la proche parenté féminine, mère ou sœur ; et de rapports sexuels avec des femmes enceintes jusqu'à une date proche de la délivrance. On y signale également des maladies que le patient a dû contracter, par contagion apparemment, « alors qu'il était au lit avec une femme », autrement dit en lui faisant l'amour, et des affections proprement vénériennes, qu'on appelait « maladies du coït ». C'était le cas, par exemple, de l'urétrite :

« Lorsque le patient éprouve de vives douleurs au pénis, qu'il perd spontanément du sperme en urinant, qu'il n'a plus d'érections et se trouve dans l'incapacité de faire l'amour, et que de son pénis ne cesse de découler du pus : il souffre d'urétrite [mot à mot "d'écoulement"]. »

Deux ou trois passages, qui ont quelque chose d'émouvant parce que le portrait, en somme, nous est toujours familier, décrivent même « le mal d'amour » : « Quand le patient ne cesse de toussoter ; que la parole lui manque souvent ; qu'il se parle constamment tout seul et rit sans raison à tout bout de champ [...] ; qu'il est habituellement déprimé, la gorge serrée, sans le moindre plaisir à manger ou à boire, et n'arrêtant pas de répéter, avec de grands soupirs : "Ah ! mon pauvre cœur !" — il souffre du mal d'amour. » Et le texte, qui — sauf maladies spécifiques — ne s'occupe régulièrement que du sexe masculin, ajoute pour une fois cette remarque, que je ne puis m'empêcher de trouver attendrissante : « Pour l'homme et pour la femme, c'est tout un ! »

L'amour-sentiment.

Voilà qui dépasse le simple érotisme et qui nous introduit dans le domaine de l'amour-sentiment. Sur ce chapitre, les documents « techniques » consultés sur les tablettes 103 et 104 citées plus haut ne nous sont guère de secours. C'est dans la littérature proprement dite, surtout la poésie, que nous avons le plus de chances de trouver quelques échos de ces soupirs, de ces transports, de cette flamme, de cette douceur, de cette tendresse, parfois de ces orages et de cette fureur, qui traduisent l'attachement viscéral à « l'autre », l'irrépressible besoin que l'on ressent de lui : le véritable amour du cœur, lequel peut certes éveiller l'érotisme et s'en emparer, mais n'en a pas véritablement besoin pour s'alimenter et, de toute manière, l'anime et en fait quelque chose de noble et de réellement à l'échelle de l'homme.

Poèmes et chants d'amour « profanes » sont rares dans ce que nous avons récupéré des belles lettres mésopotamiennes. L'unique pièce, à peu près entière, en notre possession, d'environ 150 lignes et dont il nous reste les deux tiers, est cependant tout à fait remarquable. Composée vers 1750 avant J.-C. en un accadien archaïque et ultra-concis, au vocabulaire particulier et souvent obscur, remplie de traits qui, après trente-huit siècles, nous échappent, elle est divisée en courtes

« strophes », qui constituent les éléments d'un dialogue entre deux amants. Du moins est-il clair que tout s'y passe sur le seul plan des sentiments et du cœur : pas la moindre allusion au sexe, pas le moindre érotisme dans le discours ! Le thème en est simple : l'amante soupçonne son bien-aimé d'avoir des faiblesses pour une autre. Elle se plaint : elle crie son amour, qui fleurit naturellement en une jalousie à la fois tendre et véhémente. Mais elle se dit convaincue de reconquérir le volage par sa loyauté ! Voici, au hasard des strophes, comment elle s'exprime :

« Je te demeurerai fidèle, / M'en soit témoin Ishtar-la-Souveraine : / Mon amour prévaudra, / Et sera confondue cette mauvaise langue [sa rivale !]. / Désormais je m'accroche à toi / Et je compenserai ton amour par le mien ! [...]

« Mais non, elle ne t'aime pas ! / Qu'Ishtar-la-Souveraine la confonde / Et qu'elle perde, comme moi, le sommeil. / Et demeure des nuits bouleversée et accablée ! [...]

« Oui ! J'embrasserai mon chéri : / Je lui donnerai des baisers / Et n'arrêterai point de le manger des yeux ! / Ainsi l'emporterai-je sur ma rivale ; / Ainsi retrouverai-je mon bien-aimé ! [...]

« Car c'est ton charme que je recherche, / C'est de ton amour que j'ai soif ! »

Face à ces déclarations touchantes et brûlantes, l'amoureux n'a guère le beau rôle : comme tous les hommes dans ces cas-là — et, on le voit, depuis la nuit des temps ! —, il se contente de dénégations, de mauvaise humeur et de rebuffades, qui ne découragent point son interlocutrice :

« Ne dis rien ! / Pas tant de discours ! / Il ne faut point parler pour ne rien dire ! / Mais non, je ne te mens pas ! / En vérité, c'est amasser du vent / Que d'attendre du sérieux d'une femme ! [...]

« Plus que toi, je repense / A tes ruses anciennes ! / Mais nous voici bien réveillés [de notre rêve] ! / Et pourtant je n'ai, dans mon cœur / Pas la moindre tendresse pour elle [toujours la rivale !] [...]

« Ne crois donc pas ce que l'on te répète : / Que tu ne serais plus la seule à mes yeux ! / Mais, si tu veux la vérité, / Ton amour n'est à présent, pour moi, / Que trouble et fâcherie ! [...] »

Et cependant, vaincu à la fin par la fidélité, la discrétion et la tendresse de son amoureuse, il revient à elle, comme elle l'espérait :

« Oui ! Tu es la seule qui compte ! / Ton visage est toujours aussi beau ! / Il est comme autrefois, / Lorsque je me serrais contre toi / Et que tu reposais sur moi ta tête ! / Je ne t'appellerai plus que ''Charmante'', / Et ''Sage'' sera ton seul titre, pour moi ! / Ishtar m'en soit témoin : / Désormais ta rivale sera notre ennemie ! »

C'est là, je le répète, un document unique et il est d'un réel intérêt qu'on l'ait ainsi consacré à exalter l'amour pur et désintéressé d'une femme, tout en jetant quelque ombre sur le sentiment que lui porte l'homme qu'elle aime. Que bien d'autres poèmes ou chants amoureux analogues — mais évidemment pas tous dans le même sens — aient été écrits et diffusés, même si la chance ne nous les a point conservés ou si nos archéologues ne les ont pas encore exhumés, nous en avons la preuve dans un catalogue de la fin du IIe millénaire avant notre ère, qui en rassemblait, par leur « titre » (autrement dit, leurs premiers mots) pas loin de quatre cents, desquels il nous reste à peu près le quart. Comme ces intitulés sont assez éloquents par eux-mêmes, en voici quelques-uns, qui composent un assez joli tableau des sentiments amoureux :

« Va-t'en, sommeil ! Je veux serrer dans mes bras mon chéri ! »

« Lorsque tu me parles, tu me dilates le cœur à en mourir ! »

« Ah, comme je te clignerai de l'œil droit... »

« Me voici amoureuse de tes charmes ! »

« Je n'ai pas fermé l'œil de la nuit : / Oui, j'ai veillé la nuit entière, mon chéri ! »

« O bonheur ! le jour ne m'a apporté que de bonnes nouvelles ! »

« Une, qui ne me vaut pas, s'est mise en tête de me supplanter... »

« C'est pour cette nuit ! Pour ce soir ! »

« Qu'elle est charmante ! Qu'elle est belle ! »

« Elle cherche le beau Jardin du plaisir que tu vas lui donner ! »

« C'est donc toi, mon mignon, qui préfères mes charmes ! »

« O mon oiselle ! Ma tourterelle ! Tu gémis comme un lamentateur ! »

« C'est lui, le jardinier du Jardin d'amour ! »

« Cette fille, son cœur la porte à s'amuser ! »

« Depuis que j'ai dormi tout contre mon chéri !... »

A ces chants et chansons de tendresse, de joie et de passion, manifestement à l'usage des jeunes gens et jeunes filles au temps des amourettes et des amours, le même catalogue en entremêle d'autres, qui introduisent dans le secteur de la poésie amoureuse une couleur de dévotion :

« Réjouis-toi, Notre-Dame ! Pousse des cris d'allégresse ! »

« O la plus Sage des sages : toi qui prends soin des humains ! »

« La plus redoutable entre les dieux, c'est moi ! »

« Je veux chanter le Roi-divin très fort, le Roi omnipotent ! »

« Qui donc serait ma Reine si ce n'est toi, Ishtar ?... »

Le fait est qu'une bonne part des poèmes et chants d'amour qui nous ont été préservés tournent autour de la déesse en qui l'on voyait à la fois la Protectrice et le Modèle surnaturels de l'« amour libre » : Inanna/Ishtar.

« Laisse-moi ! Je dois rentrer ! »

Imaginés sur le patron des hommes, les dieux avaient donc aussi chacun son épouse, voire ses concubines ; ils fondaient des familles, ils avaient des enfants. Sur ce plan, tout se passait entre eux sans histoires, et nous ne connaissons ni mythes ni légendes qui — comme chez les Grecs — répercutent orages et déboires conjugaux entre divinités. Certaines solennités, mieux attestées au cours du Ier millénaire avant notre ère, célébraient leurs noces autour de leurs statues de culte : baignées, parfumées, splendidement vêtues, puis transportées en grande pompe dans une pièce du temple que l'on appelait la « Chambre nuptiale », elles y passaient quelques jours côte à côte, censées y consommer leur union, que l'on fêtait par des banquets et des réjouissances du peuple entier autour d'elles.

Mais les dieux pratiquaient aussi l'amour « libre ». C'est surtout la personnalité exceptionnelle d'Inanna/Ishar, totalement indépendante, sans la moindre attache conjugale ou maternelle, livrée à ses seules toquades et passions, qui avait, sur ce chapitre, inspiré quantité de récits et de chants. On lui prêtait beaucoup d'aventures, mais celle dont on avait gardé le souvenir le plus vif, et touchant laquelle il nous est resté une documentation mythologique et lyrique impressionnante, c'était la première : son « amour de jeunesse » (avec Dumuzi (en sumérien) / Tammuz (en accadien), sans doute un souverain archaïque, anciennement héroïsé puis passé au rang des dieux ; il était considéré comme pasteur, et Inanna, contait-on, avait d'abord hésité entre lui et le dieu fermier Enkimdu — écho probable d'une situation économique et sociale déterminée, qui nous échappe tout à fait, tant elle est reculée, dans ce pays où agriculteurs et éleveurs de menu bétail, agents principaux de la production des ressources locales, ont dû rivaliser longtemps. Puis elle avait choisi le berger, comme le rappelait une sorte de duo avec chœur, composé en sumérien :

Inanna. — « Et quant à moi : ma vulve, mon tertre rebondi, / Qui donc me le labourera ? Ma vulve à moi, la Reine, ma glèbe tout humide, / Qui y passera la charrue ?

Chœur. — « O Dame Souveraine, c'est le Roi qui te labourera ! / C'est Dumuzi, le Roi, qui te labourera !

Inanna. — « Eh bien ! laboure-moi la vulve, ô toi que j'ai choisi !... »

Une autre pièce, également en sumérien, la décrivait rêvant par avance à l'amour :

« Lorsque je me serai baignée pour le Seigneur, pour Dumuzi, / Lorsque j'aurai paré mes flancs, / Couvert mon visage de crème, / Lorsque j'aurai fardé mes yeux de khôl, / Lorsque ses mains charmeuses m'enserreront les lombes, / Lorsque allongé contre moi il pétrira mes seins laiteux et succulents, / Lorsqu'il mettra la main sur ma vulve précieuse, / Lorsque son membre, pareil à une proue, y portera la vie, / Alors, moi aussi, je le caresserai longuement [...]/ Il mettra sa main en ma main, son cœur contre mon cœur : / Quel doux repos à dormir sa main dans ma main ! / Quel suave plaisir à serrer son cœur contre mon cœur ! »

Une autre, dans la même langue, la dépeignait attendant avec impatience la visite que son amant devait lui faire chez elle — dans la maison de ses parents, puisqu'elle était censée être encore jeune fille :

« Inanna prit un bain et se passa de l'onguent fin, / Revêtit son splendide Manteau-royal / Et disposa autour de son cou un collier de lazurite. / Après quoi, elle attendit anxieusement [...] / Lors, Dumuzi d'ouvrir la porte / Et de se glisser en la maison comme un rayon de lune ! [...] / Il la contempla, fou de joie, / La serra dans ses bras, l'embrassa [...] »

Il lui arrivait aussi, furtivement enfuie comme une adolescente amoureuse, d'aller à la rencontre de son chéri sous les étoiles, « qui scintillaient comme elle », puis de s'attarder sous ses caresses et de se demander, tout à coup, voyant la nuit avancer, comment elle allait expliquer à sa mère son absence et son retard :

« Laisse-moi ! Je dois rentrer ! / Laisse-moi, Dumuzi ! Je dois rentrer ! / Quel mensonge raconterai-je à ma mère ? / Quel mensonge raconterai-je à ma mère Ningal ? »

Et Dumuzi de lui suggérer la réponse : elle prétendra avoir été emmenée par ses compagnes écouter de la musique et danser... On se croirait vraiment de nos jours !

Les amours d'Inanna et de Dumuzi ont été célébrées, elles aussi, dans la liturgie, spécialement au tournant des IIIe et IIe millénaires, pour autant que nous soyons bien informés. Ce « Mariage sacré », cette union des deux amants surnaturels, était à la fois figuré et réalisé : non pas, comme ce sera le cas plus tard, sous les espèces des images des dieux, mais par une vraie nuit d'amour entre le souverain du pays, représentant Dumuzi, et une « prêtresse » tenant la place d'Inanna. Nous avons retrouvé tout un dossier à ce sujet et les archéologues qui fouillaient à Uruk en 1935 auraient même exhumé le collier d'une certaine Kubatum, « chérie du roi Shû-Sîn » (vers 203 avant J.-C.), dont nous savons qu'au moins une fois elle a joué ce rôle. Pour de telles occasions, on avait composé des chants ou des récitatifs de circonstance, parfois encore prenants en dépit des clichés inévitables dans ces poèmes de cour. Un exemplaire au moins nous a été conservé en entier. Il évoque le *Cantique des cantiques* de notre Bible et il est bien à sa place ici, d'autant que, daté du même roi Shû-Sîn, il avait peut-être été mis sur les lèvres de la charmante Kubatum :

« O mon amant, cher à mon cœur, / Le plaisir que tu me donnes est doux comme le miel ! / O mon lion, cher à mon cœur, / Le plaisir que tu me donnes est doux comme le miel ! / Tu m'as ravie ! Je suis toute tremblante devant toi ! / Que je voudrais déjà, mon lion, être emportée par toi en ta chambre ! / Laisse-moi te caresser, mon chéri ! / Mon doux chéri, je veux plonger en tes délices ! / Dans la chambrette, pleine de suavité, / Jouissons de ta beauté merveilleuse ! / Laisse-moi te caresser, mon lion ! / Mon doux chéri, je veux plonger en tes délices ! / Tu as pris ton plaisir avec moi, mon chéri : / Dis-le donc à ma mère qu'elle t'offre des friandises ! / Et dis-le à mon père : il te fera des cadeaux ! / Ton âme, je sais comment égayer ton âme : / Dors chez nous, mon chéri, jusques au point du jour ! / Ton cœur, je sais comment te dilater le cœur : / Dors chez nous, mon lion, jusques au point du jour ! / Et toi, toi, puisque tu m'aimes, / Prodigue-moi, s'il te plaît, tes caresses, ô mon lion ! / Mon divin Souverain, Seigneur et protecteur, / Mon Shû-Sîn qui réjouit le cœur du roi des dieux, Enlil, / Prodigue-moi, s'il te plaît, tes caresses ! / Ce recoin doux comme le miel, pose ta main dessus, je t'en prie : / Pose ta main dessus comme sur une étoffe agréable au toucher, / Et referme ta main dessus, comme sur une étoffe voluptueuse au palper ! »

De la tendresse à la passion, de la douceur à la volupté, ces ébats d'Inanna et de Dumuzi ne sont, en somme, que la projection sur un écran surnaturel des transports qui agitaient les hommes dans leur cœur et dans leur chair. Ils ne traduisent pas seulement les amours de nos vieux ancêtres de Mésopotamie, mais les nôtres, puisque nous pouvons vibrer encore devant ces tableaux lascifs et tendres, devant ces murmures et ces cris de passion, immortalisés dans d'aussi beaux poèmes près de quatre fois millénaires !

Ces gens-là étaient si bien entrés dans les secrets du cœur qu'ils avaient déjà compris que les grandes amours finissent toujours mal. Leurs mythes nous racontent en détail comment Inanna/Ishtar, au bout du compte, abandonnait lâchement son amant, le condamnant à mort et l'expédiant au Royaume des Ombres, où elle s'était, un jour, imprudemment fourvoyée, n'ayant obtenu sa libération de la poudreuse Geôle qu'à condition de s'y faire remplacer. Toute une série d'élégies, que nous avons retrouvées presque entières, déploraient les angoisses et les tortures du malheureux Dumuzi/Tammuz poursuivi par les sbires infernaux qui réclamaient leur proie. Et, comme pour mettre une dernière touche à ce tableau de l'Amour, elles soulignaient l'héroïque sacrifice de la sœur du pauvre amant rejeté, Geshtinanna, qui s'offrait à partager avec lui son séjour dans l'Empire des Trépassés ! Ainsi opposait-on déjà le véritable amour, désintéressé et noble, à cette tapageuse mais fragile et trompeuse ivresse de la passion.

Note

1. Pour la cuisine, par exemple, voir « La plus vieille cuisine du monde », par Jean Bottéro, *L'Histoire*, n° 49, octobre 1982, p. 72.

Orientation bibliographique

Pour se faire une idée de la civilisation mésopotamienne ancienne comme telle :

Bottéro J., *Mésopotamie. L'écriture, la raison et les dieux,* (bibliographie p. 363 s.), Paris, Gallimard, 1987, La question de l'amour y est abordée p. 224-240 : « L'"amour libre" et ses désavantages ».

Bottéro J., « Homosexualität » (article en français) aux p. 459-468 du tome IV du *Reallexikon der Assyriologie,* Berlin, W. de Gruyter, 1972-1975.

Aux pages 221-223 du tome III du même ouvrage, un aperçu (en allemand) de R. Labat touchant les « maladies vénériennes » (« Geschlechtskrankheiten »).

Sumériens, Babyloniens et Assyriens

Domaine de l'assyriologie, la Mésopotamie ancienne, dont le territoire répond à peu près à celui de l'Iraq d'aujourd'hui, a été le théâtre d'une interminable et très riche histoire. Dès le IVe millénaire, deux populations, l'une d'origine inconnue, les Sumériens, l'autre — que l'on appelle par convention Accadiens — apparentée à l'antique famille des Sémites, toujours maîtresse d'une bonne partie du Proche-Orient, y ont créé de concert la plus ancienne haute civilisation identifiable en histoire. Concentrée d'abord dans la partie méridionale du pays, elle s'est étendue plus au centre, autour de sa nouvelle capitale, Babylone, à partir de la première moitié du IIe millénaire, après la disparition des Sumériens, résorbés par les Sémites. Plus au nord encore, s'est levée, après 1500, la puissance assyrienne (dont Ninive sera la dernière capitale). Dès lors, la prépondérance a balancé entre Assyriens et Babyloniens, jusqu'à la domination des Perses, au milieu du VIe siècle avant notre ère ; puis, deux cents ans plus tard, d'Alexandre le Grand et des Séleucides. De ces trois millénaires, et davantage, il nous reste plusieurs centaines de milliers de documents écrits, sans parler d'un butin archéologique démesuré, constamment accru par les fouilles. C'est à la fois trop peu pour que nous nous flattions de tout savoir, ou presque, de ces antiques populations ; et en même temps énorme : on n'imagine pas tout ce que nous avons réussi à connaître de leur vie et de leur pensée en feuilletant ce dossier prodigieux. Et surtout, nous avons compris qu'elles constituaient notre plus vieil ancêtre culturel identifiable en ligne ascendante directe...

Écrite d'abord en langue sumérienne, la littérature de Mésopotamie ancienne l'a été ensuite, surtout à partir du premier tiers du IIe millénaire avant notre ère, en accadien, idiome sémitique apparenté à l'hébreu, à l'araméen et à l'arabe, et aussi loin du sumérien (qu'on ne peut rattacher à aucune famille linguistique connue) que le français peut l'être du chinois.

J.B.

Le Cantique des cantiques

Quels que soient les problèmes posés aux exégètes et aux théologiens par la présence dans le recueil biblique, essentiellement religieux, d'un ouvrage apparemment aussi profane que le Cantique des cantiques, *dans lequel même le nom et la personne de Dieu n'apparaissent jamais et où l'on ne trouve guère, en somme, que de l'amour, voire de l'érotisme, il faut en citer ici quelques passages, précisément pour illustrer l'expression littéraire de cet amour et de cet érotisme en Israël, quelque peu avant notre ère. Presque tout le texte est fait de monologues ou de dialogues entre une jeune femme et son bien-aimé, qui porte çà et là le nom de « Roi » ; parfois elle s'adresse aussi à ses jeunes compagnes ; et le ton de tous leurs discours rappelle par moments les chants amoureux de Mésopotamie.*

La bien-aimée. — « (I, 2) Embrasse-moi à pleine bouche : / Tes caresses sont bien meilleures que le vin, / (3) Meilleures que tes senteurs exhalées ! / Ta personne est un parfum qui embaume : / (4) Les jeunes femmes sont folles de toi ! / Entraîne-moi à ta suite : courons ! / Le Roi m'a introduite en sa chambre : / Folâtrons, jouissons de toi ! / Préférons au vin tes caresses ! / Ah ! que l'on a raison de t'aimer ! / (5) Je suis bronzée et belle, filles de Jérusalem, / Comme les tentes des Bédouins, / Comme les étendards des Arabes [...].

La bien-aimée. — « (II, 3) Tel le pommier entre les arbres du verger, / Tel est mon bien-aimé entre les (autres) hommes ! / J'aime m'accroupir à son ombre, / Et son fruit m'est doux au palais ! (4) Il m'a introduite en un cellier / Dont l'enseigne, suspendue, est : "Amour" ! / (5) Soutenez-moi de gâteaux-de-raisin, / Et réconfortez-moi de pommes, / Car je suis malade d'amour : / Sa main gauche me tient la tête / Et sa droite m'étreint [...] / (8) C'est le bruit (des pas) de mon chéri ! / Le voilà : il arrive, / Il saute les montagnes / Et franchit d'un bond les collines : / (9) Mon chéri est comme une gazelle / Ou comme un jeune faon ! / Le voici debout derrière notre mur, / Guettant par la fenêtre, / Épiant par le treillis. / (10) Il s'adresse à moi et me dit : / "Debout, ma chérie ! / Viens, ma belle ! / (11) Puisque voilà l'hiver passé, / La pluie stoppée et disparue ! / (12) Sur le sol apparaissent les fleurs ; / Le temps des gazouillis est venu, / Et l'on entend la voix des tourterelles ! / (13) Les figuiers poussent leurs figues-fleurs ; / En pleine floraison, la vigne embaume ! / Debout, ma bien-aimée ! / Viens, ma belle ! / (14) Depuis ton trou de rocher, ma colombe, / Depuis ta cachette escarpée, / Montre-moi ton visage, / Fais-moi ouïr ta voix : / Ta voix (si) douce, / Ton (si) ravissant visage !" [...].

Le bien-aimé. — « (IV, 1) Que tu es belle, ma chérie, / Que tu es belle ! / Derrière ton voile, tes yeux paraissent des colombes ! / Tes cheveux semblent une bande de chèvres / Dévalant des hauteurs de Gile'ad ! / (2) Tes dents, un troupeau de brebis-à-tondre / Lorsqu'elles remontent du bain : / Toutes paraissent jumelles, / Et pas une n'est dépouillée ! / (3) Tes lèvres sont un ruban d'écarlate / Et ta bouche est charmante ! / Derrière ton voile, tes joues / Sont comme des demi-grenades ! / (4) Ton cou ressemble à la Tour de David, / Édifiée en glacis (?) : / Mille boucliers y sont appendus : / Tous les écus des braves ! / (5) Tes seins sont pareils à deux faons, / Jumeaux d'une gazelle / Et broutant au milieu de lis ! ((6) Avant le premier souffle du jour / Et le départ de la nuit, / J'irai (te) visiter, (ma) montagne de myrrhe, / (Ma) colline d'encens ! / (7) Ma chérie, tu es toute belle, / Sans le moindre défaut ! / (8) Viens du Liban, (ma) promise, / Viens du Liban, me rejoindre : / Arrive des crêtes de l'Amana, / Des cimes du Shanir et de l'Hermon, / Repaires de lions et gîtes de panthères ! / (9) Tu me rends fou, ma sœur, (ma) promise : / Tu me rends fou d'un seul de tes regards, / D'une seule "perle" de ton "collier" ! / (10) Que tes caresses sont charmeuses, / Ma sœur, (ma) promise, / Et combien tes mamours valent mieux que le vin, / Et les effluves de tes parfums, que tous les baumes ! / (11) Tes lèvres, ô (ma) promise, distillent du nectar ; / Il y a du miel et du lait sous ta langue, / Et tes vêtements embaument (toute) la fragrance du Liban ! / (12) Ma sœur, (ma) promise, c'est un jardin clos, / Un jardin (bien) enclos, / Une source scellée ! / (13) Les jeunes pousses (que sont) tes (membres) / Composent un parterre de grenadiers / Et de toutes les plus rares senteurs : / (14) Nard et safran, / "Roseau-parfumé" et cinnamome, / Et tous arbustes à encens, / Et myrrhe et aloès, / Avec les baumes les plus exquis ! [...].

Le bien-aimé. — « (VI, 4) Tu es belle comme la cité de Tirsa, (ma) promise, / Aussi splendide que Jérusalem ! / (5) Détourne de moi tes regards : / Ils m'ensorcellent ! / Tes cheveux semblent une bande de chèvres / Dévalant des hauteurs de Gile'ad !

/ (6) Tes dents, un troupeau de brebis-à-tondre / Lorsqu'elles remontent du bain : / Toutes paraissent jumelles / Et pas une n'est dépouillée ! / (7) Derrière ton voile, tes joues / Sont comme des demi-grenades ! / (8) Soixante sont les épouses-royales, / Et quatre-vingts les concubines, / Plus des jeunes-femmes sans nombre ; (9) Mais ma colombe, ma parfaite, est unique : / Unique même au regard de sa mère, / La préférée de sa génitrice ! / En la voyant, les jeunes-femmes l'admirent / Épouses-royales et concubines la célèbrent : / (10) "Qui donc est-elle, celle-là / Qui s'avance comme l'aurore : / Belle comme la Lune, / Scintillant comme le Soleil ?" [...].

Le bien-aimé. — « (VII, 3) Ton nombril, c'est une coupe bien-ronde : / Que n'y manque jamais le vin ! / Ton ventre, c'est un monceau de froment / Environné de lis ! / (4) Tes seins sont pareils à deux faons, / Jumeaux d'une gazelle ! / (5) Ton cou est une tour d'ivoire ! / Tes yeux sont les étangs de Heshbôn, / Près de la Porte-de-Bat-Rabbim ! / Ton nez, c'est la Tour du Liban, / Qui surveille [jusque] Damas ! / (6) Comme le Mont-Carmel se dresse ta tête, / Et tes nattes sont comme de pourpre : / (Même) un roi se prendrait à tes boucles ! / (7) Que tu es belle ! Que tu es ravissante ! / O bien-aimée ! ô délicieuse ! / (8) Par ta sveltesse, tu as l'air d'un palmier / Dont tes seins formeraient les grappes : / (9) Je grimperai à (ce) palmier, (me) suis-je dit, / Pour m'emparer de ses régimes ! / Tes seins seront (pour moi) comme des grappes, / Et le parfum de ta bouche, comme celui des pommes ! [...].

La bien-aimée. — « (11) J'appartiens à mon bien-aimé, / Et son désir le porte vers moi ! / (12) Viens, mon chéri : sortons à la campagne / Allons passer la nuit au village, / (13) Pour nous rendre dès l'aube à la vigne : / Nous la regarderons bourgeonner, / Et ses pampres s'épanouir, / Et les grenadiers fleurir ! / (C'est) là (que) je t'accorderai mes caresses, / (14) Au parfum exhalé des mandragores [...]. »

(Traduit de l'hébreu et présenté
par Jean Bottéro.)

Chants d'amour en Égypte

Commencement des chants de la grande joie du cœur.

Premier chant.

L'Unique, la bien-aimée, la sans-pareille, / La plus belle du monde, / Regarde-la, semblable à l'étoile brillante de l'an nouveau, / Au seuil d'une belle année.

Celle dont brille la grâce, dont la peau rayonne, / A des yeux au regard clair, / Et des lèvres au doux parler. / Jamais elle ne prononce une parole superflue.

Elle, dont le cou est long, la poitrine lumineuse, / Possède une chevelure de lapis véritable. / Ses bras surpassent l'éclat de l'or, / Ses doigts sont semblables aux calices des lotus.

Celle dont les reins sont alanguis, et les hanches minces, / Celle dont les jambes défendent la beauté, / Celle dont la démarche est pleine de noblesse, lorsqu'elle pose ses pieds sur la terre, / De son baiser me prend le cœur.

Elle fait que le cou de tous les hommes / Se tourne pour la regarder. / Et chacun, qu'elle salue, est heureux. / Il se sent le premier des jeunes gens.

Lorsque de sa demeure elle sort, / On pense voir Celle qui est unique.

Enseignements au sujet des femmes.

[...] Si tu es sage, bâtis une maison, et fonde un foyer. / Aime ta femme, comme il convient. / Remplis son ventre et revêts son dos. / L'onguent est ce qui guérit son corps. / Réjouis son cœur aussi longtemps que tu vivras, / Car elle est un champ fertile pour son maître [...].

(*Les Chants d'amour de*
l'Égypte ancienne,
déchiffrés par Siegfried Schott,
traduits de l'allemand par Paule Krieger,
Paris, Maisonneuve, 1956.)

Le désir vient d'en haut

Aphrodite, la déesse de l'amour, tombe amoureuse d'un simple mortel, Anchise le Troyen, dont elle aura un fils, Énée.

Pour Anchise, elle eut le cœur frappé d'un désir suave — Anchise, pour l'heure, gardait les vaches sur les hauts pacages de l'Ida aux mille sources, et son corps était pareil à celui des dieux. Lorsqu'elle le vit, Aphrodite amie des sourires tomba amoureuse de lui ; un désir stupéfiant envahit son cœur. Elle se rendit à Chypre, pénétra dans son temple embaumé — c'était à Paphos, où elle a son enclos et son autel embaumé. Elle entra, elle referma les portes resplendissantes. Les Grâces la lavèrent, la frottèrent d'une huile immortelle, comme celle qui perle sur les dieux d'éternelle existence, immortelle et exquise, qui avait été parfumée spécialement pour elle. Elle revêtit son corps de tous ses beaux habits, Aphrodite amie des sourires, elle mit ses bijoux d'or pour s'élancer vers Troie, cheminant à vive allure, très haut parmi les nuages.

Elle arriva à l'Ida aux mille sources, la montagne mère des bêtes fauves et, à travers le massif, elle se rendit tout droit aux parcs à bestiaux. Derrière elle, loups gris et lions aux yeux étincelants faisaient fête, et les ours et les panthères rapides jamais rassasiées de chevreuils ; tous la suivaient. La déesse les regarda et son cœur se réjouit. Elle leur mit le désir dans la poitrine ; et les animaux, tous au même moment, allèrent s'allonger deux à deux, dans l'ombre des vallées.

(*Hymne homérique V, à Aphrodite*,
v. 53-74, VIIe siècle av. J.-C. ;
trad. Pierre Chuvin.)

Sapho de Lesbos

Claude Mossé

Lesbos. Une île grecque dont la célébrité réside dans un dérivé au féminin : lesbienne. Le mot a, ou avait, un parfum de scandale bien étranger à l'atmosphère du lieu, hier comme aujourd'hui. Lesbos est une assez grande île au nord-est de la mer Égée, non loin de l'Asie Mineure, plus précisément de la Troade où, selon la tradition, les guerriers achéens avaient combattu pendant dix ans pour la beauté d'Hélène.

Lesbos est la patrie de Sapho, la poétesse sans beauté. Elle naquit sans doute dans la bourgade la plus importante, Mytilène, dans le dernier tiers du VIIe siècle av. J.-C. Chacune des agglomérations que comptait l'île était très jalouse de son indépendance face à ses voisines, mais elles parlaient toutes le même dialecte grec, dit éolien, qui passait pour avoir été amené là par un groupe de ces Achéens qui avaient assiégé Troie ; et une grande famille de Lesbos, celle des Penthilides, prétendait descendre d'Oreste, le fils d'Agamemnon chef de la grande expédition achéenne.

Au temps de Sapho, Lesbos était riche. Elle entretenait des relations avec les cités grecques de la côte d'Asie Mineure, particulièrement avec l'entreprenante Phocée dont les marins regardaient déjà vers les mers de l'Occident lointain. Ils devaient y fonder Marseille, leur première colonie occidentale, et l'on a retrouvé à Marseille des vases fabriqués à Lesbos, que les Phocéens avaient apportés là, peut-être pour les échanger contre l'étain venu des îles Cassitérides (Grande-Bretagne) — cet étain précieux qui entre dans la composition du bronze, alliage dont on faisait les armes et les objets de prestige.

Quant à l'histoire de Mytilène, on n'en sait pas grand-chose jusqu'à l'époque de Sapho, ni même après. La cité connut pourtant des troubles entraînant la disparition des privilèges de l'aristocratie qui dominait la cité. Des noms, qui n'évoquent rien pour nous, y sont mêlés : Mélanchros, Myrsilos et surtout Pittacos, qui réussit à rétablir la paix dans l'île en chassant, semble-t-il, les familles nobles.

Sapho appartenait précisément à cette noblesse, comme son compatriote, et contemporain, Alcée : tous deux, ils incarnent la poésie lyrique dite éolienne, qui vise à exprimer des sentiments personnels et se distingue par là de la poésie lyrique traditionnelle, religieuse ou civique.

Le père de Sapho s'appelait Scamandronymos, un nom sonore qui évoque le célèbre fleuve de la plaine troyenne, chanté par Homère dans l'*Iliade*. Il eut, outre une fille, des fils. L'aîné, Charaxos, commerçait avec l'Égypte, où les Mytiléniens avaient un sanctuaire à Naucratis, sur le delta. Sans doute, comme nombre d'aristocrates, possédait-il un navire avec lequel il transportait des marchandises qu'il allait se procurer à Naucratis. C'est à Naucratis qu'il tomba amoureux d'une célèbre courtisane, Rhodopis, et se ruina pour elle, au dire d'Hérodote. Sapho, dans un de ses poèmes, appelle Doricha la jeune femme qui retient son frère loin d'elle, mais il s'agit sans doute de la même femme, à moins que Charaxos ait eu une autre aventure. Un autre frère, Eurygios, est mal connu. Quant au troisième, Larichos, il était, nous apprend un auteur tardif, échanson au prytanée de Mytilène, c'est-à-dire qu'il versait à boire aux principaux conseillers de la cité quand ils se réunissaient : fonction réservée aux jeunes gens des meilleures familles.

Cette aristocratie mytilénienne, qui prétendait descendre des héros de l'épopée homérique, vivait à la manière de ces héros. Et les femmes y jouissaient d'un statut et d'une indépendance qu'elles ne connaîtront plus à l'époque classique, au ve et au vi^e^ siècle av. J.-C. Non que le mariage ne fût pour elle une obligation ! Sapho le respecta et devint l'épouse d'un certain Kerkilas ou Kerkolas, « homme très riche », venu de l'île d'Andros (Cyclades), dont elle eut une fille prénommée Kleis, comme sa mère à elle. Mais si la femme était, d'après l'épopée, d'abord la gardienne de l'*oikos*, de la « maison », les fêtes nombreuses en l'honneur des divinités étaient l'occasion de rencontres entre des jeunes femmes et les jeunes filles qui formaient les chœurs (*chœur* signifiant corps de ballet, et non chorale).

Les chants qui accompagnaient les fêtes religieuses, les mariages et les banquets qui suivaient les sacrifices, étaient l'œuvre de poètes qui n'étaient pas des professionnels itinérants comme les aèdes — compositeurs et interprètes des poèmes épiques —, mais appartenaient au milieu même dont ils chantaient les joies et les tristesses. La présence d'une femme, et même, dit-on, de plusieurs parmi ces poètes est toutefois un fait exceptionnel. Peut-être la renommée qu'avait acquise la poésie lyrique de Lesbos y est-elle pour quelque chose. Faut-il aller plus loin, imaginer qu'à Lesbos existaient de véritables écoles de poésie et de musique où les jeunes gens et les jeunes filles venaient étudier autour de maîtres fameux ? On connaît l'origine de deux des compagnes de Sapho. L'une, Gorgyla, venait de Colophon, l'autre, Anactoria, de Milet. Étaient-elles, comme on devait le dire plus tard, des élèves à qui elle aurait enseigné son art, ou seulement des compagnes de jeu et de plaisir ?

Car les œuvres de Sapho, ces poèmes ardents, sensuels, érotiques même, qu'on a pu reconstituer à partir des fragments qui nous sont parvenus, c'est à des femmes qu'ils étaient adressés et, dès l'Antiquité, à Athènes en particulier, on se plaisait à mettre l'accent sur cet aspect de la vie de Sapho. Sapho, la Lesbienne, devenait l'objet de plaisanteries plus ou moins obscènes, à tout le moins de jugements pudibonds comme celui que porte l'auteur anonyme d'un papyrus d'Oxyrhynchos : « Elle a été critiquée par certains comme déréglée et éprise des femmes. »

L'homosexualité, aujourd'hui, n'est plus tenue, du moins par ceux qui s'en réclament, pour un « dérèglement ». Mais on étonnerait sans doute nombre de « militants » de la cause homosexuelle en leur disant que, ce faisant, ils s'inscrivent dans une tradition aristocratique grecque. Avec toutefois cette différence que l'homosexualité aristocratique n'était pas exclusive, chez les hommes non plus que chez les femmes, de relations hétérosexuelles, singulièrement dans le cadre de la vie conjugale. On a beaucoup écrit sur « l'amour grec », c'est-à-dire sur l'amour des garçons, la pédérastie. En fait, l'homme grec — il suffit pour s'en convaincre de lire Homère et Aristophane — aimait tout autant les femmes que n'importe quel homme de n'importe quelle autre civilisation. Mais au sein des compagnonnages aristocratiques, dans la Grèce archaïque (VIIe-VIe siècles av. J.-C.), s'établissaient entre aînés et cadets des relations amoureuses que seuls ceux qui n'ont jamais regardé un vase grec peuvent imaginer « platoniques ». La nudité du gymnase, la séparation dans la vie quotidienne, à l'armée, dans les banquets, d'avec le monde féminin, cantonné à l'intérieur de la maison, expliquent assez l'importance de la tournure que ces relations pouvaient prendre.

Ce qui surprend davantage l'homme moderne, c'est qu'on ait pu proclamer de façon aussi naturelle l'amour qu'on éprouvait pour une femme ou pour un jeune garçon. Il faut toutefois remarquer que ce qui allait de soi dans certains milieux n'était plus aussi évident dans d'autres. Dans l'Athènes du Ve et du IVe siècle, ces pratiques avaient cessé d'être tenues pour naturelles. Le poète comique Aristophane se gaussait des « invertis » et Platon lui-même éprouvait le besoin de justifier l'amour des garçons en le débarrassant de toute sexualité.

« *Je ne reverrai jamais ma douce Attys* ».

Or c'est à Athènes aussi, et chez les poètes comiques, que les amours de Sapho ont été pour la première fois tournées en dérision. C'est dire qu'à l'époque où elle vivait et dans la société aristocratique de Mytilène, les paroles ardentes qu'elle adressait à ses compagnes n'étaient pas un objet de scandale. Malheureusement, et parce que la vie des femmes nous est beaucoup moins connue que celle des hommes dans ce « club d'hommes » qu'était la cité grecque, nous sommes très mal informés sur ce qu'était l'homosexualité, ou plutôt la pédérastie, féminine. Car, dans le cas de Sapho, il s'agit bien de « pédérastie », au sens premier du terme (amour des enfants). En effet, les jeunes filles auxquelles elle adresse des paroles ardentes sont encore des « enfants », et bien souvent c'est lorsqu'elles s'apprêtent à la quitter pour se marier qu'elle leur dédie des adieux touchants :

« O fiancée, ta taille est pleine de grâce et tes yeux pleins de miel / L'amour est répandu sur ton séduisant visage / Et certes Aphrodite t'a distinguée entre toutes les femmes. »

De là à imaginer, comme l'ont fait certains commentateurs, que les relations de Sapho avec ses « élèves » n'avaient rien de physique, il n'y a qu'un pas. Mais ce serait méconnaître le désir qui s'exprime dans la plupart des vers qui nous ont été conservés, l'évocation constante d'Aphrodite et d'Éros « briseur de membres », et du désir qui consume et de la jalousie qui dévore. A une certaine Attys qui l'a abandonnée pour sa rivale Andromède, Sapho exprime sa douleur en invoquant précisément cet Éros « amer et doux ». A une autre, qui est partie pour se marier, la poétesse adresse des vers qui témoignent à la fois de la vie que menaient ces jeunes filles auprès d'elle et de la nature des liens qui les unissaient :

« Et je ne reverrai jamais ma douce Attys. / Mourir est moins cruel que ce sort odieux ; / Et je la vis pleurer au moment des adieux. / Elle disait : "Je pars. Partir est chose dure." / Je lui dis : "Sois heureuse, et va, car rien ne dure. / Mais souviens-toi toujours combien je t'ai aimée. / Nous tenant par la main, dans la nuit parfumée, / Nous allions à la source ou rôdions par les landes. / J'ai tressé pour ton cou d'entêtantes guirlandes ; / La verveine, la rose et la fraîche hyacinthe / Nouaient sur ton beau sein leur odorante étreinte ; / Les baumes précieux oignaient ton corps charmant / Et jeune. Près de moi reposant tendrement, / Tu recevais des mains des expertes servantes / Les mille objets que l'art et la mollesse inventent / Pour parer la beauté des filles d'Ionie[1]..." »

Parfois, le chant était plus douloureux, le désir s'exprimait en termes brûlants, comme dans ces vers adressés à une autre de ses compagnes, Agallis, elle aussi partie pour se marier :

« Celui-là me paraît être l'égal des dieux, l'homme qui, assis en face de toi, de tout près, écoute ta voix si douce. / Et ce rire enchanteur qui, je le jure, a fait fondre mon cœur dans ma poitrine ; car dès que je te vois un instant, il ne m'est plus possible d'articuler une parole. Mais ma langue se brise, et sous ma peau soudain se glisse un feu subtil ; mes yeux sont sans regard, mes oreilles bourdonnent / La sueur ruisselle de mon corps, un frisson me saisit toute, je deviens plus verte que l'herbe et, peu s'en faut, je me sens mourir[2]. »

Sapho, qui, paraît-il, était petite et noiraude, sans rien de la beauté des déesses et des reines d'Homère, se plaisait à chanter la beauté de ses compagnes :

« Lorsque je te vois en face de moi, il me semble que jamais Hermione [fille d'Hélène et de Ménélas] ne fut si belle et je ne crois pas téméraire de te comparer à la blonde Hélène, / S'il est permis de comparer des mortelles à des déesses. Sache-le bien, à la vision de ta beauté, je sens tous mes soucis qui s'envolent. »

Et à une autre :

« Reviens, je t'en conjure, Gorgyla, et parais, revêtue de ta tunique couleur de lait. Ah, quel désir flotte autour de ta beauté ! »

Mais toujours revenait, avec l'évocation de la déesse de Chypre (Aphrodite), l'affirmation du désir :

« Tu es venue, tu as bien fait. J'aspirais après toi : tu as allumé dans mon âme un désir qui la dévore. »

Voir après cela en Sapho un Socrate au féminin, comme le voulait un sophiste (professeur d'éloquence) du second siècle de notre ère, relève du souci de laver la poétesse de Lesbos de l'accusation d'avoir eu des mœurs « contre nature ». D'autres, dans la même intention, avaient imaginé qu'il avait existé deux Sapho, l'une qui aurait été la poétesse, servante des muses, et l'autre, une courtisane aux mœurs dépravées. Mais pour ses contemporains, comme pour tous ceux qui demeuraient fidèles à l'idéal de vie aristocratique, la question ne se posait même pas. Sapho était à la fois la poétesse dont les vers chantaient dans les mémoires et celle qu'unissaient à ses compagnes des liens sur la sensualité desquels aucun doute ne subsistait. Ce qui par ailleurs n'empêche pas qu'on lui ait attribué une passion tout aussi brûlante pour un homme nommé Phaon qu'elle aurait « poursuivi d'un amour furieux », selon le poète athénien Ménandre (IVe siècle av. J.-C.). Amour non partagé, qui aurait conduit la poétesse au suicide : elle se serait jetée dans la mer du haut de la roche appelée « Saut de Leucade », dans l'île du même nom. Dès l'Antiquité, on a beaucoup discuté cette tradition, d'autant qu'un personnage mythologique s'appelle aussi Phaon. C'est un compagnon d'Aphrodite : la déesse l'aurait transformé en un beau jeune homme alors que, vieux passeur, il l'avait transportée dans son bateau sans exiger de salaire. En fait, il importe peu que Phaon ait existé ou non. L'essentiel demeure qu'on ait attribué à Sapho une passion « hétérosexuelle ».

Catulle, Ovide, Yourcenar.

Par ailleurs, n'a-t-elle pas composé des épithalames, des chants d'hyménée, dans lesquels elle exalte l'amour des jeunes époux :

« En avant, les hautes poutres ! / Fêtons les noces ! / Érigez-les, charpentiers ! / Fêtons les noces ! / Le marié est un géant ! / Fêtons les noces ! / Quel homme, amis ! Comme il est grand ! / Fêtons les noces[3] ! »

Ne lui a-t-on pas attribué une relation amoureuse avec son contemporain et compatriote Alcée qui, dans un de ses poèmes, l'appelle « pure Sapho aux tresses violettes » ? Elle n'aurait pas moins repoussé ses avances. De fait, un vase à figures rouges représente les deux poètes de Lesbos se faisant vis-à-vis, chacun tenant en main leur instrument de musique. Autant de traditions qui témoignent de l'ambiguïté des amours de la poétesse, une ambiguïté qui ne tenait pas à sa personne mais aux pratiques du milieu aristocratique auquel elle appartenait. Et l'on pourrait se demander en fin de compte si la — mauvaise — réputation qui lui a été faite par certains auteurs anciens ne tenait pas, autant qu'à ses amours, à son indépendance. Celle-ci la distinguait des autres femmes et l'amena peut-être à prendre position dans les conflits qui déchiraient sa cité, puisque, selon la tradition, elle fut contrainte de prendre le chemin de l'exil, quand la victoire de Pittacos fut définitive. Elle se serait, à l'aube du VIe siècle, embarquée pour la Sicile et, à l'époque de Cicéron, il y avait à Syracuse une fameuse statue de la poétesse sur laquelle le gouverneur romain Verrès fit main basse, comme sur tant d'autres œuvres d'art, au dire de Cicéron.

C'est que la poétesse de Lesbos, si elle fut dénigrée pour ses amours, fut glorifiée pour son talent. Dès l'Antiquité, on l'avait surnommée la dixième muse. Catulle, Ovide l'ont célébrée et, au XVIIe siècle, Boileau a mis en alexandrins une de ses plus belles odes. Récemment, Marguerite Yourcenar l'a traduite, la replaçant au milieu de ces poètes lyriques qui ont dominé la pensée grecque d'avant le classicisme. Et pourtant, si précieuse que soit l'œuvre de la poétesse de Lesbos, c'est aux amours qu'elle a chantées que la postérité accolera son nom, cependant que l'ethnique des habitants de son île ne s'emploiera plus, par une ironie du sort, qu'au féminin.

Notes

1. Traduction de Marguerite Yourcenar.
2. Traduction de Théodore Reinach.
3. Traduction de Marguerite Yourcenar.

Orientation bibliographique

Les traductions de Sapho.

Celle de Th. Reinach, Paris, Les Belles Lettres (coll. des universités de France), 1937, a été en général utilisée ici. Elle est incomplète, de nombreux poèmes ayant été découverts depuis sa publication.

De belles adaptations dans M. Yourcenar, *La Couronne et la Lyre,* Paris, Gallimard, 1979.

Sappho, *Poems and Fragments,* trad. et éd. par J. Balmer, Londres, Brilliance Books, 1984.

Sappho, *Poesie,* introd. de V. Benedetto ; notes et trad. de F. Ferrari, Milan, Rizzoli, 1987.

Études.

Buffière F., *Éros adolescent. La pédérastie dans la Grèce antique,* Paris, Les Belles Lettres, 1980.

Dover K.J., *Greek Homosexuality,* Londres, 1978. Trad. française par S. Saïd, *L'Homosexualité grecque,* Grenoble, La Pensée sauvage, 1982.

Page D.L., *Sappho and Alcaeus,* Londres, Oxford University Press, 1955.

Calame Cl., *L'Amore in Grecia,* Rome, Laterza, 1983.

L'homosexualité dans la Grèce antique

Maurice Sartre

L'homosexualité semble si caractéristique de la Grèce ancienne que le nom d'« amour grec » lui reste attaché, comme pour en désigner l'origine. Pourtant, après la publication des rapports de Kinsey aux États-Unis ou de Pierre Simon en France, ceux qui pouvaient se montrer surpris par la fréquence des relations homosexuelles en Grèce doivent admettre que la situation n'y était peut-être pas, quantitativement, exceptionnelle. Aux États-Unis comme en France, 4 à 5 % des individus seulement se déclarent homosexuels exclusifs alors que les hétérosexuels exclusifs ne dépassent pas 50 %. Il faut donc en déduire qu'une petite moitié des hommes se reconnaît des tendances homosexuelles ou des aventures masculines plus ou moins régulières.

Cet apport de la sexologie contemporaine n'a pas rassuré les historiens de l'Antiquité qui, consciemment ou non, ne parviennent pas toujours à faire cohabiter leur admiration pour la civilisation grecque et leur répulsion avouée pour une pratique jugée dégradante. Si les documents antiques contenaient la preuve d'une réprobation quasi générale envers ce comportement, ils pourraient au moins estimer que l'honneur des Grecs est sauf. Or il n'en rien, bien au contraire. Impossible d'ignorer que pour dix témoignages vilipendant un débauché, on peut produire plusieurs dizaines de textes à la gloire des beaux garçons et de leurs amants. Il n'y a guère de grands noms de la politique, des arts ou de la philosophie dont on ne puisse citer quelques aventures homosexuelles. Enfin, des cités ont érigé l'homosexualité en institution reconnue, en Crète et à Sparte notamment.

Faut-il en conclure que la Grèce était un paradis « gay », où l'homosexualité masculine aurait été non seulement tolérée par la société mais encore autorisée par les lois et encouragée par la cité[1] ? Poser le problème en ces termes est absurde : les Grecs ne se sont pas souciés de porter un jugement sur l'homosexualité comme telle, et l'éloge ou la réprobation qui s'y attache, selon les circonstances, vise les individus, non la pratique. Il n'en reste pas moins que l'homosexualité est une donnée banale des relations sociales. Cette banalité même étonne et oblige l'historien à s'interroger sur sa place réelle dans les sociétés grecques : perversion admise, institution pédagogique, rituel initiatique ? Un âpre débat divise les historiens.

Un grand nombre de documents illustrent la fréquence des rapports homosexuels dans la Grèce ancienne. En dehors de ce qui s'apparenterait aujourd'hui à la production pornographique[2] et qui ne peut nous renseigner sur la considération dont jouit l'homosexualité dans la société, de nombreux textes de toute nature (épigrammes, textes philosophiques, récits ethnographiques, biographies, plaidoyers) et de nombreuses images (essentiellement des peintures sur vases et quelques-unes dans des tombes) prouvent la réalité et la banalité de ces rapports amoureux. La céramique peinte, dès le VIe siècle av. J.-C., en fournit une illustration sans équivoque.

Le banquet sert souvent de cadre aux tentatives de séduction des amants. Un homme adulte entreprend de caresser son compagnon de lit, plus jeune[3] ; un autre, plus entreprenant, titille du pied le sexe de son voisin ; un troisième saisit au passage la verge du jeune homme qui lui soutient la tête. Plus encore, les scènes de palestre et de gymnase suscitent de telles représentations. Au milieu des athlètes nus et toujours jeunes, des hommes plus âgés (*érastes*), reconnaissables à leur barbe, jouent le rôle de chasseurs ; l'un caresse le menton, les fesses ou le pénis d'un adolescent qui, selon le cas, repousse ses avances ou, le plus souvent, se laisse faire. L'aimé (*éromène*) enlace alors son séducteur avant de se livrer avec celui-ci à un rapport sexuel plus poussé. Les vases montrent généralement un coït intercrural (entre les cuisses) de face, mais les textes prouvent que la sodomie est aussi pratiquée.

Ces scènes sans équivoque trouvent une confirmation littéraire à toutes les époques de l'histoire grecque. Solon, réformateur athénien du début du VIe siècle av. J.-C., tenait pour une vraie richesse la possibilité de « jouir, à l'occasion, des charmes juvéniles d'un garçon, d'une femme ». Anacréon, un demi-siècle plus tard, lance cette invite : « Bois, mon ami, à la santé des cuisses fines et moelleuses » d'un jeune homme. Sous le nom de son contemporain Théognis de Mégare, figure une collection de poèmes pédérastiques que l'on pourrait facilement mettre en regard des peintures sur vases mentionnées plus haut : « Jeune homme, tant que tu auras la joue lisse, je ne cesserai de te caresser, même si je dois en mourir » (vers 1327-1328). « Heureux l'amoureux qui fréquente au gymnase et, de retour chez lui, dort tout le jour avec un beau jeune homme » (vers 1335-1336). On pourrait multiplier les exemples dans le milieu socratique et platonicien, à la fin du Ve siècle av. J.-C. et au début du IVe. Citons seulement la célèbre tentative faite par Alcibiade pour inciter Socrate à profiter de ses charmes (Platon, *Banquet*, 217 a-219 e). Un peu plus tard, les épigrammes hellénistiques à la gloire des beaux garçons se comptent par centaines : plus de 250 sont regroupées dans un recueil (*Anthologie grecque*, livre XII).

A la même époque s'élaborent les biographies plus ou moins romancées des grands hommes du passé, hommes politiques, sculpteurs, philosophes, écrivains. Il est de règle de leur attribuer des aventures homosexuelles, et de Solon à Alexandre le Grand, en passant par Pisistrate, Sophocle, Phidias, Socrate, Platon et la totalité des rois de Macédoine, peu y échappent. La réalité des faits est sans importance ; mais il faut bien comprendre que ces anecdotes ne visent pas à ternir la réputation de ceux qui en sont les héros, bien au contraire.

Ces amours masculines semblent particulièrement en faveur dans les milieux privilégiés. Mais ceux-ci n'en ont pas l'exclusivité. Les petits paysans de l'Attique que met en scène Aristophane ne dédaignent pas, à l'occasion, de lutiner un petit esclave ou de contempler le sexe des éphèbes.

En regard de ces témoignages qui, à l'évidence, expriment un sentiment favorable envers les relations homosexuelles, on pourrait placer, parfois tirées des mêmes œuvres, les preuves non moins équivoques d'une condamnation sans appel de certains homosexuels, travestis, prostitués, efféminés. Dans les plaidoyers du IVe siècle av. J.-C., on relève fréquemment de telles accusations proférées envers l'adversaire ou le témoin que l'on veut discréditer : preuve qu'une certaine homosexualité ne bénéficie pas d'un préjugé favorable, ni même d'une simple tolérance.

Une sexualité indivisible.

Faut-il en conclure qu'il y a deux discours grecs sur l'homosexualité, l'un — celui de certains milieux aisés et cultivés — favorable, l'autre — populaire — dénonçant au contraire l'inversion comme une tare insupportable[4] ? Ce serait simplifier à l'extrême une réalité plus nuancée.

Il faut d'abord remarquer que l'homosexualité n'est pas plus sévèrement punie que l'hétérosexualité lorsqu'elle pousse à la violence. Dans le *Code de Gortyne*, recueil législatif d'une cité crétoise gravé au Ve siècle mais dont le contenu est sans doute un peu antérieur, comme dans les lois athéniennes sur la violence sexuelle, les peines encourues sont les mêmes pour celui qui viole un garçon ou une fille ; le montant de l'amende ne dépend pas du sexe de la victime mais de son statut social : homme libre, dépendant rural, esclave.

Cette équivalence juridique entre ce qui est considéré à notre époque comme deux comportements sexuels opposés tient à ce que, pour les Grecs, tout individu peut être tour à tour homosexuel et hétérosexuel — deux termes d'ailleurs inconnus en grec — ou, pour parler comme un Grec, porté vers les garçons et vers les femmes, selon l'âge et les circonstances. Dans tous les témoignages invoqués plus haut, qu'il s'agisse de gens en vue ou de héros populaires, il ne viendrait à l'idée de personne de classer les individus comme « homosexuels » parce qu'ils recherchent des aventures masculines. La plupart sont mariés, ont des enfants, entretiennent à l'occasion une concubine en plus de leur épouse légitime ou fréquentent les prostituées. Cette vie sexuelle est largement passée sous silence, sauf si elle donne lieu à des excès notoires. Tout se passe en réalité comme si chaque individu mâle adulte possédait une vie sexuelle à deux faces : une face privée, orientée vers les femmes, qui reste discrète et ne vaut jamais d'être rapportée ; une face publique, orientée vers les beaux garçons et objet de toutes les attentions et de tous les commentaires. Sauf exception, c'est cette vie amoureuse seule qui vaut à ses protagonistes prestige social et brillante réputation. Aristophane le montre à sa façon — parodique — dans un passage des *Oiseaux* (v. 137-142) où le héros déclare : « J'aimerais une cité où, m'abordant, le père d'un joli garçon vienne me reprocher avec un air vexé : "Tu en fais de belles à mon fils, flambard ! Tu le rencontres à la porte du gymnase, tout frais baigné, et pas de baiser, pas de compliment, pas d'accolade ! Tu ne lui as même pas caressé les bourses, toi, un ami de la famille !" » Le jeune homme délaissé joue sa réputation et celle de son père. A l'inverse, on trouverait difficilement un jeune homme dont le prestige tiendrait à l'abondance de ses succès féminins.

L'absence de différenciation *a priori* entre l'amour des garçons et celui des femmes n'implique pas indifférence de la société envers toutes les formes de relations sexuelles. On est bien loin, malgré certaines apparences, d'une société permissive où seule compterait la volonté des individus. Pour s'en tenir à l'homosexualité masculine, elle est, selon le cas, un objet d'admiration et d'envie ou, au contraire, de profonde réprobation. On peut lui reconnaître, en simplifiant, trois statuts dans la Grèce ancienne.

En premier lieu, dans quelques cités, notamment en Crète, l'homosexualité — ou plutôt sa variante pédérastique — apparaît comme une pratique nécessaire des rites de passages de la jeunesse civique, dans un cadre régi par les lois. Ensuite, dans d'autres cités, comme à Athènes, il arrive que la pédérastie jouisse d'un statut social favorable sans pour autant faire l'objet d'une codification légale ; sa pratique se développe surtout dans un milieu délimité (mais non marginal) et sa justification n'est pas éloignée de celle du premier cas envisagé. Enfin, partout l'homosexuel adulte, passif, surtout s'il se prostitue, fait l'objet d'une réprobation unanime, et la loi le condamne s'il est citoyen.

Rites de passage.

En Crète, à Sparte et peut-être dans quelques autres cités, la pédérastie — car il s'agit bien de liaisons entre jeunes gens (*paides* ou *paidika*[5]) et adultes — s'inscrit dans un contexte idéologique et social qui oblige à y reconnaître autre chose qu'un simple mode de relations sexuelles. Pédérastie et rites d'adolescence vont de pair.

Le cas crétois est le mieux connu grâce à un texte remarquable de l'historien Éphore de Kymè (IVe siècle av. J.-C.) conservé par le géographe Strabon. Une lecture attentive montre que tout, dans ces mœurs amoureuses, obéit à des règles précises et contraignantes : le choix des amants dicté par leur rang social, le rapt annoncé à l'avance et approuvé par l'entourage, les cadeaux imposés par la loi (un équipement militaire, un bœuf et une coupe), la durée du séjour à la campagne, la présence des amis, etc. Si la passion amoureuse a sa place, elle cède néanmoins le pas au respect des rites et des obligations sociales et légales. Par ce que l'on connaît des rituels initiatiques à travers le monde, on peut tenir pour assuré que le récit d'Éphore décrit bien une partie des rites de passage de l'enfance à l'âge adulte des jeunes Crétois. Loin d'être un phénomène marginal, bien que tous n'y participent pas, il faut reconnaître là une institution centrale de la communauté civique. D'ailleurs, le rapt est réservé aux plus nobles. La honte s'abat sur celui qui n'a pas trouvé d'amant tandis que des honneurs particuliers restent attachés à ceux qui ont été enlevés, et que l'on gratifie du titre de « glorieux ».

Il y a dans ces rites une importante part symbolique (comme le choix des cadeaux) mais les titres qu'emploient généralement les Grecs pour désigner ces couples d'amants, *érastes* et *éromènes*, excluent une simple camaraderie. Le verbe *érân* dont ils dérivent désigne le désir sexuel. Aussi la relation sexuelle, sans être l'unique pratique initiatique, fait-elle partie intégrante du rituel.

On ne dispose pas de textes aussi précis pour Sparte. Mais on sait que « les jeunes gens qui avaient bonne réputation trouvaient des amants qui s'attachaient à eux » et qui étaient responsables de l'éducation de leurs *éromènes* au point qu'ils partageaient la bonne ou la mauvaise réputation de ceux-ci[6]. Ces notations, pour imprécises qu'elles soient, laissent entrevoir un système initiatique fondé sur la pédérastie, semblable au système crétois. Dans une cité comme Sparte, où la vie des hommes est minutieusement surveillée et réglementée, il serait étonnant que de telles pratiques relèvent uniquement de l'initiative amoureuse individuelle. Comme en Crète, le caractère non exclusivement sexuel de la relation est bien mis en valeur : « Si quelqu'un ne semblait épris que du corps, Lycurgue le déclarait infâme[7]. »

En Crète comme à Sparte et peut-être dans quelques cités de Béotie et en Élide, ces couples sont reconnus par la loi et leur formation est surveillée, formalisée. Ailleurs, à Athènes par exemple, ils existent sans que les lois, apparemment, s'en préoccupent. Aucun document ne permet formellement d'y associer d'une part les rites d'adolescence et, d'autre part, les représentations de couples homosexuels de la peinture attique. Faut-il pour autant renoncer à rapprocher les deux et considérer la pédérastie athénienne comme un comportement sans aucun rapport avec les coutumes crétoises ? Ce serait invraisemblable. En réalité, à Athènes et dans d'autres cités, les pratiques initiatiques anciennes survivent dans des cérémonies et rites bien attestés, pour les garçons comme pour les filles. L'aspect pédérastique, codifié dans la société aristocratique crétoise (on a vu qu'elle y était réservée aux plus nobles), ne l'a pas été à Athènes ; mais la pratique a tout de même survécu dans les milieux aisés, les classes dirigeantes issues, jusqu'à la fin du ve siècle, de l'aristocratie athénienne. Le texte des *Oiseaux* cité plus haut rejoint exactement sur ce point celui d'Éphore : le jeune homme sans amant joue sa réputation.

La défense de la pédérastie au nom de la pédagogie que fait Platon dans *La République*, au-delà de l'habillage philosophique propre à son auteur, retrouve, sur le fond, l'ancienne pratique initiatique commune à tous les Grecs. A Athènes comme en Crète, ce sont les mêmes milieux qui fournissent *érastes* et *éromènes*, et il s'attache à cette pratique sociale un lustre incontestable. En conséquence, il est légitime de considérer la pédérastie, à Athènes et en Crète, comme une survivance, plus ou moins dégradée, plus ou moins codifiée, d'une même institution liée aux rites de passage.

Platon, Xénophon, Aristote, et, à leur suite, de nombreux savants, se sont interrogés sur l'origine de la pédérastie à Athènes et dans les cités doriennes. La position défendue par l'historien Henri Marrou représente assez bien la théorie de la « camaraderie virile » qui trouve encore des adeptes[8]. Pour lui, la pédérastie grecque, survivance « du Moyen Âge féodal » (entendons les XIe-VIIIe siècles av. J.-C.), serait avant tout un « compagnonnage de guerriers », c'est-à-dire le résultat d'une promiscuité constante aggravée par la pratique de la nudité. Il esquisse à titre d'explication des comparaisons très significatives, évoquant « les scandales qui éclatèrent en 1934 dans la Hitlerjugend, et les mœurs qui, m'assure-t-on, se sont développées pendant la dernière guerre dans les rangs de certaines armées ». En résumé, ce résultat serait inévitable lorsque « un milieu d'hommes tend à se refermer sur lui-même ». La pédérastie grecque serait en tout cas « très différente de cette inversion initiatique et sacerdotale que l'ethnologie étudie de nos jours chez toute une série de peuples "primitifs" ». Cette façon de voir implique que l'homosexualité grecque relève de l'accident ou de la perversion des sens, en aucun cas de la pratique sociale ou religieuse.

Une telle explication ne tient pas. Le compagnonnage guerrier existe en Grèce, cela va de soi ; l'embrigadement presque permanent des Spartiates a pu le favoriser ; que l'on songe aussi au Bataillon sacré des Thébains, formé de couples d'amants. Un poète comique du IVe siècle, Euboulos, ne craint pas de lui attribuer des effets grotesques lors de la guerre de Troie, qui dura dix ans : « Personne ne vit une seule prostituée ; ils s'enculèrent pendant dix ans. Ce fut une triste campagne ; pour prendre une ville, ils rentrèrent chez eux avec des derrières bien plus larges que [les portes de] la ville qu'ils prirent » (fr. 120).

« *Jouis du présent* ».

Mais la charge comique ou l'exemple thébain ne peuvent masquer la réalité quotidienne à Athènes, en Crète ou à Sparte : tous les amants des jeunes gens sont des hommes mariés qui retrouvent chaque soir leur famille. Rien ne permet de penser qu'il y a, de la part des *érastes*, répulsion à l'égard des femmes. A Sparte, on nous assure que les femmes exerçaient un grand empire sur les hommes et les jeunes mariés rusaient pour échapper au dortoir (obligatoire jusqu'à trente ans) et rejoindre leur épouse en cachette[9]. L'amour des garçons ne peut donc passer pour un dérivatif d'hommes seuls.

Après quelques autres, Bernard Sergent vient de récuser avec vigueur la théorie de la camaraderie guerrière. En réalité, la pédérastie grecque appartient bien au même type de rituel initiatique que celui observé chez de nombreux peuples « primitifs », notamment micronésiens. La relation homosexuelle, loin d'être un simple accident des sens, y est une épreuve imposée. L'*éromène* accomplit de la sorte ce voyage dans l'autre sexe qui fait toujours partie de ces rituels. Les travestis qui figurent dans de nombreux rites grecs de passage de l'adolescence à l'âge adulte, chez les garçons comme chez les filles, prouvent qu'en Grèce aussi, avant d'être reconnu comme un adulte dans son propre sexe, il est nécessaire de faire un détour symbolique sous les apparences du sexe opposé.

Remise à sa juste place, c'est-à-dire au cœur de l'institution sociale qui assure le renouvellement du groupe des citoyens mâles, l'homosexualité grecque cesse d'apparaître comme un accident ou une perversion. C'est ce qu'aurait dû laisser deviner depuis longtemps sa présence dans plusieurs mythes grecs où les dieux sont engagés dans des aventures homosexuelles. On connaît l'enlèvement du beau Ganymède par Zeus lui-même, souvent représenté. Mais on peut mentionner les amours malheureuses d'Apollon pour Hyakinthos, pour Kyparissos et pour Narkissos, amours qui finirent par la mort de l'*éromène*. Héraclès, ce symbole de la force virile, est crédité de nombreuses liaisons homosexuelles, et Dionysos n'y échappe pas non plus. Or, comme l'a bien montré Bernard Sergent, à tous ces mythes on doit reconnaître un caractère initiatique. Même si quelques-uns ne nous sont connus que par des auteurs très tardifs, des indices prouvent qu'ils remontent pour l'essentiel à la plus ancienne histoire de la Grèce, sans doute au IIe millénaire. La correspondance entre les mythes et les coutumes crétoises plaide en faveur de la très haute antiquité de cette institution sociale.

Ces relations pédérastiques, reconnues et valorisées, ne forment qu'un aspect de l'homosexualité grecque. Comme on l'a vu, elles mettent en cause des couples formés d'un jeune homme (*pais*), âgé de douze, treize ans à dix-sept, dix-huit ans, et d'un adulte généralement encore jeune (guère plus d'une quarantaine d'années). Le caractère initiatique primitif de la relation, même s'il paraît parfois oublié, impose une telle différence d'âge.

La Grèce n'ignore pas pour autant les relations homosexuelles entre adultes. Aristophane raille sans se lasser les invertis, les travestis, ceux qu'il nomme des « culs élargis », prêts à se vendre à n'importe qui. L'accusation revient sans cesse dans les plaidoyers du IVe siècle av. J.-C., lorsqu'il s'agit de dénigrer un adversaire. La peinture et l'épigramme confirment ces témoignages : l'homosexualité entre adultes fait l'objet d'une vive réprobation. Il est remarquable que la sodomie n'est guère représentée qu'entre gens du même âge ou, plus encore, entre satyres, ce qui contribue à la rendre grotesque. Cependant d'autres textes laissent entendre qu'elle appartient aussi aux pratiques pédérastiques évoquées plus haut.

Quand passe-t-on de la pédérastie admise à l'homosexualité condamnable ? Tout est affaire de poils, répondent les textes unanimes : « Ta jambe, Nicandros, devient poilue... prends garde / Que ta cuisse sans prévenir en fasse autant ! / Et tu verrais combien les amants se font rares ! » (Alcée de Messénie, *Anthologie grecque*, XII, 30 ; trad. F. Buffière). Ou bien : « Jouis du présent : tout mûrit si vite ! / Il a suffi d'un seul été / Pour qu'un chevreau devienne un bouc barbu ! » (*Anthologie grecque*, XII, 51 ; trad. F. Buffière).

Le jeune homme le sait bien : il arrive un temps où il se drape dans son manteau et évite de s'exhiber nu devant ses anciens amants. A l'inverse, celui qui veut continuer à passer pour un *pais* s'épile, comme le poète Agathon dont se moque Aristophane[10]. Quand le poil est là, la relation ne peut plus être la même : « Si d'un gars plus âgé encore on est épris, ce n'est plus jeu d'enfant, c'est chercher la réplique », avertit le poète Straton de Sardes[11]. L'inégalité de la relation pédérastique campait chacun dans un rôle bien défini : l'adulte dans celui de l'amant actif, l'enfant dans celui du partenaire passif, rôle qu'il peut jouer sans honte aussi longtemps qu'il n'est pas reconnu comme homme fait. Au contraire, la réciprocité dans la relation homosexuelle entre adultes jette le discrédit sur elle.

N'en concluons pas que l'homosexualité entre adultes est condamnée en tant que telle. Les condamnations virulentes que l'on relève visent essentiellement des prostitués ou des travestis — les deux allant souvent de pair. Le mépris général pèse sur celui qui tient le rôle passif dans l'acte sexuel, celui qui, refusant son rôle viril, prolonge indûment son adolescence et imite les femmes. Si, de plus, il se prostitue, la loi le punit. Déjà en 424, le démagogue Cléon se vante d'avoir mis un frein à la prostitution masculine des citoyens en faisant rayer des listes civiques un citoyen qui s'y livrait [12]. Trois quarts de siècle plus tard, le procès intenté à Timarque par Eschine témoigne de la grande sévérité des lois à ce sujet : « Tout Athénien qui se sera prostitué ne pourra pas être admis au nombre des neuf archontes [...], ni exercer un sacerdoce [...], ni remplir les fonctions d'avocat public. Il ne pourra plus exercer aucune magistrature, dans la cité ou au-dehors, élective ou conférée par le sort. Il ne pourra remplir les fonctions de héraut, ni celles d'ambassadeur, ni devenir accusateur, ou dénonciateur à gages, de ceux qui auront fait partie d'une ambassade. Enfin, il ne pourra plus exprimer son opinion devant le Conseil ou devant le peuple, fût-il le plus éloquent des orateurs. » Pourquoi une telle sévérité ? Eschine l'explique : « Celui qui a trafiqué de son corps en vue de l'infamie vendra de même sans hésiter les intérêts de la cité. »

C'est bien la prostitution du citoyen qui est visée, non la relation homosexuelle en elle-même. Le client, même citoyen, reste honorable s'il joue le rôle du partenaire actif. De même, la loi ne se préoccupe pas de l'esclave et de l'étranger prostitués, même s'ils sont méprisés. Eschine conseille aux Athéniens amateurs de recourir aux services de ceux-ci : « Ordonnez enfin à ceux qui poursuivent les jeunes gens faciles à séduire de tourner leurs désirs vers les étrangers et les métèques, pour éviter de vous nuire, sans pour cela être frustrés de leur passion favorite [13]. » Ce sont eux qui peuplent les maisons de prostitution dont l'existence est reconnue : un impôt, affermé annuellement, est levé sur cette prostitution. Qui songerait à taxer une activité interdite ?

On voit que l'attitude des Grecs envers l'homosexualité ne peut se résumer en quelques mots. De plus, la documentation à notre disposition traduit le plus souvent l'opinion des milieux aisés et cultivés. On aimerait savoir ce que pensaient des liaisons nées au gymnase le petit propriétaire athénien, le pêcheur ou le boutiquier, eux qui n'avaient ni le temps ni l'occasion d'y chasser le beau garçon. A s'en tenir à la documentation disponible, il est certain que les Grecs ne portaient pas un jugement sur l'homosexualité elle-même. A leurs yeux, elle est, ni plus ni moins que l'amour pour les femmes, une manifestation, légitime, du désir amoureux. Ce qui peut la rendre condamnable, c'est la violence faite au partenaire, la prostitution, la démesure (l'obsédé sexuel — quel que soit l'objet de son désir — est sujet à railleries).

Des limites incertaines.

Rien n'illustre mieux cette attitude que le vigoureux plaidoyer d'Eschine, *Contre Timarque*, déjà cité : le même Eschine, qui attaque impitoyablement l'accusé, lui reprochant des mœurs infâmes et de nombreux amants auxquels il se serait livré à prix d'argent, se défend de vouloir interdire toute relation homosexuelle — ce qui reviendrait à « ouvrir une ère d'odieuse barbarie ». Lui-même revendique de nombreuses aventures masculines dans sa jeunesse et il affirme que, malgré son âge (environ quarante-cinq ans), il reste sensible aux beaux garçons : « Aimer des jeunes gens bien faits et de mœurs convenables, voilà, suivant ma définition, le propre d'une âme sensible et généreuse ; tandis que pratiquer la débauche avec un homme loué dans ce but est le fait d'un être brutal et sans mœurs. Et j'affirme que se laisser aimer de façon désintéressée est une chose belle, mais que se prostituer pour de l'argent est une infamie. Quel grand intervalle, quelle profonde différence sépare ces deux manières d'agir ? Je vais essayer de le montrer. »

Malgré les efforts d'Eschine, ce « grand intervalle » risquait d'apparaître illusoire à beaucoup. Il est vrai qu'en l'absence d'une stricte codification légale de la pédérastie initiatique, la différence entre l'*éromène* et l'inverti s'amenuise. Aristophane ne nourrit guère d'illusions sur les nobles motivations des amours du banquet ou du gymnase. Il regrette le bon vieux temps où « chez le maître de gymnastique, quand ils étaient assis, les enfants [*paides*] devaient allonger la jambe en avant pour ne rien montrer de choquant aux étrangers ; et, en se relevant, prenaient soin en aplanissant le sable, de ne pas laisser à leurs soupirants [érastes] l'empreinte de leur virilité. Jamais, en ce temps-là, un garçon ne se serait frotté d'huile plus bas que le nombril : aussi quel frais duvet sur leurs organes — un velours, une buée, comme sur les pêches ! On ne les voyait pas prendre une voix onctueuse et roucoulante pour venir s'offrir à un soupirant en l'aguichant d'œillades raccrocheuses [14] ».

Ce n'est pas la pédérastie que condamne Aristophane (il y a du désir dans sa description du frais duvet !), mais la dégradation des mœurs en ce domaine : le noble *éromène* tourne au vulgaire prostitué.

Platon et Xénophon abondent dans le même sens. Tous deux partisans de la pédérastie — la question ne se pose même pas dans leur milieu —, ils en viennent à bannir tout aspect sexuel : dans la cité idéale des Lois (836 c), on édictera « qu'il n'est pas permis d'user comme de femmes d'hommes et de jeunes garçons dans les relations sexuelles ». Et Xénophon recommande une chasteté absolue dans les liaisons amoureuses avec des jeunes gens [15]. C'est reconnaître qu'en définitive, entre la pédérastie initiatique, surtout dans ses survivances dégradées, et la prostitution homosexuelle subsistait un lien inévitable : l'accomplissement d'un acte sexuel identique qui risquait de masquer aux yeux du plus grand nombre ce qui différenciait, à l'origine, les formes diverses de l'amour grec.

Notes

1. L'homosexualité féminine doit aussi son nom à la Grèce ; mais il n'en sera pas question ici.
2. La limite entre érotisme et pornographie n'est pas facile à tracer dans la mesure où elle varie avec les époques et selon les individus.
3. Rappelons que l'on mange allongé.
4. Les plaidoyers du IVe siècle cherchent à convaincre les jurés des procès, tirés au sort dans la masse du peuple.
5. Sur leur âge, cf. *supra*, p. 62.
6. Plutarque, *Vie de Lycurgue*, 17,1 ; 18,8 ; Xénophon, *Constitution des Lacédémoniens*, II, 12-14.
7. Xénophon, *op.cit.* II, 13.
8. H.-I. Marrou, *Histoire de l'éducation dans l'Antiquité*, 3e éd., Paris, Le Seuil, 1955.
9. Plutarque, *Vie de Lycurgue*, 14,8 ; Aristote, *Politique*, II, 9, 7.
10. Voir en particulier tout le début des *Thesmophories* ; l'épilation est aussi une pratique féminine : Mnésilochos, que l'on envoie épier les femmes, doit se faire épiler au chalumeau, anus compris : *Thesmophories*, v. 236-246.
11. *Anthologie grecque*, XII, 4 (trad. F. Buffière).
12. Aristophane, *Cavaliers*, v. 877.
13. Eschine, *Contre Timarque*, par. 19-20, 29, 195, 132, 137.
14. Aristophane, *Nuées*, v. 973-980.
15. Xénophon, *Mémorables*, I, 3, 8-9.

Orientation bibliographique

Études récentes.

Pour les études savantes, on ne peut négliger ni H.-I. Marrou, *Histoire de l'éducation dans l'Antiquité*, Paris, Le Seuil, 1948 (1re éd.), souvent réédité, ni R. Flacelière, *L'Amour en Grèce*, Paris, Hachette, 1971. Mais trois livres récents dominent désormais la question :

Buffière F., *Éros adolescent. La pédérastie dans la Grèce ancienne,* Paris, Les Belles Lettres, 1980, nourri de textes grecs.

Dover K.-J., *Homosexualité grecque*, Grenoble, La Pensée sauvage, 1982 (trad. fr. de l'édition anglaise de 1978, par S. Saïd). Une somme indispensable, ni complaisante, ni moralisatrice.

Sergent B., *L'Homosexualité dans la mythologie grecque*, Paris, Payot, 1984 : essentiel ; par un élève de Georges Dumézil. *L'Homosexualité initiatique dans l'Europe ancienne*, Paris, Payot, 1986.

Consulter également :

Veyne P., « L'homosexualité à Rome », *L'Histoire*, n° 30, p. 76.

Foucault M., *Histoire de la sexualité*, t. II, *L'Usage des plaisirs*, et t. III, *Le Souci de soi*, Paris, Gallimard, 1984.

Textes.

Quelques textes anciens importants sont facilement accessibles.

Un procès retentissant : Eschine, *Contre Timarque*, éd. et trad. par V. Martin et G. de Budé, Paris, Les Belles Lettres, 1927 (nombreuses rééditions). Deux dialogues platoniciens : *Le Banquet*, éd. et trad. par Léon Robin, Paris, Les Belles Lettres, 1929 ; et *Lysis*, éd. et trad. par Alfred Croiset, Paris, Les Belles Lettres, 1956.

Pour les textes d'Aristophane, on choisira toujours une traduction de V.H. Debidour (par exemple en Livre de poche).

Pour les épigrammes, on peut lire Théognis, *Poèmes élégiaques*, livre II, éd. et trad. par Jean Carrière, Paris, Les Belles Lettres, 1948. En revanche le livre XII de l'*Anthologie grecque*, qui regroupe la plupart des épigrammes homosexuelles, n'est pas encore édité dans cette collection. On trouvera plusieurs textes traduits dans le livre de F. Buffière (ci-dessus). Sinon, il faut avoir recours à la traduction anglaise de W.R. Paton, coll. Loeb, Cambridge Mass., Harvard University Press, 1917.

L'homosexualité à Rome

Paul Veyne

Vers la fin de l'Antiquité païenne, un philosophe ascète et mystique, Plotin, souhaitait que les vrais penseurs « méprisent la beauté des garçons et des femmes ». « Aimer un garçon ou une femme », cette expression — appliquée à un homme — revient cent fois sous la plume des Anciens : l'un valait l'autre, et ce qu'on pensait de l'un, on le pensait de l'autre. Il n'est pas exact que les païens aient vu l'homosexualité d'un œil indulgent. La vérité est qu'ils ne l'ont pas vue comme un problème à part.

Ni bêtes, ni morts, ni dieux.

Si les Anciens blâmaient l'homophilie, ils ne la blâmaient pas autrement que l'amour, les courtisanes et les liaisons extra-conjugales ; du moins tant qu'il s'agissait d'homosexualité active. Ils avaient trois repères qui n'ont rien à voir avec les nôtres : liberté amoureuse ou conjugalité exclusive, activité ou passivité, homme libre ou esclave. Sodomiser son esclave était innocent, et même les censeurs sévères ne se mêlaient guère d'une question aussi subalterne. En revanche, il était monstrueux, de la part d'un citoyen, d'avoir des complaisances servilement passives.

Apulée, qui qualifie d'antinaturelles certaines complaisances infâmes entre hommes, ne stigmatise pas l'homosexualité, mais la servilité et aussi la sophistication. Car lorsqu'un Ancien dit qu'une chose n'est pas naturelle, il n'entend pas qu'elle est monstrueuse, mais qu'elle n'est pas conforme aux règles sociales, ou encore qu'elle est faussée, artificielle ; la nature était, soit la société, soit une sorte d'idéal écologique, visant à la maîtrise de soi et à l'autarcie : il fallait savoir se contenter du peu que la nature exige. D'où deux positions devant l'homophilie : la majorité indulgente la trouvait normale et les moralistes politiques la trouvaient parfois artificielle, au même titre, du reste, que tout plaisir amoureux.

Bon représentant de la majorité indulgente, Artémidore distingue les « relations conformes à la norme » (ce sont ses mots) : avec l'épouse, avec une maîtresse, avec « l'esclave, homme ou femme » (toutefois « être pénétré par son esclave n'est pas bon : c'est une atteinte et cela indique du mépris de la part de l'esclave »), et celles qui sont contraires à la nature : la bestialité, la nécrophilie et les unions avec les divinités.

Quant aux penseurs politiques, il leur arrivait d'être puritains parce que toute passion amoureuse, homophile ou pas, est incontrôlable et qu'elle amollit le citoyen-soldat. Leur idéal était la victoire sur le plaisir, quel qu'il soit. Lorsque Platon, énonçant les lois d'une cité utopique, bannit la pédérastie comme non conforme à la nature, il milite contre la mollesse et l'égarement passionnel, la nature n'étant pour lui qu'un argument supplémentaire. Son dessein n'est pas de ramener la passion à la droite nature en ne permettant d'aimer que les femmes, mais de supprimer toute passion en n'autorisant que la sexualité de reproduction (l'idée qu'on puisse être amoureux d'une femme ne lui a pas effleuré l'esprit, en effet). Ce qui est antinaturel dans la pédérastie n'est pas pour Platon une anormalité digne du bûcher, mais un défaut moral, à la façon de la gourmandise ; elle est sophistication non écologique.

Il ne suffit donc pas de trouver dans les textes les mots de contre nature : il faut encore comprendre en quel sens l'Antiquité les prenait. Pour Platon, ce n'était pas l'homosexuel qui était contre nature, mais seulement le geste qu'il accomplissait. La nuance est de taille. Un pédéraste n'était pas un monstre, c'était tout simplement un libertin, mû par l'instinct universel du plaisir. L'horreur sacrée du pédéraste n'existait pas.

Claude, Horace et Domitien...

Ainsi l'homophilie active est-elle partout présente dans les textes grecs et aussi romains. Catulle se vante de ses prouesses et Cicéron a chanté les baisers qu'il cueillait sur les lèvres de son esclave-secrétaire. Selon ses goûts, chacun optait pour les femmes, les garçons, ou les unes et les autres. Virgile avait le goût exclusif des garçons ; l'empereur Claude, celui des femmes ; Horace répète qu'il adore les deux sexes. Les poètes chantaient le mignon du redoutable empereur Domitien aussi librement que les écrivains du XVIIIe siècle célébreront la Pompadour, et l'on sait qu'Antinoos, mignon de l'empereur Hadrien, reçut souvent un culte officiel après sa mort précoce. Pour plaire à tout leur public, les poètes latins, quels que fussent leurs goûts personnels, chantaient l'un et l'autre amour ; un des thèmes consacrés de la littérature légère était de mettre en parallèle les deux amours et de comparer leurs agréments respectifs.

Il n'y a pas à distinguer entre auteurs grecs et auteurs latins, et l'amour qu'on dit grec pourrait être dit aussi légitimement romain. Rome n'a pas attendu l'hellénisation pour avoir de l'indulgence envers une certaine forme d'amours masculines. Le monument le plus ancien que nous ayons conservé des lettres latines, le théâtre de Plaute, qui est immédiatement antérieur à la grécomanie, est plein d'allusions homophiles d'une saveur très indigène. Dans le calendrier de l'État romain qu'on appelle Fastes de Préneste, le 25 avril est la fête des prostitués masculins, le lendemain de la fête des courtisanes, et Plaute nous parle de ces prostitués qui attendaient le client dans la rue de Toscane.

Les poésies de Catulle sont pleines d'injures rituelles et juvéniles par lesquelles le poète menace ses ennemis de les sodomiser pour marquer son triomphe sur eux ; nous sommes dans un monde de bravades folkloriques d'une saveur méditerranéenne, où l'important est d'être le partenaire actif : peu importe le sexe de la victime. La Grèce avait exactement les mêmes principes, mais, en outre, elle tolérait et même admirait une pratique romanesque que les Latins avaient en horreur : elle était indulgente pour les amours censément platoniques des adultes pour les éphèbes de naissance libre qui fréquentaient l'école ou plutôt le gymnase, où leurs amants allaient les voir s'entraîner nus. A Rome, l'éphèbe de naissance libre était remplacé par l'esclave qui servait de mignon. Ce qui prouvait que le maître avait un tempérament débordant et était tellement porté sur le sexe que ses servantes ne lui suffisaient pas.

L'important demeurait de respecter les femmes mariées, les vierges et les adolescents de naissance libre : la prétendue répression légale de l'homosexualité visait en réalité à empêcher qu'un citoyen soit traité comme un esclave. La loi Scantinia, qui date de 149 avant notre ère, est confirmée par la vraie législation en la matière, qui est augustéenne : elle protège contre le viol l'adolescent libre au même titre que la vierge de naissance libre. Le sexe, on le voit, ne fait rien à l'affaire : ce qui compte est de n'être pas esclave et de n'être pas passif.

L'obscénité en histoire.

Voilà donc un monde où l'on spécifiait dans les contrats de dot que le futur époux ne prendrait « ni concubine ni mignon » et où Marc Aurèle s'applaudit dans son journal d'avoir résisté à l'attirance qu'il éprouvait pour son domestique Théodotos et sa servante Bénédicta. En ce monde, on ne classait pas les conduites d'après le sexe, amour des femmes ou des garçons, mais en activité ou passivité : être actif, c'est être un mâle, quel que soit le sexe du partenaire dit passif. Prendre du plaisir virilement ou en donner servilement, tout est là. La femme est passive par définition, à moins d'être un monstre et, en cette affaire, n'a pas voix au chapitre ; les problèmes se traitent du point de vue masculin. Les enfants ne comptent pas davantage, à la condition que l'adulte ne se mette pas à leur service pour leur donner du plaisir et qu'il se borne à en prendre. Ces enfants sont, à Rome, des esclaves qui ne comptent pas et, en Grèce, des éphèbes qui ne sont pas encore citoyens, si bien qu'ils peuvent encore être passifs sans déshonneur.

Un mépris colossal accablait en revanche l'adulte mâle et libre qui était homophile passif ou, comme on disait, *impudicus* (tel est le sens méconnu de ce mot) ou *dia-tithemenos*. La malice publique soupçonnait certains stoïciens de camoufler sous une affectation de virilité exagérée une féminité secrète et je crois qu'on songeait au philosophe Sénèque, qui préférait les athlètes aux garçons. On chassait de l'armée les homophiles passifs et on a vu l'empereur Claude, un jour qu'il faisait couper des têtes à tour de bras, laisser en vie un impudique qui avait « des complaisances de femme » : un pareil être aurait souillé le glaive du bourreau. L'individu passif n'était pas mou à cause de sa déviation sexuelle, tout au contraire : sa passivité n'était qu'un des effets de son manque de virilité, et ce manque demeurait un vice capital en l'absence même de toute homophilie.

Car cette société ne passait pas son temps à se demander si les gens étaient des homosexuels ou pas ; en revanche, elle prêtait une attention démesurée à d'infimes détails de toilette, de prononciation, de gestes, de démarche, pour poursuivre de son mépris ceux qui y trahissaient un manque de virilité, quels que fussent leurs goûts sexuels. L'État romain a interdit à plusieurs reprises les spectacles d'opéra (qu'on appelait « pantomime ») parce qu'ils étaient amollissants et peu virils, à la différence des combats de gladiateurs.

Tout cela explique une deuxième obsession, inattendue : il y avait bien une conduite sexuelle qui était absolument honteuse, tellement que les gens passaient la journée à se demander qui « en était » ; cette conduite, qui occupait dans les médisances la même place que la « pédale » chez nos chansonniers, était la fellation, puisqu'il faut bien l'appeler par son nom : l'historien est obligé d'en parler, puisque les textes grecs et latins en parlent sans cesse et puisque son métier est de donner à la société qui est la sienne le sentiment de la relativité de ses valeurs. Tout cela n'est pas plus obscène que d'étudier l'histoire de l'antisémitisme de Vichy. La fellation était l'injure suprême, et l'on citait des cas de fellateurs honteux qui essayaient, prétendait-on, de déguiser leur infamie sous une honte moindre en se faisant passer pour homophiles passifs !

Il y a chez Tacite une scène épouvantable : Néron fait mettre à la torture une esclave de sa femme Octavie pour lui faire avouer que l'impératrice était adultère ; l'esclave résiste à tous les supplices pour sauver l'honneur de sa maîtresse et répond au policier : « Le vagin d'Octavie est plus propre que ta bouche. » Nous imaginerons qu'elle voulait dire que rien n'est plus souillé que la bouche d'un calomniateur ; erreur : elle veut résumer toute l'infamie du monde dans le geste qui en est l'achèvement : la fellation. La fellation n'est-elle pas le comble de l'abaissement, en effet ? Elle prend passivement son plaisir à en donner à autrui et elle ne refuse servilement à autrui la possession d'aucune partie de son corps ; le sexe ne fait rien à l'affaire : car il était une deuxième conduite non moins infâme et qui les obsédait autant : le cunnilingue.

Une société machiste.

D'où vient cette étrange cartographie des plaisirs et des infamies ? D'au moins trois causes qu'il ne faut pas confondre. Rome est une société « machiste », comme tant d'autres, qu'elles aient connu l'esclavage ou l'aient ignoré. Ensuite, ce virilisme tient à la partie cachée de l'iceberg politique des sociétés antiques ; recourons à l'analogie, pour faire vite, et évoquons la haine de la mollesse dans les groupes militaristes ou encore dans les sociétés de pionniers qui se sentent au milieu d'un environnement dangereux. Enfin, Rome est une société esclavagiste où le maître exerce le droit de cuissage, si bien que les esclaves avaient fait de nécessité vertu dans un proverbe : « Il n'y a pas de honte à faire ce que le maître commande. »

Société esclavagiste : avant que stoïciens et chrétiens ne protestent que la morale sexuelle est la même pour tous (plus pour imposer la chasteté aux maîtres que pour protéger les esclaves), la morale romaine variait selon le statut social : « L'impudicité (c'est-à-dire la passivité) est une infamie chez un homme libre », écrit Sénèque le Père ; « chez un esclave, c'est son devoir le plus absolu envers son maître ; chez l'affanchi, cela demeure un devoir moral de complaisance ».

Aussi l'homophilie, pour laquelle on avait toutes les indulgences, consistait-elle en relations actives d'un maître avec son jeune esclave, son mignon. Le jour où le mignon commençait à avoir de la moustache, les convenances voulaient que le maître cesse de lui infliger un traitement indigne d'un mâle. Certains maîtres poussaient le libertinage jusqu'à continuer : ce mignon trop grand était un *exoletus*, ce qui veut dire qu'il n'était plus un *adolescens*, et les honnêtes gens le trouvaient répugnant. Sénèque, qui veut qu'on suive en tout la nature, s'indigne que certains libertins prétendent faire épiler leur mignon devenu grand, bien que l'âge naturel des complaisances soit passé pour lui.

On aurait tort de regarder l'Antiquité comme le paradis de la non-répression et de s'imaginer qu'elle n'avait pas de principes ; simplement, ses principes nous semblent ahurissants, ce qui devrait nous faire soupçonner que nos plus fortes convictions ne valent pas mieux. Il y avait des liaisons illégitimes mais moralement admises, à la manière de l'adultère, chez nous, dans la bonne société, ou, récemment encore, de l'union libre. En pareil cas, la règle est la suivante : la littérature a le droit d'en parler sans blâme, mais les intéressés, en ce qui concerne leur cas personnel, doivent avoir la discrétion de ne rien avouer. D'autres relations étaient moralement aussi suspectes qu'illégitimes, et elles étaient nombreuses. Car la plus grande partie de l'homophilie était tenue pour blâmable, mais pas selon notre morale à nous. Il y avait enfin les relations illégitimes, immorales et, qui plus est, infâmes. Elles étaient plus qu'un acte coupable qui avait échappé à leur auteur : l'horreur de l'acte remontait jusqu'à l'auteur lui-même et prouvait que, pour avoir fait une chose pareille, il fallait qu'il fût monstrueux. On passait alors de la condamnation morale au rejet que nous dirions raciste. Il en était ainsi, on l'a dit, de la passivité chez les hommes libres, des complaisances infâmes pour les femmes (appelons un chat un chat : du cunnilingue) et enfin de l'homophilie féminine, surtout à l'endroit de l'amante active ; une femme qui se prend pour un homme, c'est le monde renversé. Horreur égale à celle des femmes qui « chevauchent » les hommes, dit Sénèque.

Tout cela aboutissait à une vision de l'homophilie qui n'était pas moins mythique que la nôtre, mais différemment. Elle réduisait toutes les homophilies à un cas tenu pour typique : la relation active de l'adulte avec un adolescent qui n'y prend pas de plaisir ; on voulait croire que c'était le cas général, parce que cette relation active et sans mollesse tranquillisait, où les orages et la servilité de la passion étaient, disait-on, inconnus.

Notre lecteur se demande peut-être, pour finir, comment il se fait que l'homophilie ait été si répandue. Faut-il penser qu'une particularité de la société antique, par exemple le mépris de la femme, y multipliait artificiellement les homophiles, ou qu'au contraire une répression différente, moindre au total, laissait se manifester une homophilie qui serait une des possibilités de la sexualité humaine ? La seconde réponse est sans doute la bonne.

Orientation bibliographique

Sur l'homosexualité grecque, il existe un livre fondamental, celui de K.J. Dover, *Greek Homosexuality*, Duckworth, Londres, 1978.

Il n'est que juste de rappeler les travaux lucides et courageux que le philologue P. Brandt avait publiés sous le pseudonyme de Hans Licht : *Sittengeschichte Griechenlands*, 3 volumes illustrés, Dresde-Zurich, 1925-1928.

Aucun travail d'ensemble pour Rome. Voir cependant Jasper Griffin, « Augustan Poetry and the life of luxury », dans *Journal of Roman Studies*, LXVI, 1976, p. 87, et Paul Veyne, « La famille et l'amour à Rome », dans *Annales ESC,* XXXIII, 1978, p. 35.

Les prostituées de Rome

Catherine Salles

Rome dut sa fondation à une louve ; les monnaies ou les sculptures ont répété à l'envi ce symbole national : l'image insolite de la bête sauvage nourrissant Romulus et Rémus. Cependant, dès l'Antiquité, les historiens se sont attachés à rationaliser ce mythe pour découvrir derrière lui une réalité beaucoup plus triviale : les bébés abandonnés ne durent pas leur salut au lait d'une louve compatissante, mais à la charité d'une femme baptisée Lupa (la louve) par les bergers auxquels elle se prostituait, un surnom qui, d'après les Anciens, assimilait l'obscénité proverbiale, l'odeur et la rapacité de l'animal à celles des prostituées. Que cette étymologie soit fantaisiste ou non, la prostituée resta pour les Romains la « louve » guettant sa proie dans son antre, le « lupanar ».

Dès la fin du IIIe siècle av. J.-C., les Romains ont eu tendance à faire des courtisanes de leur ville un épiphénomène de la « vie à la grecque », objet d'émerveillement et de critiques. Ils n'avaient évidemment pas attendu, pour goûter les plaisirs de l'amour vénal, le IIIe siècle av. J.-C., date des guerres menées en Italie du Sud qui les mirent en contact avec les mœurs grecques. Même s'il nous faut écarter l'exemple trop mythique de la « nourrice » de Romulus, plusieurs épisodes de bagarres nocturnes racontées par Tite-Live (59 av. J.-C.-17 ap. J.-C.) attestent l'existence de « quartiers chauds » dans la ville dès les premiers siècles de son existence. Cependant les caractéristiques de la prostitution étant sensiblement les mêmes en Grèce et à Rome, les Romains ont, dès le IIIe siècle av. J.-C., rejeté sur l'influence grecque la responsabilité des mœurs « excentriques » de leurs marginales. Claude Mossé a déjà évoqué les « splendeurs et misères des courtisanes grecques [1] » et montré comment l'existence des prostituées dans la cité antique était voulue par le législateur pour « donner du plaisir » aux hommes honnêtes — les soins de la maison et la procréation des enfants étant réservés aux concubines et aux épouses légitimes.

Comme en Grèce, les prostituées romaines ont pour fonction essentielle de préserver la famille en évitant aux hommes les dangers de l'adultère et en les poussant vers les plaisirs sans lendemain et sans conséquence donnés par des professionnelles. L'infidélité prolongée d'une liaison hors mariage, le danger des violences infligées à des jeunes filles ou à des enfants de naissance libre peuvent être ainsi commodément conjurés. Le législateur Solon était déjà loué pour avoir pris « la mesure démocratique et salutaire » d'installer au VIe siècle av. J.-C., à Athènes, des maisons closes et avoir ainsi protégé la chasteté des femmes et des enfants libres. Obéissant au même impératif, un personnage du *Charançon* de Plaute (IIe siècle av. J.-C.) s'écrie : « Personne ne t'interdit d'aller chez les proxénètes... pourvu que tu ne traces pas un sentier à travers un territoire privé, pourvu que tu ne touches pas à une femme mariée, à une veuve, à une vierge, à un jeune homme ou à des enfants de naissance libre, aime qui tu veux ! » Bien des siècles plus tard, saint Augustin, malgré les préjugés dus à la morale chrétienne, n'hésite pas lui aussi à affirmer : « Bannis la prostitution de la société, et tu réduis cette société au chaos par la luxure insatisfaite. »

C'est dire que les Romains, comme les Grecs, ne mettent pas d'interdit moral à la fréquentation des maisons hospitalières de Subure ou de l'Aventin. Rencontrant un jeune noble sortant d'un lupanar, Caton l'Ancien, qui n'est pourtant pas connu pour son excessive permissivité, le félicite : « Bravo ! C'est ici que les jeunes gens doivent satisfaire leurs ardeurs, plutôt que de s'attaquer aux femmes mariées ! » Bien plus, les prostituées sont officiellement associées une fois l'an à des jeux donnés pour la sauvegarde du peuple romain : lors des Floralies, célébrant au mois d'avril l'archaïque divinité de la végétation Flora, le « clou » de la cérémonie est constitué par le défilé des courtisanes de la ville, nues et interprétant des mimes érotiques, « enseignant ainsi, écrit Ovide, à profiter de la beauté de la jeunesse en fleur ».

Mais les Romains, plus que les Grecs, ont le souci de préserver leur patrimoine. Aussi, s'ils ne critiquent aucunement la satisfaction des instincts sexuels, ils se méfient des dépenses inconsidérées consécutives à la fréquentation des lieux de plaisir. Ils n'hésitent pas à blâmer le jeune homme trop ardent et le vieillard qui ne peuvent se passer de la compagnie des prostituées et mettent en péril la fortune familiale. Le principal grief qu'ils ont contre les courtisanes et les proxénètes est leur avidité insatiable, leur cupidité désastreuse envers la fortune des citoyens. Alors que les Grecs avaient trouvé pour désigner leurs prostituées le terme élégant d'*hétaïres* (compagnes), les Romains donnent aux leurs le nom trivial de *meretrix*, « celle qui tire de l'argent de son corps ». En d'autres temps, les prostituées seront des « impures », des « filles perdues » ou des « pécheresses ». A Rome elles sont des « oiseaux de proie » ou des « vampires » !

Les renseignements que nous possédons sur les courtisanes de Rome sont, comme pour celles de la Grèce, essentiellement littéraires. La *meretrix* est le personnage féminin principal des comédies de Plaute et de Térence représentées au IIe siècle av. J.-C. En accord avec les règles de la comédie *palliata*[2], elle est grecque et ses mœurs sont présentées comme particulièrement « exotiques », conventions qui préservent la vanité nationale des Romains. Mais bien des particularités de ces personnages féminins prouvent que les auteurs ont puisé leur inspiration dans les rues de Rome. Des silhouettes de prostituées traversent aussi les poèmes élégiaques ou les épigrammes satiriques et permettent de mieux cerner les traits plus proprement latins du phénomène. Enfin les découvertes archéologiques de Pompéi et les graffiti trouvés sur les murs de la ville ensevelie gardent l'image de la réalité vécue de la prostitution avec plus de crudité et de réalisme que les enjolivements des textes littéraires.

Une figure familière.

La prostituée est une figure familière de la rue romaine. Deux quartiers, parmi les plus misérables de la ville, sont essentiellement le théâtre de ses activités, Subure, au nord du Forum, et la région du Grand-Cirque, au sud de ce même Forum. Dans les ruelles étroites et malodorantes, sous les voûtes des bâtiments publics, dans d'étroites loges ouvertes sur la rue, chacun peut voir « l'esclave nue qui se tient debout dans le bordel puant » ou « Chioné assise sur son haut tabouret » (Juvénal). Les fouilles de Pompéi ont révélé la présence de ces loges, comportant un lit maçonné dans le fond et qu'un simple rideau suffit à fermer lorsque le client est là, rideau qui, d'après Martial (v. 40-104 ap. J.-C.), est généralement percé de trous d'aiguilles par les voyeurs.

Les lupanars de Subure reçoivent une clientèle de gagne-petit, les habitants des quartiers populaires de Rome et les esclaves qui dérobent quelque moment à leur journée de travail pour venir se distraire en échange de quelques as[3]. Les hommes des classes aisées de la ville n'ont évidemment pas besoin de se mêler à la foule de ce quartier, car ils disposent chez eux d'esclaves — femmes ou enfants — qui leur permettent de satisfaire leurs désirs sans attirer l'attention. Cependant il n'est pas rare d'apercevoir dans les rues de Subure un fils de bonne famille qui, en cachette d'un précepteur trop rigoriste, vient se déniaiser : « Va donc faire ton apprentissage chez une professionnelle de Subure ! », lance Martial au jeune Victor qui, sur le point de se marier, n'a eu d'expérience qu'avec les mignons de sa maison. Le poète de l'époque néronienne Perse a, lui aussi, connu son initiation amoureuse à Subure. Parfois un vieillard, échappant à l'autorité de son acariâtre épouse, ose se risquer dans les ruelles de Subure. Mais, s'il est découvert, il s'expose à la fois aux récriminations de sa femme et aux condamnations de son entourage : « A ton âge, il ne convient pas que tu te livres à pareilles fredaines ! » Le plus grave danger pour la famille est que l'amoureux sénile perde toute raison et grève le patrimoine : « Par un testament abominable, il prive ses enfants de leur fortune et apporte ses biens à Phialè qui, pendant tant d'années, s'est tenue debout dans la cellule d'un bordel ! », s'exclame Juvénal (IIe siècle ap. J.-C.).

Il existe aussi des établissements plus importants, dont le lupanar que l'on peut visiter à Pompéi donne probablement le modèle le plus courant. Deux entrées, dont l'une est munie d'une clochette (pour les cas urgents ?), conduisent aux cinq chambres du rez-de-chaussée ne contenant qu'un lit et un traversin maçonnés. Un escalier extérieur permet de monter au balcon du premier étage sur lequel s'ouvrent cinq autres chambres plus spacieuses. Au-dessus de la porte de chaque cellule, des peintures montrent les différents jeux érotiques que l'on peut réclamer à la *meretrix*. De nombreux graffiti sur les murs témoignent à la fois des compétences des filles et des exploits de leurs clients.

D'autres établissements de la ville sont aussi traditionnellement voués à la prostitution : les tavernes et les auberges. Beaucoup d'entre elles sont en effet pourvues d'une ou de plusieurs chambres. A Pompéi, Iris, Bachis, Hédoné ainsi que les trois serveuses de l'aubergiste Asellina, Maria, Aeglé et Zmyrina savent aussi bien servir le vin aux clients que les distraire par leurs danses et les entraîner dans leur chambre. Une amusante inscription d'Isernia présente ainsi le décompte d'une note d'hôtel : « Aubergiste, faisons nos comptes. — Tu as pris un setier de vin : un as ; du ragoût : deux as. — D'accord. — Pour la fille : huit as. — C'est correct. — Le foin pour le mulet : deux as. — Ce mulet me ruinera ! » L'atmosphère de ces tavernes enfumées par les saucisses qu'on y fait griller, la présence de filles peu farouches semblent paradisiaques à beaucoup de déshérités, comme cet esclave d'Horace auquel son maître reproche de préférer aux joies saines de la campagne « les cellules des lupanars et les viandes grasses des auberges ».

Bien des prostituées cependant ne se contentent pas d'attendre passivement les amateurs devant les bouges de Subure. Elles parcourent les rues de Rome à la recherche des clients. Sur la Voie Sacrée ou dans la rue des Toscans, sous les portiques où se presse la foule des promeneurs, dans les thermes parmi les baigneurs, on les voit passer et repasser « les souliers crottés ». Leurs costumes exotiques, leurs perruques blondes, leur haute coiffure d'origine orientale sont bien connus des badauds. Le racolage est aussi pratiqué par les rabatteurs professionnels, comme cette vieille marchande qui entraîne le héros du *Satiricon* dans une ruelle « où des hommes vont et viennent furtivement entre des rangées d'écriteaux et des prostituées toutes nues ». Plus pathétiques sont celles qui hantent les terrains vagues du Transtévère, refuge traditionnel des hors-la-loi, ou celles qui se promènent la nuit le long de la Voie Appienne, au milieu des tombes, pitoyables

« louves des sépulcres », offrant leurs charmes aux pilleurs de tombeaux ou aux esclaves chargés de veiller aux bûchers funèbres et entraînant leurs clients à l'intérieur des caveaux. Véritables déchets humains, ce sont des filles, nous dit Plaute, « desséchées, boiteuses, éclopées, sordides [...], des limaces blafardes, fiévreuses, lamentables, de véritables squelettes puant le mauvais parfum, laides à faire peur avec leurs pieds déformés et leurs jambes comme des échalas ».

Il existe évidemment une catégorie tout à fait différente de prostituées, celles qui, par leur beauté ou l'habileté de leur proxénète, ont atteint un train de vie comparable à celui des plus célèbres hétaïres de l'histoire grecque. Grâce à la fortune qu'elles ont pu amasser, elles se sont installées à leur compte et habitent de belles maisons particulières, généralement situées sur les pentes de l'Aventin. « Que ma Némésis, écrit Tibulle[4], nage dans le luxe et qu'elle se promène dans la ville en attirant les regards par mes présents. Qu'elle porte des vêtements transparents tissés par une femme de Cos et rayés d'or. Qu'elle ait pour escorte les sombres esclaves brûlés par le soleil de l'Inde. Qu'elle obtienne sans compter l'écarlate de l'Afrique et la pourpre de Tyr. » Ce sont ces femmes de la haute galanterie qui peuplent les comédies de Plaute et de Térence, « qui vivent dans l'élégance, la mollesse et le luxe en compagnie des plus hauts personnages ». Comme les courtisanes de la Belle Époque, elles reçoivent chez elles une brillante compagnie ou se rendent à domicile chez les riches particuliers pour y exercer leurs talents de musiciennes et de danseuses.

Si les conditions de vie sont différentes, les origines sont généralement semblables. Louves de Subure ou belles de l'Aventin, elles doivent presque toutes leur sort à la servitude. Comme sa sœur grecque, la prostituée romaine est un objet possédé par un maître qui, selon les règles générales de l'esclavage, a le droit absolu de disposer à sa guise de son corps, de l'acheter, de la vendre ou de la louer. Les enfants abandonnés par leurs parents à la naissance ou enlevés par des pirates qui les revendent sur les marchés des villes méditerranéennes constituent la marchandise habituelle des proxénètes. Même si la plupart des *meretrices* de Rome ou de Pompéi portent des noms grecs, elles ne viennent cependant pas toutes de l'Orient de la Méditerranée, car elles ont adopté bien souvent des « noms de guerre » voulus par la mode, la Grèce étant pour les Romains la patrie du plaisir.

Il y a aussi parmi les *meretrices* des affranchies et même des femmes libres, car, dans la société antique, une femme privée de soutiens naturels (père, frère ou mari) n'a guère d'autres solutions que la vente du seul bien en sa possession, son corps. L'Andrienne de Térence (belle originaire de l'île grecque Andros), abandonnée par sa famille, a bien tenté de survivre en se livrant au dur métier du tissage ; mais bien vite, incapable d'assurer sa subsistance par ces travaux, elle a dû se résigner à devenir *meretrix*. Des fillettes sont aussi dressées à la prostitution par leur mère : « Ce n'est pas par indifférence que j'ai fait de ma fille une courtisane, se justifie une mère maquerelle du théâtre de Plaute, mais c'est pour ne pas mourir de faim ! »

Lorsqu'elle est esclave (le cas le plus fréquent), la prostituée ne bénéficie bien entendu d'aucune garantie juridique et, lorsqu'elle est affranchie, elle manque d'une partie des droits reconnus aux autres femmes. Dans l'incapacité légale d'accepter des legs ou des héritages, ne pouvant témoigner en justice, elle est à la merci de la dénonciation d'un client rancunier ou d'un père soucieux de protéger la vertu de son fils qui peuvent la faire expulser de Rome. Il faut attendre la fin du Ie siècle ap. J.-C. pour qu'un édit de Domitien interdise la prostitution des jeunes enfants. Les autorités, lorsqu'elles s'intéressent aux courtisanes, cherchent plutôt à en tirer des bénéfices, tel cet impôt que Caligula crée sur les revenus des *meretrices* ou de leurs proxénètes.

La plupart de ces femmes sont la propriété d'un *leno*, à la fois maître d'esclaves et proxénète. Il parcourt les marchés de Rome ou du bassin méditerranéen, habile à repérer sur les estrades de vente les adolescentes ou les petits garçons qui pourront rehausser le renom de sa maison. En tant que maître, il a tous les droits sur son cheptel humain et c'est lui qui touche l'intégralité du bénéfice des « passes ». Dans la société pourtant esclavagiste de Rome, le *leno* a une fort mauvaise réputation, car on lui reproche, non pas de vivre du corps de ses esclaves, mais de profiter d'elles pour ruiner les honnêtes citoyens. Aussi le personnage est-il universellement détesté et sa profession fait partie des métiers infamants. C'est lui, et non ses pensionnaires, qui est un sujet d'opprobre : « Un ramassis de fourberie, de crime, de parricide, de parjure, un homme sans foi ni loi, sans pudeur, sans la moindre vergogne, pour tout dire en un mot, un *leno*. » Cette cible privilégiée des railleries des Romains est une figure pittoresque du théâtre comique et son apparition provoque chez les spectateurs lazzis et injures. Ce *leno*, déjà odieux pour les clients de sa maison, se comporte comme un tyran à l'égard de ses filles, exigeant d'elles un travail incessant et les forçant à soutirer à leurs clients de multiples cadeaux dont il profite. Il a pour se faire obéir deux séries d'arguments : l'espérance (car il laisse entrevoir à ses esclaves un improbable affranchissement) et la menace (il leur promet de les envoyer poursuivre leur carrière dans la *pergula*, sinistre appentis où les plus décrépites des *meretrices* sont offertes aux parias de Rome).

Le *leno* est à la tête d'un commerce particulièrement fructueux : non content de recevoir chez lui tous ceux qu'attire la réputation de ses protégées, il loue ces dernières à de riches particuliers chez lesquels elles se rendent pour égayer un banquet. Des amateurs peuvent aussi s'assurer la présence d'une compagne pour une longue durée, moyennant un contrat de location fort détaillé. La maison accueillante du *leno* est ouverte à tous : soldats, affranchis, voleurs, esclaves qui viennent dépenser leur pécule. On boit, on s'amuse. On essaie aussi de tirer le maximum de profit de ce brigand de *leno* que l'on n'hésite pas à voler à son tour : « Je les connais bien leurs manières à nos petits jeunes gens d'aujourd'hui, se plaint la servante d'un *leno* dans une comédie de Plaute. Ils arrivent à cinq ou six chez les catins pour s'amuser. Ils ont dressé leurs plans. Dès qu'ils ont pénétré dans la maison, l'un couvre la fille de baisers, tandis que les autres agissent. S'ils voient qu'on les regarde, ils font des plaisanteries et des blagues pour tromper notre surveillance. Mais, en cachette, ils mangent souvent notre repas et se bourrent comme des boudins ! »

Les tenanciers des lupanars de Rome ne sauraient manquer d'aller s'approvisionner chaque année aux fêtes qui se déroulent près du temple de Vénus Érycine. Introduite à

Rome pendant la Seconde Guerre punique, cette divinité d'origine orientale était, à Éryx (en Sicile) comme à Corinthe, servie par des prostituées sacrées. Un temple a tout d'abord été dédié à cette Aphrodite sur le Capitole, mais il n'est pas question pour les Romains d'admettre au centre de leur ville les rites dérangeants de la prostitution sacrée. Aussi installe-t-on un second temple à Vénus Érycine à l'extérieur de Rome près de la porte Colline. Ce sanctuaire devient l'objet d'un culte particulier pour les *meretrices* de Rome. Pendant les Aphrodisies célébrées en avril, toutes les prostituées sont là pour honorer leur sainte patronne, ce qui attire tous les amateurs de belles femmes et les proxénètes de la ville. La jeunesse romaine est là aussi, excitée et railleuse : gare à la pauvre fille qui n'aura pas l'heur de plaire à cette foule ; les gamins la bombarderont de projectiles divers et lui barbouilleront la figure de suie.

Le capital beauté.

La beauté, principal capital des *meretrices*, reste leur grand souci. Une fois celle-ci envolée, une fois la vieillesse arrivée, il ne leur reste plus rien pour assurer leur existence matérielle. A l'époque républicaine, leur tenue les distingue, sans conteste possible, des autres femmes qui circulent dans les rues de Rome. Elles ont l'interdiction de porter la longue robe des matrones, épouses légitimes des citoyens, et s'enveloppent d'une toge brune. Celle-ci dissimule les tuniques transparentes, les robes brodées, les chemisettes bordées de franges dont les tissus exotiques, les découpes audacieuses, les couleurs chatoyantes (elles ont une prédilection pour le vert et le jaune) procurent aux plus riches des courtisanes une élégance tapageuse. Elles connaissent les régimes qui leur permettront de garder la taille mince et ont maintes potions mystérieuses qui leur évitent les grossesses fatales à leur silhouette. Elles sont expertes à utiliser les artifices des fards empruntés aux hétaïres grecques : la céruse qui donne au teint une blancheur éclatante, le *phukos* qui colore les pommettes de rouge foncé, le *stimmis* (khôl) ou l'*asbolé* (suie, noir de fumée) qui soulignent les cils et les sourcils épilés et réunis par le noir en un seul arc au-dessus des yeux. La plupart d'entre elles se sont fait teindre les cheveux « à la bretonne », c'est-à-dire en blond ou en roux, et échafaudent des coiffures compliquées de bouclettes et de frisures, fort éloignées des austères chignons des matrones. Colliers enrichis de pierreries, larges anneaux d'or autour des bras, des cuisses et des chevilles, pendants d'oreilles en perles complètent la parure des demi-mondaines. « Depuis l'aurore, explique une *meretrix* du *Carthaginois* de Plaute, nous n'avons cessé de nous laver, de nous frotter, de nous essuyer, de nous orner, de nous polir et de nous repolir, de nous farder, de nous parer [...] Car les femmes de notre espèce ont mauvais goût et manquent de charme si elles ne font pas preuve d'une élégance coûteuse. » La beauté, artificielle ou non, la grâce, une conversation distinguée, une bonne connaissance de l'art du chant, de la danse et de la musique, ce sont les atouts de ces femmes qui tiennent le haut du pavé de la galanterie.

Elles ont bien soin d'ailleurs de prendre leurs distances avec les pauvres « louves » qui guettent le client à la porte de leur cellule. « Une courtisane ne doit pas s'attarder seule dans la rue, c'est bon pour celles qui font le trottoir », déclare l'une d'entre elles dans une pièce de Plaute, et une autre redoute d'être confondue avec ces « misérables putains, ces amies des garçons boulangers, ces déchets tout juste bons pour des valets couverts de farine, ces filles faméliques, gluantes de mauvais parfum, répugnant plaisir de la lie des esclaves. Elles te sentent le fumier de leur bouge où elles croupissent sur leur tabouret. Jamais un homme libre n'a voulu y toucher ou les conduire chez lui, ces vieilles peaux que les plus puants des esclaves se procurent pour deux oboles ».

Y a-t-il cependant tant de différences entre la louve de Subure et l'élégante courtisane de l'Aventin ? Issues de la même misère de l'esclavage, destinées la plupart du temps à retomber dans cette misère une fois leur éphémère beauté évanouie (à moins qu'un mariage providentiel ne les fasse entrer dans la catégorie des femmes respectables), elles cachent sous leur luxe les stigmates de leur condition équivoque et précaire : « Lorsqu'elles sont dehors, on ne peut rien trouver de plus raffiné, de plus apprêté, de plus élégant. Quand elles dînent avec leurs amants, elles touchent au repas du bout des lèvres. Mais il faut voir leur saleté, leur mise négligée, leur dénuement lorsqu'elles sont seules chez elles, il faut voir comme elles sont repoussantes et affamées, et comment elles dévorent un quignon de pain noir trempé dans de la sauce de la veille. »

Dans cette existence entièrement dominée par les exigences des hommes et les nécessités de la subsistance quotidienne, l'espérance pénètre par le biais de la religion. Généralement d'origine étrangère, vivant dans des quartiers populaires où les cultes exotiques, clandestins ou non, sont l'objet d'une grande ferveur, les prostituées se trouvent parmi les plus fidèles sectatrices de ces « rites orientaux » qui ont pénétré à Rome dès le IIe siècle av. J.-C. La plupart de ces religions ont pour point commun de promettre le salut de l'âme et le bonheur dans l'Au-delà à ceux qui se soumettent aux initiations et aux rituels complexes de purification, et ceci quelle que soit la condition sociale du fidèle. Il n'y a rien d'étonnant à ce que les femmes, considérées uniquement comme des « corps à vendre », aient recherché l'apaisement des promesses salvatrices de ces cultes. Le scandale des Bacchanales, en 186 av. J.-C., et la répression implacable qui s'ensuit ont pour cause la dénonciation d'une courtisane, Hispala, initiée aux rites bachiques par sa maîtresse. La divinité égyptienne Isis recrute de nombreuses dévotes parmi les *meretrices*, car la « Bonne Mère », dont Apulée (v. 125-170 ap. J.-C.) a vanté la « main secourable », est compatissante pour les malheureuses et leur promet la rédemption. Aussi sont-elles parmi les plus fidèles à se plier aux rites de purification et aux périodes rituelles de dix jours de chasteté, ce qui a bien souvent provoqué les plaintes des poètes, écartés du lit de leurs belles amies pendant ces décades de continence. Le temple d'Isis en acquiert d'ailleurs une réputation équivoque et la déesse « proxénète » est accusée de favoriser les rencontres galantes.

Inspiratrices ? Pas question !

Jamais, à Rome, les courtisanes n'ont joué le rôle d'inspiratrices éclairées des hommes politiques comme cela avait été le cas pour les hétaïres grecques. Aucune *meretrix* n'a rivalisé avec Aspasie, Phryné ou Thaïs en intervenant dans la vie publique de la cité. Certes les Romains ne considèrent pas comme déshonorant d'être vus devant la porte d'un lupanar, mais, aux temps héroïques de la République, il n'est pas question pour eux de prendre l'avis d'une femme, légitime épouse ou amie de rencontre. En 185 av. J.-C., Caton l'Ancien fait rayer de l'album sénatorial Flaminius coupable d'avoir, pour distraire une courtisane, fait exécuter en sa présence un soldat coupable, la complaisance du sénateur à l'égard des désirs d'une femme étant le principal motif de sa dégradation.

Cependant, avec l'émancipation générale des femmes à la fin de la République et l'hellénisation des mœurs romaines, certains hommes politiques prennent l'habitude de paraître en public avec de belles courtisanes. Mais cette attitude est l'objet de critiques acerbes de la part des Romains conservateurs et le principal thème des accusations portées contre ces politiciens par leurs adversaires. Cicéron trace un portrait sans complaisance de la belle Chélidon qui est l'égérie de Verrès pendant la préture de ce dernier en Sicile, une prostituée qui « a non seulement représenté le peuple romain en présidant les procès civils, mais encore a été toute-puissante dans les affaires de réparation des édifices publics ». L'orateur a stigmatisé de la même façon son ennemi Antoine, accompagné en tous lieux de la fameuse Cythéris. Avec plus de modération, Plutarque signale l'ascendant provisoire de la courtisane Flora sur Pompée. Bien d'autres femmes galantes ont vécu dans l'entourage des hommes importants de Rome, mais leur influence ne s'est guère manifestée en public et on ne peut trouver dans l'histoire romaine l'équivalent des anecdotes que la tradition a conservées sur les hétaïres grecques.

Les demi-mondaines de Rome ont eu leur revanche dans la littérature : grâce aux œuvres élégiaques, nous connaissons l'empire que la blonde Délia, Phyllis la musicienne ou l'orgueilleuse Corinne ont eu sur Tibulle, Horace et Ovide. A travers les poèmes qui leur sont consacrés, c'est tout l'univers de la haute galanterie de Rome qui est dépeint, un univers de luxe et de sensualité bien éloigné de la misère des bouges de Subure.

Avec la libération des mœurs féminines, l'apparence des belles « irrégulières » et celle des épouses légitimes ne diffèrent plus guère. Dès les IIe-Ier siècles av. J.-C., nombre d'épouses romaines ont adopté vêtements excentriques, fards et bijoux voyants, apanage, à l'origine, des prostituées. Les matrones apprennent les arts d'agrément, danse et musique ; elles mènent une vie fort libre, choisissant ouvertement des amants, ce qui les fait accuser de débauche par les conservateurs. La frontière entre ces femmes émancipées et les prostituées devient si ténue que la confusion est parfois possible. *L'Art d'aimer* d'Ovide, précieux recueil de conseils érotiques, s'adresse-t-il uniquement aux demi-mondaines, comme l'affirme vertueusement le poète, ou bien souhaite-t-il en fait compter parmi ses lectrices les femmes de la haute société romaine ? Il est bien hasardeux de trancher avec certitude.

Une étape supplémentaire semble être franchie dès les débuts de l'Empire. Tentées par la grande liberté sexuelle des *meretrices*, désirant échapper aux sévères condamnations qui menacent les adultères, certaines matrones n'hésitent pas à se faire inscrire sur les listes des prostituées que dressent les autorités de police. C'est ainsi que, en 19 ap. J.-C., Vistilia, femme du proconsul de Gaule narbonnaise, vient revendiquer devant les édiles la liberté de faire commerce de son corps, une démarche qui n'est pas du goût de l'empereur Tibère : Vistilia est déportée dans une île et un sénatus-consulte est spécialement promulgué pour interdire aux femmes des ordres sénatorial et équestre de se prostituer.

Cependant, dans cette société violente et excessive, les activités marginales exercent une fascination certaine sur les privilégiés. Caligula installe dans le Palatin un véritable lupanar dans les cellules duquel il place matrones et enfants libres, et ses esclaves écument les places et les basiliques pour recruter les clients. En 64, le préfet du Prétoire Tigellin offre à Néron un splendide festin sur un radeau édifié sur le lac d'Agrippa au Champ de Mars : parmi de nombreuses attractions, on remarque sur les rives de l'étang des lupanars illuminés où sont exposées des femmes du plus haut rang, tandis que tout autour des prostituées professionnelles, entièrement nues, interprètent des danses obscènes. La fête se termine dans une orgie générale.

Et comment ne pas évoquer, pour clore cette rapide description des séductions de l'amour libre personnifié par la prostitution, la réputation peut-être usurpée de la trop célèbre impératrice Messaline dont Juvénal a tracé ce portrait féroce : « Pendant la nuit, vêtue d'un manteau à capuchon, la putain impériale s'échappe du Palatin avec une seule servante. Dissimulant des cheveux noirs sous une perruque blonde, elle entre dans la tiédeur du lupanar au rideau usé. Elle a pour elle une cellule réservée, une pancarte la désigne par le pseudonyme de Lycisca. Là, elle se prostitue, les seins couverts d'une résille d'or, et expose son ventre qui t'a porté, noble Britannicus. Elle fait des démonstrations de tendresse au client et réclame son salaire. Quand le *leno* congédie ses filles, elle s'en va toute triste. Tout ce qu'elle peut faire, c'est quitter la dernière sa cellule [...], fatiguée de l'homme, mais pas encore rassasiée. Dégoûtante, hideuse, les joues noircies par la fumée de la lampe, elle rapporte dans le lit impérial les relents du lupanar. »

Phénomène sans nuances d'une société où les extrêmes se rejoignent, image sans complaisance d'une conception de la vie où le sentiment est subordonné à l'intérêt, la prostitution à Rome ne se limite pas à la peinture grivoise et trop souvent idéalisée qu'en ont donnée les poètes latins. La férocité satirique, propre au tempérament romain, a tôt fait de découvrir sous les élégances des femmes de plaisir la réalité moins séduisante de leur condition. A la fois femme et esclave, n'ayant d'autre reconnaissance légale que la valeur marchande de son corps et sa fonction élémentaire dans l'ordre de la cité, ne devant son existence qu'à une beauté et une jeunesse éphémères, la « louve » romaine met cruellement en lumière les contradictions de la « capitale de l'univers ».

Notes

1. *L'Histoire*, n° 56, p. 32.

2. A Rome, la comédie a d'abord été *palliata*, c'est-à-dire à sujet grec et jouée par des acteurs vêtus du *pallium* ou manteau grec, avant d'être *togata*, à sujet romain et jouée par des acteurs vêtus de la toge. Les pièces de Plaute et de Térence appartiennent au genre « palliata ».

3. L'as est la plus petite monnaie romaine. Le prix moyen d'une « passe » est de deux as, l'équivalent de deux portions de vin ordinaire au comptoir d'une taverne ; il peut aller jusqu'à 8 ou 16 as.

4. Dans plusieurs de ses élégies écrites au Ier siècle av. J.-C., Tibulle évoque la passion que lui a inspirée une courtisane belle et hautaine à laquelle il a donné le nom fictif de Némésis, terrible divinité de la vengeance.

Orientation bibliographique

Textes anciens.

Plaute, *Comédies*, trad. A. Ernout, Paris, Les Belles Lettres, 1961 (7 vol.).

Térence, *Comédies*, trad. J. Marouzeau, Paris, Les Belles Lettres, 1961 (3 vol.).

L'ensemble des œuvres élégiaques de Tibulle, Horace, Ovide et Properce, de même que celles des poètes satiriques Juvénal, Perse et Martial, est publié aux Belles Lettres.

Ouvrages modernes.

Charbonnier C., *La Courtisane de Plaute à Ovide*, Bulletin de l'Association Guillaume Budé, tome XXVIII, 1969.

Grimal P., *L'Amour à Rome*, Paris, Hachette, 1963.

Lefkowitz M.R. et Fant M.B., *Women's Life in Greece and Rome*, Londres, 1982.

Salles C., *Les Bas-Fonds de l'Antiquité*, Paris, R. Laffont, 1982.

Veyne P. (sous la direction de), *Histoire de la vie privée* ; t. I : *De l'Empire romain à l'an mil*, Paris, Le Seuil, 1985.

« L'Histoire » a publié.

Mossé C., « Splendeur et misère de la courtisane grecque », n° 56, p. 32.

Schmidt J., « La contraception à Rome », n° 8, p. 65.

Veyne P., « L'avortement à Rome », n° 16, p. 30.

Grimal P., « L'affaire des Bacchanales », n° 60, p. 22.

Chuvin P., « Clefs pour une coutume : l'épilation », n° 82, p. 94.

Les troubadours et l'amour passion

Jacques Solé

« Courtoisie » : un mot bien affadi. Et pourtant, au cœur du Moyen Age, il est né d'une prodigieuse aventure, celle de l'amour « courtois », exaltation spirituelle et charnelle des rapports entre l'homme et la femme, innovation décisive, à la fois littéraire et sociale. Elle est due à quelques centaines de troubadours languedociens qui ont vécu dans ce qui est aujourd'hui le Midi de la France, aux XIIe et XIIIe siècles, au sein d'une aristocratie prospère.

Ce n'est pas que le sentiment amoureux ait été inconnu des autres civilisations, comme on pourrait le penser à la lecture du célèbre ouvrage de Denis de Rougemont, *L'Amour et l'Occident* publié en 1939[1]. Bien au contraire, l'érotique courtoise s'est construite à partir d'éléments empruntés à son milieu d'origine ainsi qu'aux sociétés. L'influence de la poésie néo-latine des goliards, les « écoliers errants » *(clerici vagi)* du Xe siècle, reste lointaine. Celles, si diverses, du folklore méridional, de la brillante civilisation arabe andalouse et de la morale chevaleresque sont beaucoup plus proches[2].

Et d'abord, les traditions populaires. Au mois de mai, garçons et filles s'en vont dans les bois couper des rameaux verts pour orner l'église. Ils dansent dans les champs, et les jupes s'envolent. « Voici le joli mois de mai, chaque galant change d'amie », disaient les chansons languedociennes. Mai est le mois de l'amour sensuel, de la cour prénuptiale. Le mariage aura lieu plus tard. Après le mariage, une autre coutume, plus troublante et venue du Nord : le « valentinage ». Il concède aux épouses, pour un jour — ou plus —, au vu et au su de leurs maris, toute familiarité avec un « Valentin » (c'est le même mot que « galantin »), célibataire choisi, il est vrai..., par le sort. « Vous m'aurez demain ; cette nuit est à mon amant », dit la femme à son mari dans les chansons françaises. Adultère plus symbolique que réel.

Ce sont là jeux de rustres. Il en va autrement dans le monde andalou qui, au XIe siècle, est encore aux portes du Languedoc, ou du moins de la Catalogne. La sensualité s'y exprime. Une femme s'exclame :

« La condition pour que je t'aime ? Que tu joignes les bracelets de mes chevilles à mes boucles d'oreilles ! »

Mais les poètes arabes exaltent l'amour et la femme à qui il est dédié. Communion spirituelle des cœurs, soumission de l'amant à la dame, exaltation mystique de la chasteté, tous ces thèmes qui se sont imposés aux Aquitains venaient du Sud. Témoin Ibn Zaydoun de Cordoue[3] :

« Entre toi et moi, si tu voulais, il y aurait quelque chose qui ne se perdrait pas, un secret qui, alors que tous les autres seraient divulgués, resterait toujours caché [...]

Qu'il te suffise de savoir que, si tu chargeais mon cœur de ce que les autres cœurs ne peuvent supporter, le mien le pourrait.

Sois fière, j'accepterai ; temporise, je patienterai ; sois orgueilleuse, je me ferai petit ; fuis, j'avancerai ; parle, j'écouterai ; ordonne, j'obéirai ! »

J'ai deux juments.

L'amour chevaleresque contemporain des troubadours constitue sans doute la dernière source de l'érotique provençale. Il exigeait de l'amant la soumission à sa dame et il rapportait au domaine amoureux un certain nombre de vertus « viriles » : courage, loyauté, générosité. Mais, consacré de manière réaliste à des relations entre égaux, sinon légitimes du moins légitimables (par un mariage après divorce), il représentait de ce point de vue l'antithèse des conduites que les troubadours allaient magnifier. Cela se fit au cours du XIIe siècle, en trois étapes successives, au rythme des transformations de la société provençale.

En tête de la première génération, Guillaume IX d'Aquitaine, comte de Poitiers (1071-1127), fut à la fois un poète et un très grand seigneur. Ce « tricheur de femmes », comme on l'appelait, représente un érotisme masculin encore très traditionnel, « gaulois » même. Dans un poème plein d'humour, il explique à ses amis qu'il a « deux juments[4] ». « L'une fut, parmi les chevaux de montagne, des meilleurs coureurs, [mais elle est devenue] rétive et sauvage. [L'autre], quand elle était encore pouliche au pré [a été donnée par Guillaume à un autre maître], là-bas, au-delà de Confolens. Mais je me réservai sur elle des droits suffisants », ajoute-t-il. Passons... Pourtant, il exprime ailleurs une conception épurée de l'amour, exaltant la joie de désirer, soulignant l'obéissance due à la femme aimée, à la manière des Arabes. Mais cette idéalisation de l'amour chevaleresque n'est pas encore la « courtoisie ».

Celle-ci apparaît à la deuxième génération des poètes d'oc. A part Jaufré (Geoffroi) Rudel, ce sont des troubadours ou de modestes chevaliers. Cercamon, Marcabru, Bernart Marti expriment les aspirations de leurs frères d'âge ou de classe que dédaignent les nobles dames. Ils en veulent à la pratique, alors très répandue, de l'adultère interconjugal[5]. Pratiqué entre les seigneurs et leurs épouses, il excluait les jeunes chevaliers et à plus forte raison les « jongleurs ». C'est pourquoi les exclus font la satire des femmes immorales qui aspirent à l'amour charnel des grands et célèbrent un amour épuré, insistant sur l'union des cœurs, sur la durée et l'importance du « service » accompli par l'amant auprès de sa dame. Cet amour devient le principe de toutes les vertus. Hostile au naturalisme banal des puissants ou des rustres, presque toujours onirique, la courtoisie n'en chante pas moins des dames réelles et ne sépare pas l'amour de sa base charnelle.

La théorie étant constituée, il fallait que la société l'adoptât. Ce fut chose faite à la fin du XIIe siècle. L'érotique des troubadours s'annexa alors l'esprit chevaleresque, dans un univers aristocratique transformé sous la pression des jeunes chevaliers célibataires et ambitieux. Entassés à la cour du seigneur, ils attendaient que sa femme leur donnât la joie de les distinguer par un amour sincère et désintéressé. L'idéal de la courtoisie, devenu commun aux plus grands comme aux parvenus, fut ainsi un moyen d'atténuer la tension entre les différentes couches de la noblesse féodale. En exaltant le pur plaisir, la poésie classique de troubadours — malgré l'élargissement de son public — maintenait intégralement les privilèges culturels du groupe supérieur[6].

Elle y réussit grâce à la pression des dames qui acceptaient désormais d'aimer les chevaliers d'un rang inférieur au leur. Tout le monde y trouvait son compte. L'orgueil comme la dignité des dames étaient satisfaits. Le pur amour *(fin'amor)*, ni naturaliste ni platonique, célébrait la continence tout en conservant la coloration naturelle, et, par là même, plaisait à la haute noblesse. L'exaltation, à la fois joyeuse et chaste, du désir suscité par la femme aimée prenait une tonalité mystique et assouvissait à bon marché les fantasmes des inférieurs.

Ainsi le sentiment amoureux demeurait la condition de toutes les vertus. Il se traduisait par un « service » de type naturellement féodal : relation de suzeraine à vassal, avec une série de degrés qui constituaient une méthode de purification du désir. On s'arrêtait en général à un chaste baiser. Dans l'intimité amoureuse comme en société, le parfait amant n'était donc que le simple serviteur de sa dame. Ses devoirs consistaient à lui plaire, à n'aimer qu'elle, à la faire valoir, à rester discret. En retour, sa maîtresse, qui se devait être tout amour, devait lui rendre compte de sa conduite.

Tout était permis, sauf...

Au-delà du baiser, l'amant pouvait recevoir deux autres récompenses, qui sont le piment essentiel de ce jeu subtilement adultère. D'abord, la grâce de contempler le corps nu de sa dame. Ensuite, l'*asag* (« épreuve » ; c'est le même mot que *essai*), où presque tout était permis — sauf l'acte sexuel lui-même. La charmante comtesse de Die a peint pour nous cette cérémonie où, dans son lit, tenant dans ses bras nus son chevalier, elle lui faisait un coussin de sa poitrine en lui donnant un baiser d'amour. Heureuse de le presser ainsi à la place de son mari, elle savait que son amant n'irait jamais au-delà de ce qu'elle lui permettrait[7].

Moins lubrique que continente, cette situation nous rappelle qu'au sein de la magie amoureuse chantée par la poésie courtoise l'élément essentiel demeurait — parce qu'il était facteur d'égalité — l'échange des cœurs. Si l'on peut s'étonner de la tension quelque peu alambiquée imposée par les troubadours à sa traduction charnelle, Denis de Rougemont a sans doute eu tort de distinguer, dans cette exaltation, un principe de mort et de perdition. Il s'agissait, au contraire, d'une érotique, sinon parfaitement saine, du moins scrupuleusement moralisatrice et remarquablement réglée. Son orientation était certes antichrétienne mais elle ne s'en voulait pas moins à l'origine de toutes les vertus[8].

Telle fut, en matière amoureuse, la grande invention sentimentale du XIIe siècle. Elle ne suffit certainement pas à faire de l'Occident le créateur de l'amour psychologique entre les sexes, car les phénomènes sociaux auxquels on peut la rattacher sont présents dans d'autres civilisations aussi. En revanche, il convient de donner toute son importance à l'initiative des nobles dames du temps : elles saisirent l'occasion de l'emporter enfin, à l'intérieur du monde féodal, sur les valeurs de l'amitié masculine, propres, depuis si longtemps, aux fraternités guerrières. Les aristocrates occitanes imposèrent à une société misogyne la surestimation de leurs qualités et la recherche éperdue de leur estime.

Catholicisme et catharisme, religions rivales, eurent en commun, au moins à l'origine, de se soucier fort peu de l'émancipation féminine et encore moins de valoriser l'amour des dames. A l'apogée de la civilisation provençale, les nobles dames assurèrent un temps de mode, manifestement antichrétien, à la nouvelle dévotion érotique unilatérale qui leur asservissait l'homme. En s'y soumettant, selon les traditions de la poésie arabe, les troubadours et leurs innombrables imitateurs ont permis à l'Occidentale des classes supérieures d'accéder à un état, jusque-là inespéré, d'intimité psychique et de familiarité avec le monde viril. Pleinement constitué, l'amour européen demeurera ainsi l'extension, au domaine des relations intersexuelles, des valeurs d'abord propres à l'amitié masculine.

La doctrine courtoise, en tant que telle, n'en connut pas moins une rapide dégradation aux XIIIe et XIVe siècles. Au cours de la première de ces périodes, les poètes Peire Cardenal et Montanhagol seront les témoins de son déclin dû au double assaut de l'Église romaine et de la féodalité française, qui aboutit à la destruction, par la croisade anticathare

(1209-1229), de la civilisation provençale elle-même. Cette catastrophe rendait impossible la survivance pratique d'une érotique qui n'était plus qu'une revendication morale.

Pour les catholiques, l'érotique courtoise représentait évidemment une hérésie — une hérésie bien distincte de celle des cathares. C'est à ce titre que, en 1277, l'évêque de Paris condamna le traité *Sur l'amour* d'André le Chapelain (1185), en même temps qu'une série de thèses théologiques. N'était-il pas normal que l'idéalisation amoureuse propre aux troubadours soit visée de plein fouet par une orthodoxie chrétienne définitivement durcie ? Enfin, en valorisant le mariage d'amour, l'Église entendait combattre l'exaltation de sentiments extra-conjugaux opposés à sa conception de l'homme. Elle eut la satisfaction de voir disparaître, en un premier temps, une inspiration érotique qui acheva de mourir, au début du XIVe siècle, en Catalogne.

Vive la passion !

Mais la fécondité historique de la poésie provençale et de ses inventions sentimentales devait se révéler à toute épreuve. Ses thèmes, à la fois féministes, charnels et spiritualistes, exercèrent ultérieurement une influence considérable sur les théories littéraires de l'amour en Occident. De Pétrarque aux précieuses, en passant par le néo-platonisme de la Renaissance, aucune ne put échapper complètement à cette influence. Ces jeux seigneuriaux accompagnaient le maintien, dans l'aristocratie européenne, de l'association étroite entre l'esprit chevaleresque et l'idée d'amour. Parallèlement, les pratiques sexuelles du folklore rural, indissolublement chastes et ardentes, attestaient la permanence du souvenir des troubadours. Leur leçon allait même envahir complètement le monde occidental à partir de 1800, au rythme triomphal des conquêtes de l'amour-passion. A ce titre, l'érotique d'inspiration provençale, aujourd'hui répandue, fût-ce sous des formes abâtardies, mérite l'attention de l'observateur de nos sociétés.

Le sentiment de communion spirituelle, dans le rôle d'excitant sexuel, a porté au mariage d'autrefois des coups moins redoutables qu'il n'y paraît puisque, à travers les divorces ou les séparations, c'est toujours l'union amoureuse qui se reconstitue. Les amants actuels perpétuent ainsi l'enseignement le plus sûr et le plus profond de l'érotique des troubadours, selon lequel le pire des crimes, parce qu'il est contre l'amour, est de faire l'amour sans amour.

Notes

1. Denis de Rougemont paraît incapable d'apercevoir des traces du sentiment amoureux en dehors de la tradition inaugurée par les troubadours. Peut-on régler l'immense question de l'érotisme chinois en une page mal informée ?

2. La meilleure introduction au sujet demeure l'œuvre du regretté René Nelli, dont nous nous inspirons ici. Cf., en particulier, sa thèse *L'Érotique des troubadours*, Toulouse, Privat, 1963 ; nouvelle version, Paris, Collection 10/18, 1975, 2 vol.

3. Texte cité d'après H.I. Marrou, *Les Troubadours*, Paris, Le Seuil, 1971, p. 124.

4. Cf. R. Nelli, *Écrivains anticonformistes du Moyen Age occitan*, I, *La Femme et l'Amour*, anthologie bilingue, Paris, Phébus, 1977, p. 33 s.

5. Robert Fossier ne vient-il pas d'affirmer (*Le Moyen Age*, Paris, A. Colin, 1982, t. II, p. 324) : « Le XIIe siècle a tout l'air de devoir disputer au XIXe siècle finissant le douteux prestige d'être championne de l'adultère » ?

6. Sur les origines sociales de la poésie courtoise, voir A. Vauchez, dans R. Fossier, *op. cit.*, p. 383 s. Consulter aussi la synthèse de G. Duby, *Le Chevalier, la Femme et le Prêtre*, Paris, Hachette, 1981.

7. R. Nelli, thèse citée, p. 202 s.

8. Obsédé par ses thèses relatives au catharisme des troubadours et à l'influence du mythe de Tristan, Denis de Rougemont a assombri l'érotique provençale pour mieux l'opposer à une imaginaire santé chrétienne.

Orientation bibliographique

Duby G., *Le Chevalier, la Femme et le Prêtre*, Paris, Hachette, 1981.

Fossier R. (sous la direction de), *Le Moyen Age*, Paris, Armand Colin, 1982, t. II.

Marrou H., *Les Troubadours*, Paris, Le Seuil, 1971.

Nelli R., *Écrivains anticonformistes du Moyen Age occitan*, t. I : *La Femme et l'Amour*, Paris, Phébus, 1977. *L'Érotique des troubadours*, Toulouse, Privat, 1963.

Rougemont D. de, *L'Amour et l'Occident*, Paris, Plon, 1972.

Les débuts de la contraception

François Lebrun

L'histoire des débuts de la contraception en France ressemble à un puzzle dispersé dont les historiens n'auraient réussi à retrouver et à mettre en place que quelques pièces. Alors que les travaux de démographie historique concernant la France d'Ancien Régime, inaugurés dans les années 1960, ont fourni très vite des connaissances assurées sur des données fondamentales comme la mortalité infantile ou l'âge moyen des filles au premier mariage, les études chiffrées sur la fécondité et sa baisse éventuelle sont encore rares. La raison en est aisée à comprendre : autant le calcul de la mortalité infantile ou de l'âge au mariage à partir des registres d'état civil ancien est relativement simple, autant celui de la fécondité est long et fastidieux. Il exige en effet un dépouillement nominatif des actes de baptêmes, mariages et sépultures, une reconstitution des familles à partir de chacun des mariages et enfin une série de calculs sur les fiches de familles ainsi reconstituées fournissant le nombre moyen d'enfants par famille, les intervalles entre les naissances, les taux de fécondité par âge, l'âge moyen des mères à la dernière naissance. Or pour que les chiffres obtenus soient significatifs, il faut que les fiches de familles soient suffisamment nombreuses, surtout si l'on veut effectuer des comparaisons entre les groupes sociaux.

Tout cela suppose d'énormes dépouillements portant sur des paroisses ou des groupes de paroisses assez importants pour que les résultats — présentés par décennie pour déceler les évolutions — ne risquent pas d'être aléatoires. En dehors de la grande enquête collective lancée par l'INED (Institut national d'études démographiques) en 1962, rares ont été les chercheurs isolés qui ont eu le courage de se lancer dans une telle tâche.

C'est à partir des résultats publiés de l'enquête de l'INED et d'un certain nombre de monographies paroissiales[1] que Jacques Dupâquier a esquissé en 1979 un bilan global. Il en ressort que la fécondité légitime commence à baisser très légèrement en France à partir de 1740, un peu plus nettement après 1770. Mais cette baisse, inégale selon les régions, correspond sans doute moins à un changement radical de comportement face à la procréation qu'à un malthusianisme diffus, par espacement des relations conjugales, afin de limiter une famille trop nombreuse, notamment en période de difficultés économiques. En revanche, la baisse de la fécondité se précipite à partir de la Révolution. Entre les années 1773-1786 et 1790-1803, le rapport du nombre des naissances à celui des mariages dans la France rurale passe de 4,55 à 3,87 — soit une baisse de 15 %. Dans le même temps, ce même rapport, dans la France urbaine, passe de 4,53 à 3,13, soit une baisse plus marquée encore, de 21 %. Deux faits majeurs ressortent de ce bilan : d'une part que la Révolution, de ce point de vue aussi, a été un tournant, et d'autre part que les villes ont été plus touchées que les campagnes.

Les travaux de Marcel Lachiver sur la Région parisienne et de Jean-Pierre Bardet sur Rouen permettent d'approcher de beaucoup plus près les réalités. Dès 1969, Marcel Lachiver propose, conjointement avec Jacques Dupâquier, une méthode originale d'étude de la contraception : il s'agit de classer les familles en quatre groupes, en fonction de la fréquence des naissances. Quatre types de familles sont définies d'après le quotient *Durée de vie conjugale en mois / Nombre de naissances* :

type 1, les familles à intervalles courts, inférieurs ou égaux à 18 mois ;

type 2, les familles à intervalles moyens, de 19 à 30 mois ;

type 3, les familles à intervalles longs, de 31 à 48 mois ;

type 4, les familles à intervalles supérieurs à 48 mois ou quatre ans, dites stériles ou contraceptives, de tels intervalles ne pouvant s'expliquer que par la stérilité naturelle ou par le recours à la contraception.

Marcel Lachiver appliqua cette méthode à la petite ville

de Meulan. Il en ressortit que les familles meulanaises de type 4 — pour s'en tenir ici à l'essentiel — représentent 10 % du total entre 1660 et 1739, 21 % entre 1740 et 1789, 46 % entre 1790 et 1814, ce qui permet de conclure (en tenant compte du fait que la stérilité naturelle frappe 10 % des couples environ) à l'absence de contraception avant 1740, à son apparition entre 1740 et 1789 (10 % des couples environ), à sa diffusion massive entre 1790 et 1814 (36 %, soit plus du tiers des familles).

Le même type d'étude portant sur plusieurs bourgs et paroisses rurales de la Région parisienne confirme, avec quelques nuances, l'évolution de Meulan. Jusque vers 1760, la contraception semble pratiquement inconnue ; elle commence à se diffuser dans la décennie 1760-1769, comme en témoignent la diminution du pourcentage des familles à intervalles courts et moyens et l'augmentation très forte des familles à intervalles longs et à intervalles supérieurs à quatre ans. A partir de 1790, le changement se fait radical : les familles à intervalles courts disparaissent ou presque, les familles contraceptives deviennent la règle. Si les débuts de la limitation des naissances dans la Région parisienne sont ainsi mis en lumière de façon incontestable, bien des questions restent posées. Qui a commencé ? Les gens des villes ou les ruraux ? Les riches ou les pauvres ? Les vignerons ou les cultivateurs ? Par ailleurs, le découpage en décennies n'attribue-t-il pas à la période révolutionnaire (1790-1799) une importance exagérée dans les éventuels facteurs d'explication ? La thèse que Marcel Lachiver a consacrée aux vignerons d'Ile-de-France du XVIIe au XIXe siècle répond partiellement à ces questions.

Elle confirme d'abord, chiffres à l'appui, que « le désir de prévenir les naissances, né à la fin du règne de Louis XV [2] [1774] dans les paroisses rurales de la région de Paris, vigneronnes ou non, a progressé très rapidement en quelques décennies, avec la grande rupture de la Révolution [...] De quelque façon qu'on opère, une évidence s'impose : en moins de cinquante ans, les taux de fécondité ont baissé de moitié ». L'étude fait apparaître non moins clairement que ces taux de fécondité ont fléchi d'abord chez les petits notables des bourgs de campagne, bientôt imités par les vignerons et les cultivateurs au milieu desquels ils vivent. Elle fait apparaître enfin le comportement original des vignerons à partir des années 1810 : alors que chez les autres paysans, la fécondité continue à baisser lentement, elle s'effondre littéralement chez les vignerons. Cette attitude véritablement suicidaire est à mettre en relation avec les difficultés « d'un vignoble en perte de vitesse que sa reconversion vers d'autres activités agricoles moins exigeantes en main-d'œuvre contraint à une politique démographique draconienne ».

Tout récemment publiée, la thèse de Jean-Pierre Bardet sur Rouen aux XVIIe et XVIIIe siècles apporte de nouveaux éléments au dossier. A l'issue d'une reconstitution de plus de 10 000 familles, dont 6 000 ont pu être exploitées, Bardet aboutit à ce qu'il appelle « une conclusion sans nuance : tout au long du XVIIIe siècle, Rouennais et Rouennaises ont cherché toujours plus à réduire leurs descendances ». Le déclin semble même commencer dès la période 1670-1699, les années 1760-1789 correspondant à une nette accélération du mouvement. En gros, de 1670 à 1800, en dépit de quelques timides reprises sur la pente du déclin, la fécondité rouennaise s'effondre : « Huit enfants (théoriques) en 1670, à peine quatre en 1800. Les Rouennais ont acquis en moins de cent cinquante ans une surprenante maîtrise des funestes secrets [3]. Comment sont-il parvenus en quatre ou cinq générations à réduire le nombre de leurs descendants ? »

L'analyse démographique répond en partie à cette question, en permettant de préciser les modalités de la contraception. L'abaissement très net de l'âge moyen des mères à la dernière naissance prouve qu'il s'agit d'une contraception d'arrêt au bout de deux, trois ou quatre maternités, non d'une contraception procédant par espacement des naissances. Enfin, Jean-Pierre Bardet, tirant parti des possibilités d'analyse sociale différentielle que lui offrait son impressionnant fichier, prouve que ce sont les grands notables qui montrent l'exemple d'une contraception systématique dès la fin du XVIIe siècle, les classes populaires — artisans, ouvriers — restant plus longtemps fidèles à un type de fécondité qui mêle un malthusianisme diffus, en période de crise, à un comportement traditionnel sans contrôle direct (*cf.* courbe « Les notables montrent l'exemple »).

Les notables montrent l'exemple

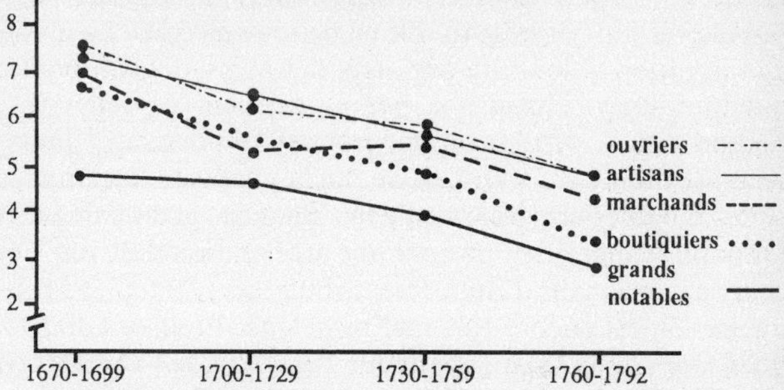

Ces courbes de descendance théorique des femmes mariées de 15 à 49 ans font ressortir clairement le rôle initiateur des grands notables en matière de contraception dès la fin du XVIIe siècle. Le phénomène s'accentue au XVIIIe siècle.

Le piège des mots.

Mais quelle est la signification des comportements contraceptifs des Rouennais, s'interroge J.-P. Bardet : « S'agit-il vraiment de dimensions souhaitées et de tactique aux résultats assurés ? Peut-être vaudrait-il mieux traduire le résultat de la contraception en mettant en valeur le désir grandissant d'éviter les naissances. Il serait peu réaliste d'imaginer que les couples se formaient avec un projet de départ bien arrêté en ce qui concerne l'idéale dimension d'une descendance. Cette vision aurait été en contradiction avec les conditions de mortalité de l'époque. En réalité les ménages étaient bien incapables de prévoir dans quelle proportion leurs rejetons allaient survivre. A un stade avancé de leur histoire, ils pouvaient tout au plus essayer de corriger un destin défavorable en remplaçant un enfant aimé disparu. C'était leur seul pouvoir. » On mesure le piège des mots et l'abîme qui sépare la contraception à ses débuts de celle de notre fin du XXe siècle.

Résumons l'essentiel de nos acquis. La limitation volontaire des naissances apparaît dès la fin du XVIIe siècle dans les villes et dans les classes supérieures de la société, sans qu'il faille exclure pour autant, dans certaines familles des classes populaires, un contrôle timide en période de crise. Le modèle de limitation volontaire par arrêt des naissances au bout de quelques-unes, plutôt que par espacement de celles-ci, se répand peu à peu, mais encore très timidement, dans la seconde moitié du XVIIIe siècle, de la ville vers la campagne et des notables vers les travailleurs manuels, la décennie révolutionnaire marquant partout une accélération décisive. Tout cela ne va pas sans d'importantes nuances régionales sur lesquelles on est encore fort mal renseigné. Pour sa part, Jacques Dupâquier, s'appuyant sur l'enquête de l'INED, croit pouvoir distinguer, au début du XIXe siècle, « une France contraceptive correspondant à peu près aux bassins de la Seine, de la Loire et de la Garonne, et une France résistante, appuyée sur les massifs périphériques ». Mais les pièces du puzzle sont encore trop peu nombreuses pour que l'on puisse aller au-delà de cette impression globale.

Restent la question du comment et celle, beaucoup plus importante, du pourquoi. Pour la plupart des contemporains, la limitation des naissances s'explique par le goût du luxe qui, de la ville corruptrice, aurait gagné les campagnes. En 1762, le marquis de Turbilly dénonce « l'art criminel et dangereux de prévenir la naissance des enfants sans renoncer au commerce des femmes » et ajoute : « Cet abus n'est malheureusement devenu que trop commun aujourd'hui parmi les paysans, quoiqu'il semblât réservé pour les grandes villes où l'activité et le luxe immodéré dominent. » L'argument, repris maintes fois au XIXe siècle, paraît bien dérisoire appliqué aux classes populaires. D'ailleurs, il s'oppose diamétralement à l'explication, beaucoup plus pertinente à première vue, de la contraception fruit de la misère et des difficultés économiques. Si les vignerons d'Argenteuil réduisent de façon drastique leurs progénitures à partir des années 1810, c'est bien dans la mesure où ils ont conscience de la terrible crise du vignoble d'Ile-de-France. Certains historiens ont rapproché les débuts de la limitation des naissances de l'intérêt nouveau porté à l'enfant qui se fait jour à la même époque : on aurait souhaité avoir moins d'enfants afin de mieux s'occuper de chacun d'eux. L'explication vaut sans doute pour les classes supérieures, mais beaucoup moins pour les classes populaires où l'attitude à l'égard de l'enfant n'évolue guère au XVIIIe siècle.

Enfin, il est tentant d'établir un lien entre contraception et irréligion. Il est vrai que l'Église romaine condamne tout acte conjugal qui est volontairement amputé de sa vertu procréatrice, notamment par le coït interrompu, le crime d'Onan des théologiens. Mais peut-on dire pour autant que tous les couples qui se sont décidés à recourir à une telle pratique ont tourné le dos à la foi de leurs pères ? Les notables rouennais des XVIIe et XVIIIe siècles, précocement contraceptifs, ne semblent pas avoir été moins pieux que le reste de leurs concitoyens. Le problème est de savoir quelle signification précise il convient d'accorder au fait de braver, de façon plus ou moins régulière, le commandement de l'Église sur ce point important. Plus grande indépendance à l'égard du clergé et de certaines de ses prescriptions ? Sans doute. Baisse de la dévotion et de la ferveur religieuse ? Peut-être. Détachement à l'égard de la foi ? Rien n'est moins sûr. D'ailleurs, la contraception s'accompagne de valeurs positives, enseignées par l'Église post-tridentine (1563) : le sens de la responsabilité et la maîtrise de soi, l'amour conjugal qui peut amener un mari à vouloir éviter à sa femme des grossesses répétées et toujours redoutées, l'attachement à l'égard des enfants que l'on pourra élever avec d'autant plus de soin qu'ils seront moins nombreux. Reste que ce n'est sans doute pas pour rien que la décennie 1790-1799 marque le tournant capital : le profond ébranlement des valeurs qu'entraîne la Révolution favorise certainement la diffusion, dans toutes les couches de la société, de pratiques qui, dans la seconde moitié du XVIIIe siècle, n'étaient encore le fait que d'une minorité.

Ainsi, l'interrogation sur le pourquoi débouche-t-elle, selon l'expression de Bardet, sur « la complexité et la perplexité ». Comment, à vrai dire, pourrait-il en être autrement ? Les comportements démographiques sont particulièrement déroutants et rebelles à l'analyse. Alors que démographes et sociologues sont bien en peine d'expliquer de façon satisfaisante le *baby boom* des années 1940 et l'actuelle chute de la natalité commencée en pleine prospérité et qui se poursuit dans la crise, il serait surprenant que les historiens démographes réussissent à démêler parfaitement les motivations de ce grand comportement collectif que fut au XVIIIe siècle la limitation volontaire des naissances et dont le moindre mystère n'est pas qu'il soit apparu d'abord en France avant de gagner, avec plus ou moins de retard, les pays voisins.

Notes

1. La monographie paroissiale consiste dans le dépouillement systématique des registres de baptêmes, mariages et sépultures (selon la méthode mise au point par Louis Henry) et l'exploitation de ce dépouillement dans le cadre d'une paroisse déterminée (généralement de mille ou deux mille habitants), sur une période plus ou moins longue (le plus souvent, 1670-1789).

2. C'est-à-dire entre 1760 environ et 1774.

3. Allusion aux propos, souvent cités, de Moheau dans ses *Recherches et Considérations sur la population de la France* (Paris, 1778) : « Déjà les funestes secrets inconnus à tout animal autre que l'homme ont pénétré dans les campagnes : on trompe la nature jusque dans les villages. »

Orientation bibliographique

Bardet J.-P., *Rouen aux XVIIe et XVIIIe siècles. Les mutations d'un espace social,* Paris, SEDES, 1983, 2 vol.

Dupâquier J. (sous la direction de), *Histoire de la population française*, t. II : *De la Renaissance à 1789,* et t. III : *De 1789 à 1914,* Paris, PUF, 1988.

Lachiver M., *Vin, Vigne et Vignerons en région parisienne du XVIIIe au XIXe siècle*, Pontoise, 1982.

Lebrun F., *La Vie conjugale sous l'Ancien Régime*, Paris, Armand Colin, coll. « U Prisme, 1975.

Quéniart, J., *Les Hommes, l'Église et Dieu dans la France du XVIIIe siècle*, Paris, Hachette, 1978.

La contraception autrefois

Philippe Ariès

Les faits sont bien connus : jusqu'à la fin du XVIIIe siècle et malgré des variations séculaires, la population reste presque stable, quoique en lente croissance ; les taux de natalité et de mortalité sont également élevés et assez voisins. Tout se passe comme si la natalité était à peu près constante, comme si l'élément déterminant des grandes dépressions démographiques était la mortalité due à la guerre, aux famines, aux épidémies. Ou encore, à un degré moindre, la nuptialité, qui variait en fonction des mêmes paramètres. Mais, toutes choses égales, la natalité, elle, ne changeait pas, les intervalles entre les naissances restaient égaux. Même si les historiens de la démographie n'aiment pas le mot (ils préfèrent celui d'« ancien régime démographique »), nous parlerons de démographie « naturelle » : les naissances se succédaient au rythme imposé par les conditions naturelles d'espacement, comme les périodes de lactation, les aménorrhées, les fausses couches, ou encore des périodes de continence « culturelle » d'origine religieuse, comme l'Avent ou le Carême. Rien n'indique, à la lecture naïve des statistiques, une intervention volontaire de l'homme sur l'acte sexuel pour contrôler les naissances. Si elle existait, elle n'apparaît pas. Au contraire, à partir du XIXe siècle, un autre régime démographique surgit assez brutalement, caractérisé par la baisse de la mortalité dans toute l'Europe occidentale et aussi par la baisse générale de la natalité : en France depuis la fin du XVIIIe siècle et dans le reste de l'Europe depuis la fin du XIXe siècle.

Le décalage chronologique entre le déclin de la mortalité et celui de la natalité en Europe (sans la France) a une grande importance historique et politique, parce qu'il a permis l'augmentation considérable de la population européenne et alimenté l'émigration vers les autres mondes. Mais il ne change pas les données psychologiques essentielles du problème, communes à la France et au reste de l'Europe : quelle relation s'établit entre les mouvements de la natalité et ceux de la mortalité, et, pour la question qui nous intéresse ici, comment l'intervention de la volonté humaine dans le contrôle des naissances devient-elle possible ? Un phénomène capital est en effet intervenu : l'action de l'homme en vue du contrôle des effets procréateurs de sa propre sexualité. Le lecteur naïf des statistiques que nous évoquions plus haut ne manquera pas d'en être frappé : le développement de la contraception crève les yeux. Le problème est donc le suivant : comment, en un siècle, entre 1780 et 1880, est-on passé d'une natalité plus ou moins naturelle à une natalité de plus en plus volontaire et contrôlée ?

Un crime impensable.

Il s'agit d'un problème capital, car sa résolution implique, comme on va le voir, la reconnaissance d'un changement radical de mentalité. Nous disions, au début de cet article, que les faits sont connus : en vérité, cela ne fait qu'une trentaine d'années qu'ils ont été perçus comme un ensemble cohérent. On a cherché, alors, des explications, et, encore aujourd'hui, on ne peut pas faire l'économie de ces explications anciennes, parce qu'elles ont provoqué une chaîne de critiques, de discussions, et de nouvelles propositions.

La première tentative pour rassembler un corpus de données sur la contraception date de 1936 et est l'œuvre d'un médecin américain, N. Himes, dont la *Medical History of Contraception* constitue une somme, précieuse à l'époque, de recettes et trucs parfois les plus cocasses et les moins utilisables. Dans mon *Histoire des populations françaises et de leurs attitudes devant la vie,* préparée pendant les années 40, et dans des articles de *Populations* et des recueils de l'INED [1], j'avais développé avec quelque témérité, malgré l'indigence de la documentation, une théorie de l'*impensabilité,* selon laquelle les pratiques contraceptives ou bien n'étaient pas connues dans nos sociétés traditionnelles, ou tout au moins y étaient considérées comme des pratiques ésotériques, hors de l'univers mental quotidien. Selon cette hypothèse, il n'était pas alors possible qu'on intervînt sur le déroulement de l'acte sexuel. Celui-ci appartenait à la nature, à un domaine de la nature sur lequel l'homme n'avait pas encore imaginé qu'il pût intervenir. Car j'avais bien compris que, parmi toute la panoplie de potions, d'étuis phalliques, de tampons vaginaux, pessaires et autres pratiques répertoriées par N. Himes, seul le *coïtus interruptus,* « le crime d'Onan », était responsable du formidable renversement de la démographie contemporaine et de la chute des natalités, devenue vertigineuse au XXe siècle. Le retrait, au moment culminant du plaisir, de l'homme en rut ne me paraissait pas concevable dans ce type de mentalité. La fièvre sexuelle impliquait une suspension des facultés de calcul. Au contraire, la persistance d'une prudence attentive à ce moment-là n'était possible que dans un univers mental tout à fait différent, où la maîtrise de soi l'emportait sur le désordre des sens, où une ascèse ne permettait plus au plaisir de dépasser un seuil imposé d'avance. Cet univers-là est celui d'aujourd'hui. La différence des attitudes devant la vie ne venait donc pas de ce que l'Église ou la religion exerçait dans les sociétés traditionnelles un pouvoir qu'elle avait ensuite perdu. Elle ne venait pas plus d'une libération hédoniste de la société contemporaine à l'égard des tabous sexuels. Cette différence tenait essentiellement à un comportement spécifique. Dans une mentalité donnée, tout n'est pas possible — en particulier dans le domaine de la sexualité et des relations profondes, intimes, secrètes, avec la nature. Il a fallu un renversement des relations avec la nature pour que ce qui n'était pas concevable ni possible le devienne, autant d'ailleurs dans la lutte contre la mort que dans le contrôle de la vie : le corps cessa d'être un élément d'une nature redoutable, vigilante et vindicative, pour devenir, comme le reste de cette nature, un objet que la technique humaine pouvait désormais manipuler et modifier.

Le rôle de l'Église.

Je m'aperçois, en exposant ma théorie de 1948, que je triche un peu, et que je l'expose plutôt comme je la vois aujourd'hui. A l'époque, j'avais mis en avant non seulement l'impensabilité, mais aussi l'ignorance des procédés contraceptifs, et là j'avais prêté le flanc à la critique. Il a été facile, en effet, de m'opposer une masse de citations pêchées un peu dans la littérature érotique, et beaucoup dans les pénitentiels et dans la littérature religieuse, théologique ou morale, canoniste, dans les manuels de confesseurs, etc., qui décrivaient des pratiques sexuelles interprétées par mes contradicteurs comme contraceptives. La contraception était donc bel et bien connue et était le sujet de controverses subtiles, à travers lesquelles on pouvait définir les raisons précises et cependant discutables qui la faisaient condamner par l'Église.

Une autre hypothèse apparaissait donc, selon laquelle l'interdit de l'Église avait suffi à proscrire la contraception, sauf dans des cas, qui deviendront de plus en plus fréquents au XVIIe et surtout au XVIIIe siècle, où la pression économique sera la plus forte : les techniques de plus en plus fines des historiens de la démographie, en France et en Angleterre, décelèrent des traces de ces pratiques (par exemple dans le fameux Colyton de Wrigley).

Le débat devait être dominé, jusqu'à nos jours, par la publication d'un livre considérable, paru en 1966 aux États-Unis sous le titre : *Contraception. A History of its Treatment by the Catholic Theologians and Canonists,* et traduit en français en 1969 sous le titre : *Contraception et Mariage.* Son auteur, le juriste catholique américain J.T. Noonan, avait entrepris ses recherches et écrit cette remarquable somme dans l'esprit de *l'aggiornamento* de Vatican II. Le sous-titre que les éditions dominicaines du Cerf ajoutèrent à la version française traduit bien l'arrière-pensée de l'auteur : *Évolution ou contradiction dans la pensée chrétienne ?* En fait, il s'agissait de réunir un dossier sérieux et incontestable qui trouvât à l'hostilité de l'Église à la contraception une origine non biblique, essentiellement païenne, ou particulière à quelques individus comme saint Augustin, ou bien encore provoquée par des réactions conjoncturelles de défense contre telle ou telle hérésie ; un dossier qui montrât les contradictions de la doctrine, les hésitations et même, à certaines époques, une tendance à l'indulgence, interrompue par le raidissement de la doctrine au XXe siècle, et par l'intransigeance des papes antimodernistes. Le livre fournissait ainsi une documentation aux partisans d'une attitude plus libérale à l'égard de la contraception, dans le cadre de la grande réconciliation de l'Église et du monde moderne voulue par Vatican II. Ce gros livre plein de substance a tout de suite intéressé les historiens, et J.-L. Flandrin l'a immédiatement analysé et commenté dans un petit livre intelligent où tout l'essentiel du débat est clairement exposé[2].

Contraception ou érotisme ?

Nous n'allons pas ici ouvrir ce dossier très complexe, et qui nous obligerait à envisager toute la morale sexuelle de l'Église, sa position à l'égard de la virginité, etc. Nous retiendrons seulement du dossier Noonan-Flandrin ce qui intéresse l'existence et la nature des procédés contraceptifs au Moyen Age et dans les temps modernes. D'abord, il n'est pas toujours aisé de distinguer les pratiques contraceptives et abortives : par exemple une potion stérilisante d'un poison. Ensuite, certains procédés stérilisants ne sont pas recherchés par les bénéficiaires, eux-mêmes, mais au contraire sont des actes de sorcellerie dirigés contre des victimes non consentantes. Enfin, et ce sera ma remarque principale, le plus souvent on ne sait pas si une conduite sexuelle stérile, qui provoque une insémination *extra vas,* a été pratiquée et condamnée parce qu'elle était stérile, destinée à éviter la procréation, ou si la stérilité n'est qu'un effet d'une stratégie érotique plus subtile que le simple coït. Et cette confusion est essentielle. Le bon M. Noonan a l'air de croire qu'on sodomisait, qu'on s'unissait *more canum* — à la manière des chiens — uniquement parce qu'on ne voulait pas d'enfants ! C'est ignorer la différence essentielle que toutes les cultures anciennes ont faites entre le mariage, où tout n'était pas permis, qui était le lieu du coït dit naturel, et l'érotisme, où au contraire tout était permis : tous les gestes homo ou hétérosexuels. S'élevant contre ce laxisme, les auteurs religieux anciens expliquent longuement pourquoi ces pratiques érotiques sont condamnables, parce qu'elles ne sont pas « naturelles », et parce qu'elles gaspillent la semence « hors des murs ».

La doctrine amène alors les juristes du temps à condamner aussi les rapports stériles, même « naturels », comme les relations entre époux pendant la grossesse ou les règles. Mais l'insistance mise sur la fonction de procréation est motivée autant par le refus de l'érotisme que par celui de la contraception. Par conséquent, je ne trouve pas convaincants les arguments qui ont essayé de faire admettre que la panoplie des contraceptifs était *familière* (plutôt que « connue ») dans les sociétés d'Ancien Régime. Je persiste à croire que, même vaguement connus, ils étaient ésotériques, et qu'on n'avait pas idée d'y recourir habituellement, même quand ils auraient rendu grand service.

Il se pourrait cependant que la confusion répétée par les historiens (qui sont en général des hommes chastes !), entre l'érotisme et la contraception, inadmissible pour un malthusien du XIXe siècle et du début du XXe (mais plus compréhensible pour un actuel lecteur de *Play Boy*), trahisse une parenté secrète entre les deux stratégies, à l'origine de la contraception, aux XVIIe et XVIIIe siècles. C'est pourquoi la contribution récente des historiens de la sexualité est très intéressante à ce sujet. Nous y reviendrons.

Lorsque l'enfant paraît.

Je maintiens donc l'hypothèse de l'« impensabilité » de la contraception dans les sociétés traditionnelles (celles de l'Occident d'hier, comme celles des pays en voie de développement d'aujourd'hui). A quoi correspond alors la seconde étape de l'évolution démographique, l'adoption par les sociétés contemporaines du contrôle des naissances, dans la clandestinité, contre l'opposition de l'Église, dans l'indifférence plutôt hostile des États ?

Dans mon hypothèse, la cause du passage d'une fatalité naturelle à une natalité contrôlée est le changement de la famille, le développement de l'affectivité à l'intérieur de la famille et son repli sur l'enfant. L'éducation et la promotion de l'enfant sont devenues la fin principale de la famille au XIXe siècle. Il n'était plus tolérable de le semer comme graine au vent. Il devenait trop précieux, trop unique. Il fit partie d'un plan, préparé dans des conversations chuchotées autour de la table ou sur l'oreiller. La diminution du nombre des enfants appartient au modèle nouveau d'une famille bourgeoise ou petite-bourgeoise, qui se propose d'atteindre son but en favorisant l'ascension du fils (plutôt que de la fille) là où le père lui-même espérait accéder. Tous ces calculs, tous ces efforts, ne peuvent pas être répartis sur trop de têtes. Ce type de famille en ascension sociale est forcément malthusien. Là où cette ambition n'existe pas encore, le modèle ancien d'insouciance a persisté, en particulier dans les zones les plus « prolétariennes » des classes populaires. La famille malthusienne est un phénomène bourgeois, petit-bourgeois, ou paysan. Elle est plus rare dans les prolétariats industriels, du moins dans ceux encore tout neufs du début du XIXe siècle.

Certes, l'hypothèse ici exposée ne fait pas l'unanimité, et on continue toujours à écrire, ici et là, que la réduction de la natalité est un phénomène mystérieux, mal expliqué (alors que, pour moi, il est très clair), ou qu'on explique par une série nombreuse de causes sociales, géographiques, économiques : quand on vous dit qu'un phénomène s'explique par *n* causes, vous devez en conclure qu'on ne l'explique pas du tout. Mais revenons à mon hypothèse de la « capillarité sociale » et de la promotion des enfants : elle rend compte des motifs psychologiques qui ont animé les époux ; mais elle n'explique pas comment, dans la réalité concrète de l'alcôve, on est passé d'un acte sexuel mené tambour battant, sans arrière-pensées, au *coïtus interruptus.* Il y avait une lacune dans ma théorie. Les historiens récents de la sexualité me permettent maintenant de la combler, en particulier le meilleur d'entre eux en France, J.-L. Flandrin.

Que faisaient-ils avant le mariage ?

Laissons donc de côté un moment le problème de la contraception pour envisager la question de la sexualité. Dans les pages précédentes, nous avons traité des sociétés traditionnelles, d'une manière générale, sans faire de distinction. Or les historiens démographes (P. Goubert, Hajnal et le groupe de Cambridge de P. Laslett et E. Wrigley) ont montré qu'il existait une différence essentielle entre les sociétés de l'Europe du Nord-Ouest et les autres : c'est l'une des grandes trouvailles de la jeune histoire démographique que d'avoir ainsi souligné l'originalité de cette aire culturelle, berceau de la future révolution industrielle et déjà siège, depuis le Moyen Age, d'innovations agricoles (Pays-Bas). L'originalité tient essentiellement à l'âge du mariage. Reprenant ces données, P. Chaunu a brossé une vaste synthèse[3] où il oppose le petit groupe occidental des pays où l'âge du mariage est tardif, principalement celui de la femme (parfois plus de 25 ans), à la grande masse des populations où ont persisté des habitudes plus anciennes, et où le mariage suit de peu l'âge de la puberté. On ne sait pas quand le petit peloton des mariages tardifs s'est séparé de la grande masse des mariages post-pubertaires, mais cela remonte à la fin du Moyen Age. Le problème s'est tout de suite posé de savoir ce que faisaient les garçons et les filles pendant la longue période de leur adolescence entre leur puberté (il est vrai moins précoce qu'aujourd'hui) et leur mariage tardif. Eh bien, en apparence, ils ne faisaient rien, du moins rien qui laissât des traces ; le retard de l'âge du mariage ne s'est accompagné d'aucune augmentation des naissances illégitimes : celles-ci étaient très rares. Alors ?

Deux explications, qui ne sont pas contradictoires, ont été apportées : l'une, chaste, par P. Chaunu qui attribue l'absence d'illégitimité à l'absence de rapports, l'autre, érotique, par J.-L. Flandrin, qui explique le même phénomène par la fréquence d'une sexualité préconjugale d'adolescents ; celle-ci peut être solitaire, bestiale, homosexuelle, hétérosexuelle, mais elle est toujours *absque coïtu,* en anglais le *non coïtal pattern*. Les deux thèses sont moins éloignées qu'on ne croit, car il existe dans cet érotisme préconjugal une part d'ascétisme (comme, peut-être, dans tout véritable érotisme). La continence d'inspiration religieuse est moins opposée à certaines formes élaborées d'érotisme qu'à la crise violente, mais vite dénouée, du coït conjugal traditionnel (ou du viol).

Deux amours.

Ce n'est pas le lieu de développer ces idées ni de tenter une histoire de la sexualité moderne. Nous ne manquerons pas cependant d'être frappés par le rapprochement entre ce qui vient d'être dit ici sur l'existence d'une sexualité commune préconjugale *absque coïtu,* et ce que nous relevions tout à l'heure dans les pratiques « contre nature » condamnées par l'Église parce qu'elles aboutissaient *extra vas.* Un cas est particulièrement remarquable, celui de l'*amplexus reservatus,* qu'on pourrait appeler un rapport prolongé sans éjaculation. Le procédé a été récemment sorti d'un long oubli par le sexologue catholique français Paul Chanson, et il a alors soulevé l'hilarité ou l'indignation, accueil qui prouve seulement notre ignorance érotique et notre grande naïveté. En fait, le procédé provient de la panoplie érotique de l'Inde, très ancienne, très fournie et très variée. On comprend bien que les Indiens de ces hautes époques ne s'attardaient pas ainsi *in vas,* tout en évitant d'éjaculer, par crainte de ne pouvoir, ensuite, élever leurs enfants. Le souci anticonceptionnel leur était étranger : c'était pour le plaisir.

Or, à partir du XVIe siècle (et même avant), Noonan a noté un changement considérable dans l'opinion de certains moralistes, comme le jésuite Sanchez. Celui-ci admet l'existence et même la légitimité, dans le cas de familles pauvres trop nombreuses, de rapports sexuels inféconds, et il va chercher (après d'autres) dans l'arsenal érotique de l'Inde païenne et diabolique l'*amplexus reservatus,* où tout se passe bien *in vas*, selon la bonne doctrine. Remarquons que nous sommes ici en pleine spéculation car il y a peu de chance que les paysans, dont la sexualité a été résumée par E. Shorter en quatre points (l'homme par-dessus, pas de préparation, éjaculation rapide, indifférence au plaisir du partenaire), se soient pliés à cette discipline de l'Art. Mais ce qui est intéressant, c'est le rapprochement conscient dans la réflexion savante de l'érotisme *absque coïtu* et de la contraception. Le même rapprochement s'est fait aussi dans les mentalités collectives.

Sans doute, depuis la fin du Moyen Age (l'époque médiévale est caractérisée par une sexualité différente, partiellement décrite dans un article éblouissant de J. Rossiaud) jusqu'au XVIIIe siècle, chaque individu, homme et femme, adoptait-il successivement deux types de sexualité, l'une *absque coïtu* avant le mariage, l'autre *nisi coïtu* ensuite. C'est encore

J.-L. Flandrin qui a fait remarquer que dans toutes les civilisations — sauf la nôtre, celle de l'Occident contemporain — il y avait deux amours bien distinctes, l'amour-passion hors du mariage, et l'amour conjugal, et qu'il était souverainement inconvenant de mélanger les genres.

« *Romantic love* ».

Mais il s'est passé au XVIIIe siècle dans les classes supérieures occidentales (et pas seulement en France) un phénomène considérable, le même d'ailleurs que nous avons évoqué plus haut à propos du repli sur l'enfant d'une famille désormais moins nombreuse : la révolution de l'affectivité dans le cadre de la famille. La famille a acquis le monopole du sentiment et de l'amour. La société a désormais exigé dans le mariage l'amour autrefois réservé aux amants : *romantic love* (et parfois la réciprocité dans l'adultère). Je suppose que la sexualité préconjugale a fait alors une entrée timide dans le mariage, mais cette fois dans un but plus anticonceptionnel qu'érotique, sous la forme du *coïtus interruptus*. Un choix, dans l'arsenal contraceptif, qui ne s'imposait pas, mais un choix qui a été d'une très grande efficacité, même s'il a laissé passer 20 % de naissances non désirées (aujourd'hui ou demain supprimées par l'arme absolue de la pilule ou du stérilet...). Au XVIIIe siècle, les moralistes avertis le connaissaient et le dénonçaient comme le plus redoutable des « funestes secrets » pour tromper la nature. Aujourd'hui, il est rejeté par l'opinion comme archaïque et réactionnaire, non seulement parce qu'il n'est pas sûr, mais parce qu'il implique une discipline, une ascèse, qui n'est plus tolérée. Et l'analyse de l'hédoniste contemporain est plus exacte que celle du moraliste des Lumières !

Les populations pauvres et non occidentalisées de l'Afrique ou de l'Asie nous donnent une preuve *a contrario*. Les efforts des agences de développement, des États-Unis, des Nations unies, pour imposer le contrôle des naissances rencontrent des résistances parfois inébranlables, parce que ces populations où le mariage est précoce, post-pubertaire, n'ont pas connu jadis cette longue pratique, cet apprentissage semiclandestin d'un mélange de continence et de sexualité *absque coïtu* avant un mariage tardif.

Ainsi la contraception occidentale peut-elle s'expliquer par deux causes ; d'abord un motif psychologique profond : l'investissement sur l'enfant de toute l'affection et de toute l'ambition du couple ; ensuite un instrument sexuel : le *coïtus interruptus,* dont l'usage a été préparé par l'ancienne sexualité stérile préconjugale.

L'amour industriel.

Dans ce qui précède, nous avons opposé, avant l'industrialisation et la révolution démographique qui l'accompagne, les pays à mariages post-pubertaires orientaux et méditerranéens aux pays à mariages tardifs de l'Europe du Nord-Ouest. Pendant l'industrialisation et la période de transition démographique, c'est-à-dire pendant les deux premiers tiers du XIXe siècle, une autre distinction s'impose : d'une part la France, d'autre part le reste de l'Europe. La différence réside essentiellement dans l'avance de la France, une avance de plus d'un demi-siècle, dans l'amorçage du déclin de la natalité. Celui-ci commence en France dès la fin du XVIIIe siècle et s'accélère à partir de 1830. En Angleterre, il est à peine perceptible, sans être nul, de 1810 à 1880, et c'est vraiment à partir de 1880 que le mouvement prend toute son ampleur, les taux de reproduction demeurant cependant toujours supérieurs à ceux de la France jusqu'après la Première Guerre mondiale ; ensuite les évolutions démographiques des deux pays se rapprochent et se confondent.

Faudrait-il admettre que l'analyse faite plus haut des causes psychologiques de la dénatalité soit vraie seulement pour la France ? Évidemment non, elle vaut aussi pour les classes supérieures et bourgeoises de l'Angleterre et des autres pays de l'Europe occidentale appartenant à l'aire culturelle des pays à mariage tardif : les statistiques y laissent très bien deviner une tendance, quoique parfois à peine perceptible, à la faiblesse des taux de natalité, tendance qui est due à la proportion croissante des couples calculateurs. Seulement, cette tendance ne va pas jusqu'au fléchissement, tandis qu'en France celui-ci a été continu de 1800 à 1939. Nous laisserons

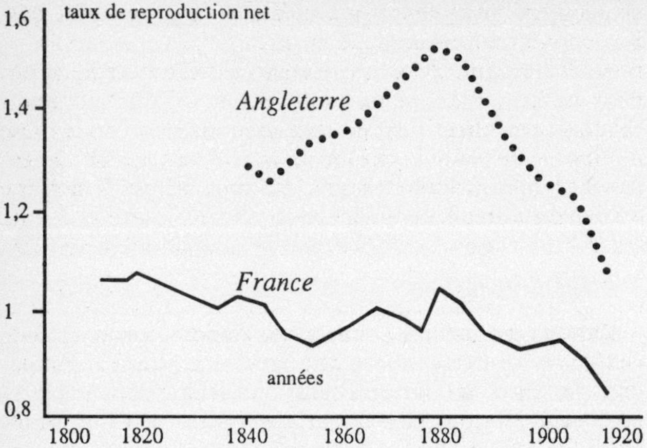

Évolution comparée de la natalité en France et en Angleterre au XIXe siècle (d'après A. Armengaud, J. Dupâquier et M. Reinhardt, *Histoire générale de la population mondiale,* Paris, Monchrétien, 1968, p. 320).

de côté les pays situés au sud ou à l'est de la limite géographique des pays à mariage tardif, et à industrialisation ou modernisation économique précoce, les pays méditerranéens, par exemple. Il est normal que ceux-ci aient conservé plus longtemps des traits de l'ancien régime démographique, comme les fortes natalités.

La véritable anomalie apparaît dans la comparaison de la France et de l'Angleterre : la stagnation et le vieillissement de la population française du XIXe siècle et, pendant la même période, l'augmentation spectaculaire et la jeunesse de la population anglaise. Pourquoi cette différence des natalités ? Autrement dit, pourquoi le modèle bourgeois malthusien, déjà fixé à la fin du XVIIIe siècle, a-t-il mis tant de temps à se diffuser en Angleterre alors qu'il a été très rapidement adopté en France ? Je pense que la différence est due essentiellement à la rapidité et à la densité de l'industrialisation en Angleterre et au contraire à sa lenteur moyenne en France. En fait, jusqu'à présent, nous connaissions mal la famille populaire urbaine du XIXe siècle : seulement quelques intuitions par-ci par-là. Dans un livre récent[4], E. Shorter a mis en relief un phénomène général de la fin du XVIIIe et au début du XIXe siècle, « une très forte recrudescence des naissances illégitimes et des grossesses préconjugales », dont le nombre « s'élèvera de manière foudroyante, atteignant trois ou quatre fois les niveaux précédents », constituant « l'un des phénomènes marquants de l'histoire contemporaine ». Tous les témoignages contemporains, comme celui de Villermé, dont le *Tableau de l'état physique et moral des ouvriers...* date de 1840, confirment cette opinion fondée sur une enquête statistique : les observateurs étaient très frappés par le grand nombre de bâtards dans les concentrations ouvrières récentes. D'ailleurs les enfants, légitimes ou non, devinrent alors une main-d'œuvre pour l'atelier ou la fabrique et, par conséquent, une source de revenus pour les parents qui les envoyaient au travail dès l'âge le plus tendre (« Le petit travailleur infatigable[5] ») et qui touchaient leurs payes. Ces parents-là avaient plutôt intérêt à augmenter leur fécondité !

Cela veut dire qu'à côté du modèle de la famille bourgeoise malthusienne, il existait, au début du XIXe siècle, un autre modèle, populaire et fécond, constitué par un couple instable de concubins et leurs très nombreux enfants : ce modèle a disparu, au profit du premier, grâce à une action moralisatrice de l'État et des philanthropes des classes supérieures (comme Villermé), action dont l'étude passionne aujourd'hui une nouvelle génération de chercheurs : J. Donzelot, Ph. Meyer, I. Joseph[6]. Mais peut-être les derniers échantillons de ce modèle subsistent-ils dans les milieux asociaux et marginaux qu'on appelle le « quart monde[7] ». Ainsi les concentrations sauvages que la révolution industrielle a provoquées quelquefois à la campagne, le plus souvent à la ville, ont dû permettre le développement de ce modèle populaire de concubins féconds, qui d'ailleurs, de plus en plus souvent, régularisaient sur le tard leur situation et reconnaissaient leurs enfants.

Le développement de ce modèle a compensé la tendance à la réduction des naissances déjà amorcée dans les bourgeoisies et les paysanneries de la fin du XVIIIe siècle et il a pu même parfois la renverser complètement. Les choses se passèrent ainsi dans une grande partie de l'Angleterre, mais seulement dans quelques rares régions de France, par exemple, celles observées par Villermé (Lille et Rouen), et cette différence pourrait bien expliquer les disparités des évolutions démographiques. En France, le modèle bourgeois et paysan l'a emporté tout de suite ; en Angleterre, le modèle populaire industriel a réussi à maintenir, tant qu'il a duré, un taux de fécondité élevé et à masquer la lente progression dans les mœurs du modèle bourgeois.

Le baby-boom.

Les disparités du XIXe siècle se sont effacées après la Première Guerre mondiale, et tout le monde occidental a dès lors suivi la même courbe déclinante des natalités, a adopté le même modèle de famille prudente, calculatrice, prévoyante, absorbée par la préparation de l'avenir meilleur d'un ou deux enfants. Dans ces conditions, la réduction des naissances ne répondait pas à une quelconque poussée d'hédonisme. Elle correspondait au contraire à une conception ascétique de la vie où tout, y compris le plaisir du sexe, était sacrifié à l'élevage patient de la génération suivante. Les exigences de l'enfant et de son avenir ont été alors beaucoup plus impératives qu'en d'autres temps les pressions des religions et des Églises. L'époque a été marquée par l'importance à la fois morale et économique de l'épargne : l'épargne et l'éducation des enfants sont les deux projets d'avenir essentiels, et sans doute sont-ils solidaires.

Or ce monde de calcul, de prudence, de prévision, va éclater au moment de la Seconde Guerre mondiale. Tout se passe comme si l'homme occidental avait alors perdu confiance dans l'efficacité de son effort individuel : il ne devenait plus possible de « programmer » à long terme dans un monde qui s'étais mis à bouger dans tous les sens. Mais, à la même époque, la confiance en soi était remplacée par l'adhésion unanime et fervente à une foi nouvelle, qui rendait inutile cette confiance individuelle : la foi dans le progrès technique et scientifique, dans l'augmentation indéfinie du bien-être.

Certes, l'idée de progrès datait des Lumières, mais c'est seulement dans les années de l'après-guerre qu'elle est devenue populaire et banale, favorisée d'ailleurs par une longue prospérité économique et une vulgarisation des technologies sans précédent. Cette foi n'a pas touché également tout le monde. Elle a affecté particulièrement ceux que nous appelons les cadres, une classe moyenne en très rapide expansion. Il s'est passé alors un phénomène extraordinaire qui au début a déconcerté et même laissé incrédules les observateurs démographes : ces cadres se sont mis à avoir des enfants, plus que leurs parents, et plus que ne le laissaient prévoir les prévisions fondées sur plus d'un siècle d'observations. Cette interruption surprenante d'une évolution séculaire, c'est le *baby-boom*. Je le cite ici, en conclusion, parce qu'il montre combien l'attitude devant la vie est un phénomène de mentalité. L'attitude contraceptive du XIXe siècle s'était développée dans un climat psychologique particulier, qui s'est évanoui dans les années 40. Un autre climat lui a succédé où les calculs prudents de la période antérieure n'avaient plus leur place, dissipés par un climat de confiance dans un avenir de cocagne. Il n'y avait, alors, plus d'obstacle à augmenter un peu une famille devenue le lieu du bonheur : « la famille heureuse ».

Le *baby-boom* a duré, non pas l'espace d'un matin, comme le croyaient les démographes, mais celui d'une génération, celle qui est née entre 1910 et 1920, une génération dont il faudra écrire l'histoire, tant elle est différente de celle qui l'a précédée (la dernière du siècle) et de celle qui la suit et qu'il est trop tôt pour connaître. On sait seulement très bien que cette nouvelle génération reprend depuis les années 1960 la pente déclinante des natalités au point où ses parents l'avaient laissée en 1939. Désormais, la contraception est sortie de la clandestinité du XIXe siècle, qui n'avait d'ailleurs gêné ni son efficacité ni sa diffusion. Mais elle a changé complètement de caractère et de nature. C'est un tout autre phénomène que nos jeunes contemporains répugnent à rapprocher de l'ascèse de leurs grands-pères.

Notes

1. « La prévention des naissances », par H. Bergues *et al.*, INED, *Cahier*, n° 35, Paris, PUF, 1960.
2. J.-L. Flandrin, *L'Église et le Contrôle des naissances*, Paris, Flammarion, 1970.
3. P. Chaunu, *Histoire, science sociale,* Paris, Sedes, 1974.
4. E. Shorter, *Naissance de la famille moderne*, Paris, Le Seuil, 1977.
5. L. Murard, P. Zylberman, « Le petit travailleur infatigable », *Recherches*, n° 25, 1976.
6. J. Donzelot, *La Police des familles*, Éditions de Minuit, 1977 ; Ph. Meyer, *L'Enfant et la Raison d'État*, Paris, Le Seuil, 1977 ; I. Joseph, Philippe Fritsch, « Disciplines à domicile », *Recherches*, n° 28, 1977.
7. Voir l'association « Aide à toute détresse » (107, avenue du Général-Leclerc, 95480 Pierrelaye).

Orientation bibliographique

En dehors des ouvrages et articles déjà cités de P. Chaunu, J. Donzelot, J.-L. Flandrin, I. Joseph et Ph. Fritsch, Ph. Meyer, J.-T. Noonan, E. Shorter, on pourra se reporter aux publications suivantes :

Ariès Ph., *Histoire des populations françaises et de leurs attitudes devant la vie depuis le* XVIII*e siècle,* Paris, Le Seuil, 1948, 1971, notamment : « Les techniques de la vie », p. 344-372, et « Populations anglaise et française » p. 201-240.

Burguière A., « L'Ancien Régime démographique : un modèle ? une stratégie ? », *Mélanges Braudel*, 1973.

Dupâquier, J., *Introduction à la démographie historique,* Gamma, 1974. Du même auteur, en collaboration avec M. Lachiver, « Les débuts de la contraception en France au XVIIIe siècle ; les deux malthusianismes », *Annales ESC*, nov.-déc. 1969, p. 1391-1406.

Flandrin J.-L., *Les Amours paysannes*, Paris, Julliard, coll. « Archives », 1974 ; *Familles*, Paris, Hachette, 1976 ; « Contraception, mariage et relations amoureuses dans l'Occident chrétien », *Annales ESC*, nov.-déc. 1969, p. 1370-1390 ; « Mariage tardif et vie sexuelle », *Annales ESC,* nov.-déc. 1972, p. 1351-1378 ; « L'attitude à l'égard de l'enfant », *Annales de démographie historique*, 1973.

Gauthier E. et Henry L., « La population de Crulai », INED, *Cahier*, n° 33, 1958, p. 118-122.

Hajnal J., *European Marriage Pattern*, Londres, 1965.

Shorter E., « Female emancipations, birth control and fertility in european history », *The American historical Review*, vol. 78, n° 3, p. 605-640.

Wrigley E.-A., *Société et Population*, Paris, Hachette, coll. « Univers des connaissances », 1969.

La fascination de l'adultère

Alain Corbin

L'histoire de la maîtresse au XIXe siècle prolonge très certainement un lointain mouvement. A Nantes, vers 1775 déjà, les bons bourgeois se sentent moins tentés que naguère par les plaisirs de l'amour ancillaire[1]. Ils préfèrent désormais entretenir une fille et la mettre dans ses meubles. A l'assaut sans véritable conquête, permis par le simple rapport de domination qui s'exerce entre le maître et la servante, tend à se substituer une relation, certes à coloration vénale, mais teintée de respectabilité et, on peut le supposer, pimentée de sentiment. Tel est bien le modèle de la fille entretenue qui se précise au XIXe siècle, tandis que se diffuse, au sein de la jeunesse pauvre et déracinée des grandes villes proliférantes, ce que l'historien Edward Shorter baptise « amour romanesque[2] ».

Très schématiquement, on pourrait, à ce propos, découper deux périodes dans ce long XIXe siècle qui conduit de la Révolution à la Première Guerre mondiale. Jusqu'au cœur du Second Empire, l'emprise d'un modèle ancien, rigidifié par le réglementarisme qui tente de contrôler les conduites déviantes, demeure très forte. Les autorités urbaines entendent bien que la sexualité vénale revête un caractère strictement utilitaire, instrumental. Elles désirent lui voir jouer le rôle d'« égout séminal ». Dans la maison de tolérance voulue par la préfecture de police et dessinée, tardivement, par l'expert Parent-Duchâtelet[3], pas de promiscuité, pas de sexualité de groupe, pas d'érotisme raffiné, pas d'épanchement sentimental. Le client, soulagé, doit être rendu intact à sa famille et à la société, après quelques minutes passées en compagnie de filles dont on s'efforce par ailleurs, avec plus ou moins de succès, de discipliner les conduites par une surveillance minutieuse et un savant dressage somatique.

Dans le même temps, le concubinage prolifère, tout au moins dans les grandes villes. Mais, contrairement cette fois à ce que prétend Edward Shorter, d'accord en cela avec Louis Chevalier [4], il ne semble pas que ce type de conduite caractérise spécialement les couples issus du peuple. Une étude plus précise [5] tend à prouver que les unions illégitimes se nouent souvent entre des petits ou des moyens bourgeois, des étudiants, des artistes, des patrons de l'artisanat ou du commerce et des filles du peuple : grisettes, ouvrières à l'aiguille, employées de magasin. Concubinage temporaire, élaboré sous le signe de l'incompréhension, voué à l'insatisfaction et à une rupture rapide, assez souvent ritualisée ; relation sexuelle par-delà les barrières de classe, qui n'a pu que marquer profondément les sensibilités et gêner l'épanouissement ultérieur des unions conjugales, généralement plus conformes aux clivages sociaux. La multiplication des filles entretenues, notamment sous la monarchie de Juillet, ressortit au même type de conduite. Balzac a magnifiquement retracé les plaisirs et les affres de cette forme de liaisons, socialement disparates, qui pouvait conduire à la constitution de deux familles parallèles *(Une double famille)*.

Ce concubinage et cette forme de vénalité sexuelle, dont l'essor s'effectue parallèlement à celui de la *privacy* bourgeoise, semblent être alors considérés comme des exutoires indispensables aux passions masculines contrariées par les stratégies matrimoniales. La théorie scientifique qui, pour l'heure, joue contre l'orgasme féminin [6] au sein de l'union conjugale, l'angélisme romantique qui tend à faire oublier à la jeune bourgeoise qu'elle a un corps, les progrès, au sein du même milieu, de l'intimité d'un foyer centré sur l'éducation de l'enfant favorisent la prolifération de cette sexualité illégitime, sans doute assez décevante, tolérée mais plus ou moins discrètement surveillée par les autorités et par l'opinion.

Durant le dernier tiers du siècle, pour autant qu'il soit pertinent d'établir en ce domaine une rupture chronologique aussi précise, l'évolution de la sensibilité, celle des formes du désir entraînent une lente modification des conduites et l'ascension du modèle de la maîtresse, telle que la popularisera le vaudeville de la Belle Époque.

Nombreux sont les facteurs qui jouent en faveur de cette émergence, et tout d'abord le souci d'imitation auquel le sociologue Gabriel de Tarde accordera tant d'importance à la fin du siècle. A l'évidence, à partir du Second Empire, le modèle aristocratique exerce une fascination toute particulière sur la bonne et même sur la petite bourgeoisie. Il s'agit, pour ces catégories, de légitimer leur position. S'exhiber en compagnie d'une maîtresse qui soit une femme à la mode, s'afficher avec une grande courtisane, voire, en province, avec une chanteuse de « caf-conç' » ou de « beuglant », entre dans cette stratégie d'accumulation des valeurs symboliques qui fait qu'il est devenu de bon ton de collectionner les maîtres hollandais ou de fréquenter les grands restaurants. La diffusion sociale, et donc la dévaluation, de la gastronomie, de la galanterie, de l'adultère et de la collection ressortit à une même visée. L'éducation sentimentale du petit provincial Frédéric Moreau implique tout à la fois la maîtresse aristocratique et l'expérience de la courtisane ; elle conduit le héros à frôler l'adultère bourgeois [7].

Il convient ici de souligner l'importance de ces demi-mondaines, qui obsédaient Alexandre Dumas fils ; frange inférieure du « monde », où risquent de se retrouver des filles sans dot, des veuves encore joyeuses, des épouses séparées, en bref des victimes de la relégation sociale de la femme seule, et quelques cocottes ou grandes « horizontales » auxquelles les hasards des rencontres ou bien une chair blonde et duveteuse ont permis d'effectuer une ascension météorique. Creuset en grande partie fantasmatique, indéfinissable frontière, le « demi-monde » fonctionne comme un contre-modèle fascinant.

Tout se passe, en outre, comme si, à ce moment, « l'amour romanesque » dont nous parle Shorter commençait d'imprégner plus largement les sensibilités bourgeoises et, de ce fait, de mettre en péril les stratégies matrimoniales raffinées qui étaient jusqu'alors de règle en ce milieu. La contestation de la pratique de la dot et du mercantilisme parental, très vive en cette fin de siècle, et pas seulement au sein des groupes socialistes, témoigne bien de cette remise en cause.

L'évolution se manifeste aussi dans ce discours, abondant et multiforme, qui dessine l'image idéale d'un nouveau couple, plus fraternel et plus uni, composé d'une jeune fille avertie et cultivée, et d'un fiancé qui ne correspond plus au stéréotype du célibataire vieillissant, désireux d'enterrer sa vie de garçon. Nouveau couple qui ébauche une démocratie familiale, symbole de celle que la République triomphante tentera de créer à l'échelle de la nation durant les deux dernières décennies du siècle.

C'est alors, et le synchronisme est à souligner, que certains médecins, minoritaires, il est vrai, au sein de leur profession, commencent à revendiquer, pour l'épouse, le droit à la manifestation du désir et à l'orgasme ; c'est alors que les pratiques contraceptives se développent massivement au sein de la société française, au point d'inquiéter l'épiscopat puis les animateurs de ligues populationnistes.

En 1884, le divorce est rétabli ; certaines voix s'élèvent même en faveur de l'union libre, notamment au sein des milieux libertaires. En 1907, Léon Blum propose un nouveau modèle d'entente conjugale, fondé sur l'expérience anténuptiale des deux sexes ; Madeleine Pelletier prêche alors en faveur de l'émancipation sexuelle de la femme ; la propagande néo-malthusienne se déploie jusque dans les milieux ouvriers[8]. Déjà celles que Marcel Prévost a baptisées les « demi-vierges » se montrent friandes de flirt, n'hésitent plus à faire de la bicyclette, du tennis et à se laisser caresser ; bref, les signes sont multiples de ces craquements qui, au lendemain de la Première Guerre mondiale, conduiront à *La Garçonne*.

On comprend mieux, dès lors, la fascination exercée par l'adultère au sein de la bourgeoisie ; thème obsédant s'il en fut, qui envahit le roman comme le vaudeville. La bourgeoise libérée, qui a pris possession du centre des grandes villes, qui ne craint plus d'y circuler seule et même de s'exhiber à la terrasse des cafés à la mode, devient énigmatique. Les trous de son emploi du temps, la liberté nouvelle qui lui est offerte par les séjours dans les stations thermales ou balnéaires, la multiplication des lieux de rencontre et de rendez-vous hantent l'imagination des hommes fascinés et atterrés tout à la fois. Si l'on vient rire à Feydeau, c'est afin d'exorciser l'anxiété que suscite cet érotisme nouveau.

La démographie historique se révèle impuissante à quantifier les rapports adultérins ; en outre, l'essor des pratiques contraceptives rend vaines toutes les tentatives scientifiques de mesurer la sexualité extra-conjugale. L'historien, en ce domaine, se trouve donc réduit à raisonner sur des probabilités, à privilégier les systèmes d'images, les formes du désir, l'évolution des fantasmes ou bien encore à établir une typologie des liaisons. A ce propos, une étude récente[9] tend à montrer qu'au sein de la bourgeoisie le couple adultérin s'écarte radicalement du concubinage que nous appellerons traditionnel. Cette fois, les deux partenaires appartiennent au même milieu ; ils ont sensiblement le même âge et le même niveau de culture. Il apparaît évident que l'attirance mutuelle fonde désormais ces liaisons qui ne fonctionnent plus comme de simples défouloirs.

Assez curieusement, du moins à première vue, cette fascination de l'adultère s'accompagne, dans le même milieu, d'une recrudescence de la tentation et, sans doute, de la pratique de l'amour ancillaire. On connaît le penchant de Trublot, le personnage de *Pot-Bouille,* pour les petites bonnes de ses amis ; et chacun garde en mémoire les révélations du *Journal d'une femme de chambre.* Chez Maupassant, le thème se fait obsessionnel, tandis que le psychiatre Krafft-Ebing parle de « fétichisme du tablier ». La relégation des bonnes dans une chambrette du sixième étage facilite désormais les écarts de Monsieur et de son fils.

La maison de rendez-vous.

Parallèlement, les conduites vénales se trouvent réorientées : l'« égout séminal » rêvé par les réglementaristes du Consulat et de l'Empire répond mal aux nouveaux désirs. La maison de tolérance de quartier est en crise. Les nudités offuscantes et vulgaires du bordel, les rapports en série rebutent la clientèle des employés de bureau, des voyageurs de commerce, des commis de boutique et des étudiants ; ils commencent même à répugner à ces militaires qui avaient fait la fortune des tenancières. Le célibataire petit-bourgeois, comme l'homme marié, rêve de posséder l'épouse de l'autre ; l'adultère vénal se pare de nouveaux prestiges depuis que l'on sait que, pour reprendre une formule du docteur Louis Fiaux, le pot-au-feu est désormais cantharidé.

La recherche d'un rapport affectif, teinté d'érotisme et fondé sur la connaissance mutuelle, sur l'échange des regards et des lèvres, dessine un mode de relation prostitutionnelle nouveau ; bien que, par nécessité et par définition, celui-ci repose sur l'illusion et sur le simulacre. Un accord tacite impose aux deux partenaires de faire semblant ; mais rien n'empêche le client de caresser l'espoir sans cesse renaissant que, par le jeu de la séduction, le simulacre pourra se muer en réalité. C'est ce complexe théâtral d'ombres qui constitue cette maison de rendez-vous dont de nombreux témoins soulignent l'essor à la fin du siècle, tout au moins à Paris et dans les très grandes villes.

Les rencontres s'y déroulent l'après-midi. Les femmes qui fréquentent ce type d'établissement ont une allure respectable ; elles sont « en chapeau ». Les présentations s'opèrent au salon, autour d'une tasse de thé, parfois au son du piano. Le ton de la conversation, les meubles capitonnés, l'aisance apparente de la proxénète qui organise la rencontre, tout concourt à entretenir l'illusion de la conjugalité bourgeoise. Le prix fort exigé par la femme, la durée plus longue des ébats, du moins si l'on en croit les agents de la police des mœurs, prouvent bien que tout est fait pour se distinguer de la maison de tolérance traditionnelle et même du luxueux bordel « fin de siècle ». Les experts de la préfecture nous disent que les prostituées sont loin d'être les seules à se rendre à de tels rendez-vous. L'extrême prudence imposée par le préfet Lépine aux agents qui, très discrètement, surveillent ces établissements, tend à accréditer cette hypothèse.

L'essor du nombre des prostituées clandestines, la multiplication des « trottins », d'allure respectable, qui savent entraîner dans leur sillage les marcheurs des grands boulevards et qui, contrairement aux filles soumises d'autrefois, n'hésitent pas à s'exhiber aux lumières et à se rendre dans les endroits les plus chics, reflètent cette évolution des sensibilités érotiques. Le grand succès des prostituées clandestines installées dans les débits de boissons, au lendemain de la loi de 1880 qui libéralisa le commerce de ces établissements, atteste aussi cette recherche du simulacre de la sentimentalité.

Bien d'autres facteurs jouent, ici, en faveur de l'image de la « maîtresse » ; je n'en citerai qu'un, pour terminer : l'anxiété suscitée au sein de la bourgeoisie par l'ascension du mythe de l'hérédosyphilis entre 1880 et 1914. La crainte de voir sa descendance compromise par des germes montés du peuple et de la sentine du vice public joue en faveur de l'adultère, vénal ou non. A tort ou à raison, l'apparence respectable du partenaire tranquillise. Ne voit-on pas certains messieurs s'entendre et se réserver les services d'une maîtresse en commandite, à laquelle ils interdisent tout rapport sexuel en dehors du cercle choisi, cela afin de mieux se garantir de la contagion ?

Le caractère majeur de la sexualité fin de siècle est bien le brouillage qui s'opère, la confusion des modèles. L'épouse bourgeoise s'érotise lentement tandis que nombre de prostituées se mettent à ressembler à des femmes respectables. Les policiers eux-mêmes y perdent leur latin ; la frontière entre l'adultère et l'adultère vénal tend à leur échapper. La répartition des rôles a perdu de sa rigueur : l'épouse prétend jouir et, dès lors, elle permet à la femme vénale de lui ressembler. La proxénète de maison de rendez-vous sait jouer de cette confusion. Chez elle, du moins on le dit et cela suffit à créer le désarroi, le bourgeois en goguette risque de croiser son épouse ou sa fille aussi bien que sa maîtresse.

Notes

1. Jacques Depauw, « Amour illégitime et société à Nantes au XVIIIe siècle », *Annales ESC,* juillet-octobre 1972.
2. Edward Shorter, *Naissance de la famille moderne,* Paris, Le Seuil, 1977.
3. Parent-Duchâtelet (cf. Orientation bibliographique).
4. Louis Chevalier, *Classes laborieuses et Classes dangereuses à Paris pendant la première moitié du XIXe siècle,* Paris, Plon, 1958.
5. Michel Frey (cf. Orientation bibliographique).
6. Cf. *infra,* « La Petite Bible des jeunes époux », p. 235.
7. Gustave Flaubert, *L'Éducation sentimentale.*
8. Cf. Francis Ronsin, *La Grève des ventres,* Paris, Aubier, 1979.
9. Anne-Marie Sohn (cf. Orientation bibliographique).

Orientation bibliographique

« Amours et Société », *Romantisme*, n° 2, 1990, (présenté par Alain Corbin).

Bernheimer C., *Figures of Ill Repute. Representing Prostitution in XIXe Century France*, Harvard University Press, 1989.

Corbin A., *Les Filles de noce*, Paris, Aubier, 1978, et Flammarion, coll. « Champs », 1982. « L'hérédosyphilis ou l'impossible rédemption », *Romantisme*, n° 31, 1981. « Commercial Sexuality in Nineteenth-Century France : A System of Images and Regulations », *Representations*, University of California Press, n° 14, Spring 1986, numéro spécial : « Sexuality and the Social Body in Nineteenth-Century. » « Les prostituées du XIXe siècle et le vaste effort du néant », *Communications*, n° 44, 1986.

Frey M., « Du mariage et du concubinage dans les classes populaires à Paris en 1846-1847 », *Annales ESC,* juillet-août 1978.

Harsin G., *Policing Prostitution in Nineteenth-Century Paris*, Princeton University Press, 1985.

Martin-Fugier A., *La Bourgeoise*, Paris, Grasset, 1983.

Parent-Duchâtelet, *La Prostitution à Paris au XIXe siècle,* présenté et annoté par Alain Corbin, Paris, Le Seuil, 1981.

Perrot M. (sous la direction de), *Histoire de la vie privée,* t. IV : *De la Révolution à la Grande Guerre*, 4e partie : « Coulisses » (Alain Corbin), Paris, Le Seuil, 1987.

Shorter E., *Naissance de la famille moderne*, Paris, Le Seuil, 1977, et coll. « Points », 1981.

Sohn A.-M., « Les rôles féminins dans la vie privée : approche méthodologique et bilan de recherches », *Revue d'histoire moderne et contemporaine*, octobre-décembre, 1981. « Les attentats à la pudeur sur les fillettes et la sexualité quotidienne en France (1870-1939), *Mentalités*, 3 octobre 1989, « Violences sexuelles ».

Termeau J., *Maisons closes de province*, Le Mans, Cénomanes, 1986.

Sans oublier un immense travail consacré à l'ensemble de L'Europe occidentale et aux États-Unis :

Gay P., *The Bourgeois Experience. Victoria to Freud,* Oxford University Press, t. I : *The Education of the Senses*, 1984, t. II : *The Tender Passion,* 1986.

2

Le couple

Un homme, une femme

Adam et Ève : le premier couple

Jean Bottéro

Que nous le voulions ou non, pour l'avoir lu nous-mêmes ou l'avoir entendu raconter au cours de notre enfance, c'est encore le récit liminaire du premier livre de la Bible qui fournit à beaucoup d'entre nous l'imagerie essentielle des origines de notre race : cette vieille aventure d'Adam et Ève, du « premier couple humain », à l'autre bout de l'interminable lignée dont nous formons les mailles dernières.

Au temps où la Bible passait pour le Livre de Dieu, écrit ou, pour le moins, dicté par Lui aux fins de nous offrir un catéchisme aussi véridique que son Auteur, des torrents d'éloquence et des rivières d'encre ont été déversés pendant près de vingt siècles pour défendre le mot à mot de cette relation : épiloguer sur la Femme, « os surnuméraire de l'Homme », comme le disait, paraît-il, Bossuet, expliquer comment s'arrangeait le Serpent lorsqu'il ne serpentait pas encore, et déplorer ce trop bref Age d'Or primitif, révolu par la faute de nos premiers parents. Tout cela était proclamé historique — c'est-à-dire véritablement arrivé comme c'est raconté — et sa vérité « événementielle » garantie par Dieu en personne : anathème — et plus d'une fois, hélas !, carrément jeté au feu — quiconque révoquait en doute le récit !

Pour l'essentiel, on en était encore là autour de nos années cinquante. Certes, on voulait bien admettre, dans le narré de cette histoire, quelques traits ambigus ou obscurs souffrant des interprétations différentes que chaque théologien échafaudait et défendait pour son compte. Encore fallait-il sauver à toute force la « vérité historique » des linéaments essentiels du récit : l'existence du premier couple et la réalité d'une faute condamnant sa progéniture entière à un état et un comportement radicalement dépravés, et à une existence remplie de contrariétés et de peines.

Comment un historien doit-il comprendre le récit ? Avant de le juger, il lui faudra d'abord le remettre à sa place dans le temps et la propre pensée de son « auteur ». Dans ce but, il rappellera donc que la partie proprement narrative de la Bible, en particulier ses six premiers livres, de la *Genèse* à *Josué*, qui forment une certaine unité littéraire, est en réalité — comme on s'en est avisé, depuis un bon siècle, par l'analyse de la langue, du vocabulaire, de la phraséologie et de l'idéologie — composée par l'entrelacement de plusieurs présentations originales de l'histoire biblique, que l'on a voulu dévotement préserver en les tressant en une corde unique. Ce qui explique, par exemple, dans le texte traditionnel, les nombreux récits doubles, et parfois divergents, du même événement.

De ces œuvres antiques, nous ne connaissons naturellement pas les auteurs, dont il n'est du reste pas dit s'il s'agissait d'individus plutôt que de chapelles. Aussi les identifions-nous, pour abréger, par des dénominations arbitraires tirées de quelque marque de leur style ou de leur optique. Le plus vieux récit, que l'on appelle *Yahwiste* parce qu'il emploie volontiers le terme de *Yahwé* pour désigner Dieu, trahit l'état des choses et le monde de pensées qui prévalaient, en Israël, autour du VIIIe siècle avant notre ère, et en particulier une notion encore bien concrète, figurative et naïve du monde surnaturel de Dieu, que l'on imaginait volontiers intervenant par lui-même ici-bas et mettant, pour ainsi parler, la main à la pâte. Le récit le plus récent, dont l'esprit « théologique », clérical et méticuleux, transparaît tout au long — et que l'on nomme pour cette raison *Document sacerdotal* —, est plus jeune de trois bons siècles et enregistre la profonde évolution mentale et religieuse provoquée par les événements responsables du grand Exil et par cet Exil même : alors, le monothéisme absolu s'était à jamais imposé en Israël, avec sa haute conception de la Transcendance radicale de Dieu, bien au-dessus des choses de ce monde, même s'il en demeurait le Souverain et le Responsable suprême.

Yahwiste et *Document sacerdotal* figurent seuls dans le récit biblique de la Création du Monde et de l'Homme.

Le plus fameux morceau, que tout le monde a plus ou moins en tête parce qu'il commence notre Bible (*Genèse*, I-II, 4a), fait partie du *Document sacerdotal*. Il se met d'emblée sur un plan élevé, cosmique et pour ainsi dire abstrait : Dieu crée, par sa seule parole, l'Univers et les grands Ensembles qui le composent et le meublent, sans s'occuper le moins du monde des individus. A la fin, après les espèces animales, il crée l'espèce humaine comme telle : composée de « mâles et femelles » (I, 27), ainsi qu'il se doit.

Le *Yahwiste*, lui (II, 4a-fin de III), voit les choses d'une tout autre manière, beaucoup plus ingénue, concrète, matérialisée et centrée sur l'Homme. Le Monde que Dieu « fait », « fabrique » comme une sorte d'artisan, ce n'est pas le Cosmos, c'est « un jardin » : le cadre de vie d'un paysan, comme il y en avait tant en Israël à l'époque. Après quoi, il « modèle » d'argile un homme unique et seul. Pour qu'il ne le demeure pas, Dieu « modèle » de même, ensuite, les animaux.

Mais, aucun d'eux n'ayant été capable de fournir à l'homme le véritable complément nécessaire pour rompre sa solitude et se propager, Dieu « édifie » une femme, qu'il tire, pour le coup, de cet homme, légitimant ainsi, par une telle identité d'origine : « d'os et de chair » (II, 23), la future recomposition d'« un seul corps » (II, 24) par l'un et l'autre, unis, évidemment, dans l'acte d'amour : l'accouplement suppose le couple. Et parce que, du temps du *Yahwiste*, la cellule première, l'unité fondamentale de la société, c'était, en Israël — nous le savons fort bien par ailleurs —, le couple monogame, ce vieil auteur, tout au rebours de l'« abstrait » *Document sacerdotal*, ne pouvait guère imaginer autrement que comme un couple primitif les premiers représentants et parents de notre race, de même qu'il n'imaginait pour eux d'autre situation que celle du paysan, du fermier.

Reste l'autre point, qui a depuis toujours piqué la curiosité des fidèles et des lecteurs de la Bible : la « faute » commise par ce premier couple et qui aurait empiré le destin des hommes, voire, selon la théologie chrétienne traditionnelle, désorganisé leur nature. De tels effets paraissant hors de proportion avec ce qui nous est matériellement présenté comme un acte de gourmandise et de curiosité, on s'est naturellement demandé ce que pouvaient bien cacher cet « Arbre » et ce « Fruit » défendu, (II, 17), cette intervention du Serpent (III, 1 et suiv.), cette faiblesse de la Femme et cette séduction de l'Homme (III, 6). Le premier qui semble avoir pensé à un délit d'ordre sexuel est le théologien juif Philon, dit d'Alexandrie, qui vivait aux alentours de notre ère. Deux ou trois grands docteurs chrétiens antiques l'ont suivi, tel, vers 200 de notre ère, Clément, également d'Alexandrie, qui supposait un usage prématuré du mariage. La théologie chrétienne, il faut le dire à son honneur, n'a jamais accordé de réelle importance à une interprétation aussi naïve ; ainsi dans sa *Somme théologique* (I, article 2 de la question 98), le plus grand théologien de l'Église catholique, saint Thomas d'Aquin, établit que l'homme pouvait naturellement, avant sa « faute », faire un usage normal de ses capacités sexuelles. Mais maintenant qu'a sévi cette rage puérile de la psychanalyse et ce pansexualisme débile qu'elle propage — faute de mieux —, il était inévitable qu'au moins chez les non-professionnels de la Bible et de l'orientalisme, on soit si volontiers tenté par une vision « érotique » du récit de la « faute originelle ».

Or, c'est là ne rien entendre, non seulement à ce récit mais à l'optique propre à ses auteurs et lecteurs antiques, lesquels — on s'en fera une idée, au moins pour leurs contemporains et voisins de Babylone, à la lecture du texte « Tout commence à Babylone »... — n'avaient pas du tout, de la sexualité et de son exercice, les mêmes appréhensions et censures que nous, héritiers du discrédit et du soupçon dans lesquels le christianisme pastoral traditionnel nous a durablement appris à les tenir : en Israël, comme à Babylone (qu'il suffise de renvoyer au *Cantique des cantiques* (cf. p. 38), faire l'amour, pourvu qu'en le faisant on ne lésât personne, était une activité saine, allègre et enrichissante, et le *Yahwiste* se serait fâcheusement contredit s'il y avait vu un « péché » après nous avoir dépeint l'homme et la femme ajustés, pour ainsi dire, d'emblée l'un à l'autre par leur Créateur en personne, pour le faire.

En réalité, et si l'on prend le texte dans le droit fil de la pensée de son auteur, la matérialité de la « faute » d'Ève et d'Adam : la consommation d'un fruit interdit mais « agréable à manger et tentant au regard » (III, 6), est tout à fait secondaire. L'essentiel — et ce point, exégèse et théologie traditionnelles l'ont fort bien vu —, c'était la transgression de la volonté divine qu'un tel acte constituait ; et ce, dans un esprit de démesure : pour se hausser au-dessus de la condition qui nous avait été assignée d'origine ; pour « être comme Dieu et capable de discerner le Bien et le Mal » (III, 5), et se trouver ainsi « rendu (plus) intelligent » (III, 6).

Mais, surtout, cette transgression première de l'Homme avait précisément pour effet de rendre compte de son état — constant depuis la nuit des temps, mais qui, dans la pensée du *Yahwiste*, ne pouvait pas être originel. Si l'Homme, après sa faute, est devenu « (plus) intelligent », cela veut dire que désormais il connaît et peut discerner, « outre le Bien, le Mal ». Or, aux yeux des Sémites anciens, « connaître » impliquait toujours une certaine complicité : ce n'était pas seulement voir, discerner, c'était goûter, participer, s'impliquer dans ce que l'on connaissait. En d'autres termes, l'Homme a acquis de la « malice », comme nous le dirions d'enfants un peu trop avancés et au courant des choses des adultes : il connaît les potentialités mauvaises des êtres et des actions ; il a conscience d'impulsions troubles et vicieuses auxquelles il peut se laisser aller désormais. C'est pourquoi il a honte aussitôt de cette attitude indécente, choquante, toujours prohibée dans la tradition sémitique, et particulièrement en Israël, qu'était la nudité (III, 7 s).

De plus, en voulant « devenir comme Dieu » et exhausser sa condition première, il l'a, en fait, et par sa faute, dépréciée et ravalée. N'est-il pas, en effet, anormal — sans parler du problème que pouvait poser à des esprits encore étonnés devant les curiosités du monde, l'étrangeté de présentation et de comportement du Serpent (III, 14 s) — que l'élan spontané qui porte chaque femme vers son homme ne soit en fait — c'était du moins la tradition dans le monde sémitique ancien, où la femme ne représentait, en droit, guère plus que l'« objet » de son époux — qu'aveugle soumission à une façon de tyran ? Et que, disposée par tout son corps pour mettre des enfants au monde, elle n'y parvienne qu'entre les plus cruelles douleurs (III, 16) ? Et que l'Homme n'arrive à subsister et vivre que moyennant des efforts harassants et constants, et doive inéluctablement, à la fin, se retransformer par la mort en cette même terre dont il avait été tiré (III, 17 s) ?

Une pareille situation, d'une certaine manière absurde, posait à l'esprit un problème. Nous autres, avec nos disciplines scientifiques, notre maniement des concepts, des abstractions et des « lois », nous avons le moyen d'y répondre sur le plan des principes et des notions générales. Des esprits encore incapables, comme les Proches-Orientaux antiques, Israélites compris, de faire appel aux idées pures, mais seulement à l'imagination, n'avaient guère qu'un recours : précisément l'imagination. Mais une imagination « calculée » : imaginer, combiner, aux fins de rendre compte d'un état de choses problématique, une suite d'épisodes aboutissant à cette propre situation, — un peu comme les fabulistes construisent leurs historiettes en vue de la moralité qu'ils en veulent tirer. C'est ce que l'on appelle un *mythe*. Toute la littérature de l'ancien Proche-Orient est remplie de tels mythes, et le récit des aventures du premier couple en est un. C'est-à-dire qu'il n'entend pas relater, mais expliquer.

On le comprend beaucoup mieux si on réinsère ce mythe dans les préoccupations du *Yahwiste*. Son véritable but est de retracer, *ab ovo*, l'histoire de son peuple. Ce peuple, Yahwé se l'est constitué et réservé lorsqu'il a suscité dans ce but Abraham, son Ancêtre et son premier Père (*Genèse* XI, 27 s), après avoir été en quelque sorte découragé par le reste des hommes, chez qui Mal et « malice » n'avaient cessé de croître depuis Caïn, assassin de son frère (IV), et Lamek, une plus sombre brute encore (IV, 23 s) ; puis, « la méchanceté humaine devenue si grande, ici-bas », il lui avait fallu anéantir par le Déluge cette race corrompue (VI et suiv.), laquelle, aussitôt reconstituée à partir d'une nouvelle souche (IX), avait repris ses méfaits, prétendant même, à la fin, « escalader le ciel » et s'égaler à Dieu (XI). Quelle pouvait donc être l'origine première d'un Mal aussi endémique et paraissant comme connaturel et inné en l'Homme ? Dans la conviction du *Yahwiste*, comme dans celle de tous les dévots de son Dieu, il était impensable que l'on imputât à ce dernier une condition humaine qui ne fût point d'emblée irréprochable et parfaite. C'est donc en l'Homme lui-même qu'un tel Mal devait avoir sa source, et ce, dès les tout premiers temps de son apparition sur terre, dès le premier couple, tant il semblait faire partie de notre nature, profonde et archaïque.

Tel est le sens foncier de la « faute du premier couple », du « péché originel » : mythe conçu pour rendre compte de l'universelle propension des hommes au Mal, en même temps que de la manifeste déchéance de leur condition par rapport à ce qu'elle eût été si le Créateur en avait été le seul responsable : par rapport à ce qu'elle avait dû être tant qu'il en avait été le seul responsable. Le premier couple n'est pas seulement à l'origine de notre nature, mais aussi de nos faiblesses et de notre triste destin.

Les mythes reflètent souvent une antique sagesse et une philosophie profonde, même lorsqu'ils les traduisent naïvement. Pour ma part, on ne m'empêchera pas d'admirer et de suivre ce vieux penseur d'Israël qui, voici près de trois millénaires, avait déjà si bien compris que l'Homme n'a jamais cessé, et ne cessera sans doute jamais, de faire son propre malheur.

Orientation bibliographique

La volumineuse *Introduction à la Bible*, Paris, Desclée de Brouwer, 1973, constitue, en français, une somme indispensable pour quiconque veut aborder sérieusement l'étude de la Bible. Toutes les références utiles y sont fournies.

Bottéro J., *Naissance de Dieu. La Bible et l'historien*, Paris, Gallimard, 1986 ; on y trouvera aux p. 21-135 (« Le message universel de la Bible ») une rapide synthèse de l'histoire de la religion d'Israël, telle que nous la connaissons principalement par les écrits bibliques ; aux p. 155-202 (« Les origines de l'univers selon la Bible ») et p. 203-221 (« Le récit du ''Péché originel'' dans la Genèse, II, 25-III »), une analyse et une discussion, sur le plan historique, des chapitres liminaires de la Genèse, tournant autour du « premier couple ».

La question du « Péché originel », du point de vue catholique, est traitée dans J. Coppens, *La Connaissance du Bien et du Mal et le Péché du Paradis*, Bruges-Paris, Nauwelaerts, 1948 ; et surtout par A.-M. Dubarle, *Le Péché originel dans l'Écriture*, Paris, Cerf, 1958 ; à quoi le même auteur a ajouté, chez le même éditeur, en 1983, *Le Péché originel. Perspectives théologiques*.

Les noms de Dieu et de l'homme

En hébreu, *Elôhîm* signifie « Dieu », et *Yahweh* (« Jéhovah ») est le « nom propre » du dieu d'Israël. D'autre part, « l'homme » porte deux noms. Lorsqu'il s'agit de l'espèce humaine (*homo* en latin ; *anthropos* en grec), on emploie *Adam*, dont le voisinage phonétique et probablement sémantique avec *Adâmâ* « terre ocre » (d'où l'homme a été tiré et « modelé ») justifie l'assonance recherchée de ma traduction : « homme » / « humus » (II, 5-6). Dans les chapitres II et III, ce nom de l'Homme est toujours muni, en hébreu, de l'article, qui en fait ici quasiment un nom propre : et c'est pourquoi (pensant à des anthroponymes comme Leverrier, Lefebvre, etc.), je traduis partout *Lhomme* (au lieu de transcrire simplement *Adam*, comme on fait d'habitude). Lorsqu'il s'agit de l'individu mâle de l'espèce (*vir* en latin et *anèr* en grec), on dit en hébreu *Ish*, dont le féminin est *Ishshâ* (II, 24). Le nom propre donné à la première femme : *Khawwâ* (« Ève ») rapproché de *Khaw* « vivant », par une étymologie populaire, dans III, 20, n'est clair ni dans son origine, ni dans sa signification foncière.

J.B.

Platon : la punition originelle

Le « couple » ou la nostalgie d'une fusion interdite

La nature humaine était jadis fort différente de ce qu'elle est maintenant. D'abord, il n'y avait pas deux sexes, masculin et féminin, mais trois, le troisième participant des deux autres ; il n'a plus de nom aujourd'hui, puisqu'il a disparu, mais à l'époque, c'était l'*androgyne* et il formait un sexe distinct [...] Ensuite, chaque être humain avait un dos rond et des côtes circulaires ; quatre bras, autant de jambes ; deux visages rigoureusement semblables, sur un cou tout rond. Ces deux visages, tournés en direction opposée, étaient coiffés d'un crâne unique. Quatre oreilles, des organes sexuels en double, et ainsi de suite... Cet être marchait soit debout (comme maintenant) dans le sens qu'il désirait, soit, pour aller vite, comme les acrobates qui font la roue en tournant sur leurs jambes tendues. A l'époque, en faisant la roue appuyés sur huit membres, ils avaient de l'avance ! [Les dieux se sentent menacés par la force de ces hommes primitifs et Zeus prend une décision radicale :]

« Je vais, dit-il, fendre chacun en deux. Ainsi, ils seront à la fois moins forts et plus utiles pour nous puisqu'ils seront plus nombreux. Ils marcheront droit sur deux jambes et, s'ils se montrent encore déréglés et turbulents, je les fendrai une deuxième fois, si bien qu'ils marcheront désormais à cloche-pied sur une seule jambe ! » [Zeus procède donc à la division et Apollon, dieu de la médecine, s'occupe de la suture dont notre nombril constitue la cicatrice encore apparente. Et c'est pourquoi...]

Chacun de nous n'est qu'une fraction d'être humain. D'un seul on a fait deux ; nous avons été tranchés comme des soles ! Et chacun n'arrête pas de chercher sa fraction complémentaire. Tous ceux qui sont une tranche de l'être mixte, celui que l'on appelait l'*androgyne*, aiment les femmes [si ce sont des hommes] et les hommes [si ce sont des femmes]. Les femmes qui sont des tranches des femmes primitives n'ont aucun goût pour les hommes [...] Et ceux qui sont une tranche de mâle poursuivent les mâles [...] Parmi les enfants et les adolescents, ces derniers sont les meilleurs, parce qu'ils ont la nature la plus virile de toutes [...]

Lorsque nous venons à rencontrer notre propre moitié, alors, tous aussi bien que les amateurs de garçons, nous sommes frappés par une impression extraordinaire d'amitié, de parenté, d'amour, et nous ne consentons plus, on peut le dire, à nous séparer l'un de l'autre, même un instant. Et ces couples qui passent leur vie l'un avec l'autre, ceux-là ne pourraient même pas dire ce qu'ils attendent l'un de l'autre. Personne ne pensera que c'est l'union sexuelle, que c'est pour cela que chacun jouit avec intensité de la présence de l'autre ! L'âme de chacun des deux veut quelque chose d'autre, c'est clair, quelque chose qu'elle ne peut pas dire, mais qu'elle pressent et qu'elle exprime de manière détournée. Et si Héphaistos (le dieu forgeron) était là avec ses outils, quand les amants sont au lit, et leur disait : « Qu'attendez-vous l'un de l'autre ? », ils ne sauraient répondre et Héphaistos reprendrait : « Désirez-vous être unis le plus étroitement possible l'un à l'autre, de manière à ne vous séparer l'un de l'autre ni le jour ni la nuit ? Si c'est cela que vous désirez, je veux bien vous fondre ensemble et vous forger en une même créature, si bien que de deux vous ne ferez plus qu'un ; tant que vous vivrez, vous vivrez ensemble, tous les deux, ne faisant qu'un ; après votre mort, dans l'Au-delà, vous ne serez pas deux mais un, car vous mourrez ensemble » [...] Chacun croirait absolument avoir entendu et compris ce qu'il désirait depuis longtemps : de deux, ne faire plus qu'un seul en se réunissant à l'être aimé et en se fondant en lui !

(Platon, *Banquet*, 189 d-192 e,
propos attribués au poète comique
Aristophane, adapté par Pierre Chuvin.)

Le récit de la création

« Lorsque Elôhîm commença de créer le ciel et la terre... »

Premier récit
(« Document sacerdotal »)

1. Le chaos initial.

I (1) Lorsqu'Elôhîm commença de créer le ciel et la terre, (2) la terre était déserte et vide : les ténèbres s'étendaient sur l'Abîme, et le Souffle d'Elôhîm planait sur les eaux.

2. La création de la lumière.

(3) Elôhîm dit alors : « Qu'il y ait la lumière ! » Et la Lumière il y eut. (4) Elôhîm constata que la Lumière était une bonne chose. Puis Elôhîm sépara la Lumière des Ténèbres, (5) et Elôhîm appela la Lumière « Jour », et les Ténèbres, Il les appela « Nuit ». Puis il y eut un soir, et, après, un matin : le premier jour.

3. La séparation des eaux et du ciel.

(6) Ensuite, Elôhîm dit : « Qu'il y ait une Voûte entre les Eaux, pour séparer les Eaux en deux ! Et ainsi en fut-il : (7) Elôhîm constitua cette Voûte et sépara les Eaux inférieures à la Voûte des Eaux supérieures à la Voûte. (8) Elôhîm appela cette Voûte « Ciel ». Et Elôhîm constata que c'était là une bonne chose. Puis il y eut un soir, et, après, un matin : le deuxième jour.

4. La séparation de la terre et de la mer.

(9) Ensuite, Elôhîm dit : « Que les Eaux inférieures au Ciel se rassemblent en un emplacement unique, pour qu'apparaisse l'Étendue-sèche ! » Et ainsi en fut-il. (10) Elôhîm appela l'Étendue-sèche « Terre », et le Rassemblement des eaux, Il l'appela « Mer ». Et Elôhîm constata que c'était là une bonne chose.

5. Les végétaux.

(11) Ensuite, Elôhîm dit : « Que la Terre verdoie de Verdure,

d'Herbages portant semences et d'Arbres fruitiers faisant des fruits, de toute espèce, qui aient chacun sa semence en soi, sur la Terre ! » Et ainsi en fut-il : (12) la Terre poussa de la Verdure, des Herbages portant semences, de toute espèce, et des Arbres faisant des fruits, avec chacun sa semence en soi, de toute espèce. Et Elôhîm constata que c'était là une bonne chose. (13) Puis il y eut un soir, et, après, un matin : le troisième jour.

6. Les astres.

(14) Ensuite Elôhîm dit : « Qu'il y ait des Luminaires à la Voûte du Ciel, pour séparer le Jour de la Nuit et pour servir de marques, tant aux fêtes qu'aux jours et aux années ! (15) Et qu'ils servent aussi, à la voûte du Ciel, de Luminaires pour éclairer la Terre ! » Et ainsi en fut-il : (16) Elôhîm constitua les deux grands Luminaires — le plus grand pour commander au Jour, le plus petit pour commander à la Nuit ; et aussi les étoiles. (17) Puis Elôhîm les distribua sur la Voûte du Ciel pour éclairer la Terre, (18) pour commander au Jour et à la Nuit, et pour séparer la Lumière des Ténèbres. Et Elôhîm constata que c'était là une bonne chose. (19) Puis il y eut un soir, et, après, un matin : le quatrième jour.

7. Les animaux d'origine aquatique.

(20) Ensuite Elôhîm dit : « Que les eaux grouillent d'un grouillement d'Animaux et de Volatiles volant au-dessus de la Terre, et à la face de la Voûte du Ciel ! » Et ainsi en fut-il. (21) Elôhîm créa donc les Dragons géants et tous les Animaux reptateurs dont les eaux grouillent, de toute espèce. Et Elôhîm constata que c'était là une bonne chose. (22) Après quoi, Elôhîm les bénit en ces termes : « Soyez féconds et multipliez-vous, jusqu'à remplir les eaux de la Mer ! Que les Oiseaux également se multiplient au-dessus de la Terre ! » (23) Puis il y eut un soir, et, après, un matin : le cinquième jour.

8. Les animaux d'origine terrestre.

(24) Ensuite, Elôhîm dit : « Que la Terre produise des Animaux de toute espèce : Bestiaux, Animalcules et Bêtes sauvages de toute espèce ! » Et ainsi en fut-il : (25) Elôhîm fit les Bêtes sauvages de toute espèce, les Bestiaux de toute espèce, et tous les Animalcules du sol, de toute espèce. Et Elôhîm constata que c'était là une bonne chose.

9. L'Homme.

(26) Enfin, Elôhîm dit : « Faisons l'Humanité à Notre image,

et comme une réplique de Nous, pour qu'ils régissent les Poissons de la Mer et les Oiseaux du Ciel, les Bestiaux et toutes les Bêtes sauvages et tous les Animalcules qui se traînent sur la Terre ! » (27) Elôhîm créa donc l'Humanité : « A l'image d'Elôhîm Il la créa : / Il les créa mâles et femelles ! : (28) Après quoi, Elôhîm les bénit en ces termes : « Soyez féconds et multipliez-vous ; remplissez la Terre et soumettez-la ! Régissez les Poissons de la Mer et les Oiseaux du Ciel, et tous les Animaux qui se traînent sur la Terre ! » (29) « Maintenant, dit encore Elôhîm, Je vous donne tous les Herbages portant semences de dessus la surface entière de la Terre, et tous les Arbres faisant des fruits garnis de graines : ce sera votre nourriture ! (30) De même à toutes les Bêtes sauvages, à tous les Oiseaux du Ciel, à tout ce qui se traîne sur la Terre et qui détient le Souffle-de-Vie, Je donne pour nourriture toute la Verdure des Plantes ! »

10. Achèvement de la création.

(31) Elôhîm considéra alors tout ce qu'Il avait fait et constata que tout était excellent. Puis il y eut un soir, et, après, un matin : le sixième jour.

II (1) (Ainsi) furent parachevés le Ciel et la Terre avec tout leur équipage.

11. Le repos terminal.

(2) Et Elôhîm, ayant achevé, au septième jour, l'ouvrage qu'Il avait fait, se reposa, ce septième jour, de tout le travail qu'Il avait accompli. (3) Aussi Elôhîm consacra-t-Il le septième jour et en fit-Il une chose sainte : c'est en effet ce jour-là qu'Il s'était reposé de tout Son travail accompli lors de la Création.

(4a) Telle est la généalogie du Ciel et de la Terre, lorsqu'ils furent créés.

Deuxième récit (« Yahwiste »)

1. Le désert initial.

(4b) Lorsque Yahweh fit le Ciel et la Terre, (5) nulle broussaille de la lande n'existait encore sur la Terre, et nul gazon de la lande n'avait encore poussé, parce que Yahweh n'avait pas encore fait pleuvoir sur la Terre et qu'il n'y avait pas d'homme pour travailler l'humus.

2. Premiers éléments.

(6) Yahweh fit donc monter un flot de la Terre, pour arroser

la surface entière de l'humus. (7) Puis Yahweh modela Lhomme (*cf.* « Les noms de Dieu et de l'homme », p. 153) avec de la glèbe tirée de l'humus, et lui insuffla aux narines l'haleine-de-vie, si bien que Lhomme devint un être vivant.

3. Le premier Jardin.

(8) Yahweh planta alors un Jardin à Éden, (là-bas) vers l'Orient, et Il y plaça Lhomme qu'Il avait modelé. (9) Yahweh fit donc pousser de l'humus toute sorte d'arbres agréables à voir et bons à manger, y compris l'Arbre-de-Vie, au milieu du Jardin, et aussi l'Arbre-du-Discernement-du-Bien-et-du-Mal.

4. Hydrographie du Jardin.

(10) Or, un cours d'eau sortait d'Éden, arrosant le Jardin ; après quoi, il se divisait et formait quatre bras. (11) Le premier s'appelait le Pîshôn : c'est celui qui contourne tout le pays de Khawîlâ, où (l'on trouve) de l'or (12) — l'or de ce pays est d'excellente qualité — et également du bdellium et de la pierre de Shôham. (13) Le second s'appelait le Ghikhôn : c'est celui qui contourne tout le pays de Koush. (14) Le troisième fleuve s'appelait le Tigre : c'est celui qui coule juste devant la ville d'Assur. Quant au quatrième fleuve, c'était l'Euphrate.

5. Lhomme, « fermier » de Dieu.

(15) Yahweh prit alors Lhomme et l'établit au Jardin d'Éden, pour qu'il le travaillât et le gardât. (16) Et Yahweh donna cet ordre à Lhomme : « Tu peux manger à ton gré de tous les arbres du Jardin, (17) mais tu ne mangeras point de l'Arbre-du-Discernement-du-Bien-et-du-Mal : si tu en mangeais, tu mourrais, TU MOURRAIS ! »

6. Les compagnons de Lhomme : a) les animaux.

(18) Puis Yahweh (Se) dit : « Ce n'est pas bon que Lhomme reste tout seul ! Je vais lui faire un compagnon qui lui convienne ! » (19) Et Yahweh modela d'humus tous les animaux de la lande et les oiseaux du Ciel ; puis Il les conduisit devant Lhomme pour voir comment il les appellerait [1] : quelque appellation que leur donnerait Lhomme à chacun, elle serait son nom. (20) Lhomme épela ainsi les noms de tous les animaux domestiques, de tous les oiseaux du Ciel et de toutes les bêtes sauvages. Quant à Lhomme, pourtant, il ne trouva point, parmi eux, de compagnon qui lui convînt.

7. b) La Femme.

(21) Alors Yahweh fit choir une torpeur sur Lhomme, qui s'endormit. Il lui prit une côte et reboucha (le vide en mettant) de la chair à sa place ; (22) et, de cette côte qu'Il avait prise à Lhomme, Yahweh façonna une femme, qu'Il conduisit à Lhomme. (23) Et Lhomme s'exclama : « Celle-ci, pour le coup, c'est un os de mes os, de la chair de ma chair ! / On l'appellera Femme *[Ishshâ]*, celle-ci parce qu'elle a été tirée de l'Homme *[Ish]* ! » / (24) Voilà pourquoi (chaque) homme abandonne père et mère pour s'attacher à sa femme, à ne former ensemble qu'un seul corps.

8. État primitif du premier couple.

(25) Or tous les deux étaient nus. Lhomme et sa femme ; mais ils n'(en) avaient mutuellement nulle honte.

9. Le Serpent tente la Femme.

III (1) Mais le Serpent, le plus rusé de tous les animaux sauvages que Yahweh avait faits, s'adressa à la Femme : « Elôhîm a bien dit : Vous ne mangerez d'aucun des arbres du Jardin ? » (2) Et la Femme répondit au Serpent : « Des fruits de tous les arbres du Jardin nous pouvons manger ; (3) c'est seulement du fruit de l'Arbre qui est au milieu du Jardin qu'Elôhîm a dit : Vous n'en mangerez pas ! Vous n'y toucherez pas ! Autrement, vous mourrez ! » (4) Et le Serpent de répondre à la Femme : « Mais non ! Vous ne mourrez pas du tout ! (5) Seulement, Elôhîm sait bien que lorsque vous en mangerez, vos yeux s'ouvriront et vous serez comme Elôhîm, capables de discerner Bien et Mal ! »

10. La Femme succombe.

(6) Et la Femme, voyant que (cet) arbre était agréable à manger et tentant au regard, et qu'il était avantageux, ce même arbre, pour devenir (plus) intelligent, prit donc de ses fruits, et en mangea ; elle en donna aussi à son homme, auprès d'elle, lequel (en) mangea.

11. Les suites de la Faute.

(7) Alors, leurs yeux s'ouvrirent, et ils comprirent qu'ils étaient nus : aussi attachèrent-ils des feuilles de figuier pour se faire des pagnes.

(8) Ils entendirent alors le bruit (des pas) de Yahweh-Elôhîm, qui se promenait dans le Jardin, à la brise du jour : et devant Yahweh-Elôhîm, Lhomme et sa femme se cachèrent entre les

arbres du jardin. (9) Mais Yahweh-Elôhîm interpella Lhomme : « Où es-tu ? », lui dit-Il. (10) Et lui de répondre : « J'ai entendu le bruit (de) Tes (pas) dans le Jardin, et j'ai eu peur, parce que je suis nu. Aussi me suis-je caché ! » (11) « Mais (lui répondit-Il), qui donc t'a expliqué que tu étais nu ? Aurais-tu mangé de (cet) Arbre dont Je t'avais interdit de manger ? » (12) Et Lhomme (répondit) : « La Femme que Tu avais mise auprès de moi, (c'est) elle (qui) m'a donné de l'Arbre, (dont) j'ai mangé ! » (13) Yahweh-Elôhîm dit alors à la Femme : « Qu'as-tu fait là ? » Mais la Femme : « C'est le Serpent (qui) m'a appâtée, dit-elle, et j'ai mangé ! »

12. Le Châtiment.

(14) Et Yahweh-Elôhîm dit au Serpent : « Puisque tu as fait cela : Sois maudit entre tous les animaux et bêtes sauvages ! / Sur ton ventre tu marcheras / Et de terre te nourriras / Tous les jours de ta vie.

(15) J'établis une hostilité entre toi et la Femme, / Entre ta descendance et la sienne. / Elle te visera à la tête, / Et toi tu la viseras au talon ! »

(16) Puis à la Femme. Il dit : « Je multiplierai considérablement les peines de tes grossesses : / Dans la douleur tu mettras tes enfants au monde ! / Ton élan te portera vers ton homme / Mais lui te tyrannisera ! » (17) Puis Il dit à Lhomme : « Puisque tu as écouté l'appel de ta femme et que tu as mangé de l'Arbre dont Je t'avais ordonné : "N'en mange pas !" : Soit maudite la terre à cause de toi : / (Ce n'est que) dans le travail-pénible (quc) tu cn tircras dc quoi mangcr, / Tous lcs jours dc ta vic. / (18) Elle te produira seulement des ronces et des épines. Et tu (n')auras à manger (que) l'herbe de la lande. / (19) Tu (ne) mangeras de pain (qu')à la sueur de ton visage, / Jusqu'à ton retour à la Terre, / Puisque (c'est) d'elle (que) tu as été tiré ! / Oui ! Tu es argile, et argile tu redeviendras ! »

(20) Lhomme donna alors à sa femme le nom de Khawwâ : car c'est la Mère de tous les Vivants (*Khaw*) ! (21) Et Yahweh-Elôhîm fit à Lhomme et à sa femme des tuniques de peau et les en revêtit.

13. Le premier couple chassé du Jardin.

(22) Et Yahweh-Elôhîm (Se) dit : « Voici (donc) Lhomme devenu comme l'un d'entre Nous en matière de Discernement du Bien et du Mal. Pourvu que désormais il n'aille pas plus loin, ne prenne, en sus, de l'Arbre-de-Vie, n'en mange et ne vive à jamais ? » (23) Aussi le chassa-t-Il du Jardin d'Éden pour tra-

vailler la terre dont il avait été tiré. (24) Et ayant expulsé Lhomme, Il établit, à l'Orient du Jardin d'Éden, les Kerûbim et la Flamme-du-Glaive-flambloyant pour garder le chemin de l'Arbre-de-Vie...

(Traduit de l'hébreu par Jean Bottéro.)

Note

1. Chez les anciens Israélites, comme chez les autres Sémites d'autrefois, Babyloniens en tête, le *nom* n'avait pas sa source dans le nommant, mais dans la chose nommée, dont il représentait, en somme, la *nature*. Lorsque l'Homme « nomme » les animaux que Dieu lui présente (II, 19-20), il les *définit*. Et, comme aucun ne porte, de par sa propre constitution, un nom comparable au sien, il n'est donc pas son semblable, son pareil, son véritable *alter ego* et « compagnon ». Mais lorsque l'homme (*Ish*) donne à la femme le nom de *Ishshâ*, l'identité de nom soulignant l'identité de nature (du reste fondée d'autre part sur le fait que cette *Ishshâ* a été matériellement extraite de l'*Ish*), il reconnaît par là en elle sa propre nature, ce qui fait d'elle son pair, son autre lui-même, son « compagnon » parfait.

Les noces du couple romain

Paul Veyne

En Italie romaine, un siècle avant ou un siècle après notre ère, cinq ou six millions d'hommes et de femmes sont libres et citoyens. Ils vivent sur des centaines de territoires ruraux, qui ont pour centre une ville avec ses monuments et ses « hôtels particuliers » ou *domus*. Ces territoires s'appellent des « cités ».

On compte aussi un ou deux millions d'esclaves : soit des domestiques, soit des travailleurs agricoles, main-d'œuvre principale ou d'appoint pour les exploitations. Nous ne savons pas grand-chose de leurs mœurs, sauf que l'institution privée qu'était alors le mariage leur est interdite et le restera jusqu'au IIIe siècle. Ce troupeau passait pour vivre en état de promiscuité sexuelle, à l'exception d'une poignée d'esclaves de confiance : régisseurs de leur maître ou esclaves de l'empereur lui-même — les fonctionnaires du temps. Ces privilégiés prenaient durablement une concubine exclusive, ou la recevaient des mains de leur maître.

Revenons donc aux seuls hommes libres. Parmi eux, les uns sont nés libres des justes noces d'un citoyen et d'une citoyenne, les autres sont des bâtards (nés d'une citoyenne) ; d'autres encore sont nés esclaves mais ont été affranchis. Tous sont citoyens et peuvent recourir à l'institution civique du mariage.

Pourquoi se mariait-on ?

Cette institution est paradoxale à nos yeux. En effet, le mariage romain est un acte privé, un fait qu'aucun pouvoir public n'a à sanctionner : on ne passe pas par-devant l'équivalent d'un maire ou d'un curé. C'est un acte non écrit (il n'existe qu'un contrat de dot, à supposer que la promise en ait une). C'est même un acte informel : aucun geste symbolique, quoi qu'on ait dit, n'était de rigueur. En somme, le mariage était un événement privé, comme chez nous les fiançailles. Mais alors, comment un juge pouvait-il décider, en cas de litige pour un héritage, si un homme et une femme étaient mariés en justes noces ? Eh bien, il en décidait sur indices, comme font les tribunaux pour établir un fait. Quels indices ? Il y a, par exemple, des actes sans équivoque : une dot ou des gestes prouvant que le mari présumé avait toujours qualifié d'épouse la femme qui vivait avec lui. Ou encore des témoins pouvaient attester qu'ils avaient participé à une petite cérémonie dont le caractère nuptial était patent. A la limite, seuls les deux conjoints pouvaient savoir si, dans leur pensée, ils s'étaient mariés.

Il était pourtant capital d'établir si les conjoints étaient unis en justes noces, puisque le mariage — institution privée, non écrite ni même solennelle — était une situation de fait qui n'en créait pas moins des effets de droits. Les enfants qui naissent de ces noces sont légitimes ; ils prennent le nom de leur père et continuent la lignée. A la mort du père, ils lui succèdent dans la propriété du patrimoine... s'il ne les a pas déshérités.

Pour en finir avec les règles du jeu, une dernière précision : le divorce est légalement aussi aisé et aussi informel que le mariage. Il suffit que le mari, à lui seul, ou la femme, à elle seule, veuille divorcer pour que la séparation ait lieu. On n'est même pas expressément tenu de prévenir l'ex-conjoint et on a vu à Rome des maris, dont l'empereur Claude, divorcés sans même le savoir. Répudiée ou divorçant de sa propre initiative, l'épouse s'en va librement, en emportant sa dot, si elle en a une. En revanche, s'il y a des enfants, ceux-ci restent auprès de leur père.

Finalement, pourquoi se mariait-on ? Pour transmettre un patrimoine ? Même pas : la liberté du testateur était presque totale et il pouvait léguer ses biens à celui qu'il élisait comme son successeur spirituel. Pour continuer la lignée ? L'adoption était pratique courante et permettait d'élire un continuateur. Pour faire l'amour ? La chasteté n'était pas une vertu masculine et les servantes ou affranchies étaient un harem en puissance. Tout compte fait, on ne se mariait que pour deux raisons : pour s'enrichir en épousant une dot (le mariage était considéré comme moyen parfaitement honorable d'accroître ses revenus et le patrimoine de ses héritiers) et, surtout, parce que... c'était la coutume : il n'y a pas à chercher de raison plus fondée et plus fonctionnelle.

Fonder un foyer.

Seulement, petit à petit, la cité romaine, en la personne de ses chefs, les sénateurs — qui étaient aussi ses penseurs politiques autorisés —, n'a pas manqué de prêter à cette coutume une fonction rationnelle. Les citoyens avaient le devoir de se marier afin de procréer, en justes noces, des enfants qui, étant légitimes, perpétueraient le corps civique, ou ensemble des citoyens. On ne parlait pas natalisme, perpétuation de la race, future main-d'œuvre et future chair à canon, mais maintien du noyau de citoyens qui faisaient, en principe, durer la cité en exerçant le « métier de citoyen ».

En réalité, cette rationalisation du mariage était tellement fausse que l'un des sénateurs les plus pompeux, Pline le Jeune, ajoutait à l'occasion qu'il existait un deuxième moyen de fortifier le noyau civique : affranchir les esclaves méritants pour en faire des citoyens. Qu'on imagine, chez nous, un ministre de la Natalité qui naturaliserait les travailleurs immigrés...

Qu'il s'agisse de justes noces ou de concubinage légitime (si l'on ose dire), la monogamie règne exclusivement chez les hommes libres. Mais monogamie et couple ne sont pas du tout la même chose. Nous ne nous demanderons pas ici comment se déroulait réellement la vie quotidienne, mais comment la morale régnante, aux différentes époques, exigeait qu'un mari considère sa femme : comme une personne, son égale, ou comme une petite créature, éternelle mineure, qui n'avait d'autre importance que de personnifier l'institution ? La réponse est incluse dans la question posée plus haut : pourquoi épouser ? Est-ce qu'on trouve opportun de remplir un devoir civique parmi d'autres, dans une société de mâles régnants ? Ou est-ce pour « fonder un foyer » à deux, même si l'hypocrite réalité quotidienne doit démentir ce noble idéal ?

Finalement, quelles illusions un mari devait-il se faire sur sa conduite pour tenir le rang d'homme de bien ? Là, il est aisé de répondre : au Ier siècle avant notre ère, il doit se considérer comme un citoyen qui a rempli tous ses devoirs civiques ; au Ier siècle après, s'il veut vivre avec son temps, il doit se considérer comme un bon mari et respecter officiellement sa femme. En d'autres termes un moment est venu où l'on a intériorisé en une morale le mariage monogame. Pourquoi cette mutation ? Je n'en ai pas la moindre idée. Le seul fait patent est que la nouvelle morale du couple était prêchée d'abondance par le stoïcisme, la plus répandue de ces « sectes » de sagesse ou « philosophie » dont l'influence était aussi grande que, chez nous, celle des idéologies et de la religion. Malheureusement, nous ne savons pas si les militants du stoïcisme ont répandu une morale nouvelle, d'origine doctrinale, ou s'ils n'ont pas plutôt repris à leur compte, en l'ajustant à leurs théories, une morale ambiante naissante. Au reste, on pourra en dire autant des chrétiens. Ainsi, il y a eu plusieurs morales conjugales successives dans le stoïcisme, tout comme dans le christianisme antique ensuite.

Encore une précision indispensable : ce que nous allons raconter ne vaut que pour le vingtième ou le dixième seulement de la population libre, pour la classe riche, qui se voulait cultivée. La documentation ne permet pas de faire mieux. Dans les campagnes italiennes, les paysans libres, petits propriétaires ou métayers des riches, étaient bien mariés, mais on n'en sait pas davantage : civisme ou stoïcisme, ces options n'étaient pas pour eux.

Naissance...

La première morale disait : « Se marier est un des devoirs du citoyen. » La seconde : « Si l'on veut être un homme de bien, il ne faut faire l'amour que pour avoir des enfants ; l'état de mariage ne sert pas à des plaisirs vénériens. » La première morale ne met pas en question le bien-fondé du règlement : puisque seules les justes noces permettent réglementairement d'engendrer des citoyens, il faut obéir et se marier. La seconde, moins militariste, veut découvrir un bien-fondé aux institutions : puisque le mariage existe et que sa durée déborde largement le devoir d'enfantement, c'est qu'il doit avoir une autre raison d'être ; faisant vivre ensemble deux être raisonnables durant toute leur existence, il est donc une amitié, une affection durable entre deux personnes de bien.

Ce touchant mélange de bonne volonté et de conformisme a fait naître le mythe du couple. Dans la vieille morale civique, l'épouse n'était qu'un outil du citoyen de métier, chef de famille ; elle faisait des enfants et arrondissait le patrimoine. Dans la seconde morale, la femme est devenue « la compagne de toute une vie ». Il ne lui reste qu'à être raisonnable, c'est-à-dire, connaissant son infériorité naturelle, à obéir ; son époux la respectera comme un vrai chef respecte ses auxiliaires dévoués, c'est-à-dire ses amis inférieurs. Le couple est né en Occident.

La formulation de la morale nouvelle était : « Voici quel est le devoir d'un homme marié. » La morale civique disait, au contraire : « Se marier est un des devoirs du citoyen. » Vers 100 avant notre ère, un censeur déclare à l'assemblée des citoyens : « Le mariage est une source de tracas, nous le savons tous ; il n'en faut pas moins se marier, par civisme. » Le mariage n'allait pas sans dire, mais en le disant ; c'est ce qui a créé chez les Romains, puis chez leurs historiens, l'illusion d'une crise de la nuptialité, d'une diffusion du célibat (on connaît, avec l'actuel « problème de l'insécurité », ce que sont ces obsessions collectives, qu'aucune preuve statistique ne parvient à effacer), et l'empereur Auguste édictera des lois spéciales pour pousser les citoyens à se marier.

Le mariage était donc comme une option à prendre ou à rejeter. Il n'est pas la « fondation d'un foyer », l'axe d'une vie, mais une des nombreuses décisions dynastiques qu'un seigneur aura à prendre : entrer dans la carrière publique ou rester dans la vie privée afin de grossir le patrimoine, devenir un militaire ou un orateur, etc. L'épouse sera moins la compagne de ce seigneur que l'objet d'une de ses options. Elle sera même si bien un objet que deux seigneurs pourront se la repasser amicalement : Caton d'Utique, modèle de toutes les vertus, prêta sa femme à un ami et la réépousa plus tard, épongeant au passage un immense héritage ; un certain Néron « fiança » (c'était le mot consacré) son épouse Livie au futur empereur Auguste.

L'épouse n'est qu'un des éléments de la maisonnée, qui comprend également les fils, les affranchis, les clients et les esclaves. « Si ton esclave, ton affranchi, ta femme ou ton client osent te répliquer, tu te mets en colère », écrit Sénèque. Les seigneurs traitent les choses entre eux, de puissance à puissance, et si l'un d'eux a une décision grave à prendre, il réunit le « conseil de ses amis » plutôt que d'en discuter avec sa femme.

Toutefois l'épouse règne sur la domesticité servile. Tient-elle aussi les clés du coffre-fort ? Oui, si son maître et seigneur l'en juge digne, et elle en sera honorée. Maîtresse et servante à la fois, elle est tantôt une femme effacée, souffrant en silence des amours de son mari avec les jeunes esclaves des deux sexes ; tantôt une femme obéissante mais courageuse et fière de son extraction noble. Telle Colomba dans la nouvelle corse de Mérimée, elle sera capable de prendre en main la fortune et la survie du clan si les hommes font défaut. Le fait qu'elle a une dot et une fortune personnelle qui ne passe pas à son mari explique bien des choses.

Pas de cocus.

Mais enfin, la femme reste une subalterne et on présume qu'elle n'avait que les capacités de son rôle. C'est un grand enfant qu'on est obligé de ménager à cause de sa dot et de son noble père. Cicéron et ses correspondants cancanent sur les caprices de ces adolescentes à vie qui profitent par exemple de l'absence d'un mari, parti gouverner une lointaine province, pour divorcer de lui et se remarier. Ces enfantillages désarmants n'en ont pas moins des conséquences dans les relations politiques entre seigneurs.

Il va sans dire que le thème moliéresque du cocuage était inconnu ; s'il l'avait été, Caton, César et Pompée compteraient parmi les cocus illustres. Un mari est maître de sa femme comme de ses filles et de ses domestiques. Que sa femme soit infidèle n'est pas un ridicule, mais un malheur, ni plus ni moins que si sa fille se faisait engrosser ou qu'un de ses esclaves sorte du devoir. Si sa femme le trompe, on reprochera au mari, éventuellement en plein Sénat, d'avoir manqué de vigilance ou de fermeté, et d'avoir ainsi laissé fleurir l'adultère dans la cité. (De même, chez nous, on reproche à des parents d'être trop faibles et de gâter leurs enfants, qui glisseront dans la délinquance.)

Le mariage est donc un devoir civique et un arrangement domestique. Tout ce que la vieille morale exige, c'est l'exécution d'une tâche définie : avoir des enfants, faire marcher la maisonnée. Par conséquent, la moralité va comprendre deux plans : ce strict devoir et un plan facultatif, qui sera un mérite supplémentaire ou une chance, celui de former un couple uni. C'est ici que le couple va faire en Occident une première entrée, qui sera une fausse entrée. En effet, si on était heureux, à Rome, d'apprendre que deux époux s'entendaient bien — comme Philémon et Baucis selon la légende —, on savait bien qu'il n'en était pas partout de même, et on pouvait évoquer publiquement la mésentente dans un ménage, sans paraître dire du mal du prochain. La réalité du mariage ne se confondait pas avec la réussite du couple car le mariage n'était pas intériorisé par la morale en vie de couple.

L'amour conjugal était une chance et, tout comme en politique, la discorde était tenue pour plus prévisible que la concorde. Dans d'innombrables épitaphes, le mari parle de sa « très chère épouse », mais, dans d'autres, non moins nombreuses, il dit plutôt : « Mon épouse, qui ne m'a jamais donné de raison de me plaindre d'elle (*querela*). » Les historiens dressaient des listes de cas de couples unis jusqu'à la mort. N'empêche que lorsqu'on avait à faire ses compliments à un nouvel époux, on lui disait, comme Ovide : « Puisse ta femme égaler son mari en bonhomie inlassable ! Que rarement une scène de ménage trouble votre union ! » Par ces mots, Ovide, poète adroit et courtois, ne commettait pas de gaffe, ne mettait pas les gens dans l'embarras.

N'étant pas obligatoire, le mérite n'en est que plus grand de bien traiter sa femme, d'être « bon voisin, hôte aimable, doux envers son épouse et clément envers son esclave », écrit le moraliste Horace. L'idéal de la tendresse entre époux s'était toujours ajouté, depuis Homère, à la stricte obligation matrimoniale. Des bas-reliefs montrent le mari et la femme qui se donnent la main, et ce n'était pas là un symbole du mariage, quoi qu'on ait dit, mais bien de cette souhaitable concorde supplémentaire. Ovide exilé a laissé sa femme à

Rome, où elle administrera le patrimoine du poète et tentera d'obtenir sa grâce. Il lui écrit que deux choses les unissent : le « pacte marital », et « l'amour qui fait de nous deux associés ».

Le couple serait-il déjà venu à l'Occident ? Non : un mérite n'est pas un devoir. Nuance ! On exalte l'entente là où on la constate, on ne la pose pas comme une norme dont la réalisation est présupposée par l'institution.

Avec les stoïciens, en revanche, ce qui était un mérite supplémentaire deviendra un devoir strict. Résultat : tout le monde aura l'illusion de se conformer à ce devoir puisque nul n'est censé pouvoir s'y soustraire. Le symptôme qui permettra de reconnaître les partisans de la nouvelle morale sera un style édifiant et pompeux. Quand Sénèque ou Pline parleront de leur vie conjugale, ce sera sur un ton sentimental, vertueux, exemplaire. Conséquence pratique : désormais la place accordée théoriquement à l'épouse n'est plus la même. Dans l'ancienne morale, elle était classée parmi la domesticité sur laquelle elle avait un commandement par délégation maritale. Dans la nouvelle, elle est élevée au rang des amis, qui ont tant d'importance dans la vie sociale gréco-romaine. Pour Sénèque, le lien conjugal est tout à fait comparable au pacte d'amitié. Mais en est-il résulté beaucoup de conséquences pratiques ? J'en doute. Ce qui a dû changer, c'est le style dans lequel les maris adressaient la parole à leur femme et dans lequel on parlait des épouses : la politesse est là pour faire illusion.

Il en est, de cette vaste transformation morale, comme de toute l'histoire des idées : après un siècle de sociologie de la culture, les historiens sont de plus en plus nombreux à avouer qu'ils sont incapables d'expliquer les mutations culturelles et qu'ils n'ont pas la moindre idée de ce que pourrait être une explication causale en cette matière[1]. Constatons seulement que la cause n'en fut pas seulement le stoïcisme ; la nouvelle morale a eu aussi des champions chez des ennemis des stoïciens et chez les neutres.

Le philosophe platonicien Plutarque (45-125 ap. J.-C.) avait grand soin de se démarquer du stoïcisme, ce rival encore triomphant dont le nouveau platonisme était le *challenger*. Il n'en fait pas moins la théorie de l'amour conjugal, considéré comme une variété supérieure de l'amitié. Le sénateur Pline (62-vers 113), lui, n'appartenait à aucune secte : il avait choisi les lettres plutôt que la sagesse. Se considérant comme homme de bien et sénateur modèle, il tranche de toutes choses avec autorité ; pour lui, un remariage est louable, même si l'âge d'un des conjoints est tel que la procréation ne peut être le but, car la finalité du mariage est l'aide et l'amitié que les époux se portent mutuellement. Lui-même affecte d'avoir avec sa femme des relations distinguées et sentimentales, et de faire preuve du plus grand respect, d'une amitié profonde et de toutes les vertus. En lisant ces propos, le lecteur moderne doit faire un effort pour se souvenir que ladite épouse, mariée par convenance de carrière et de patrimoine, était une femme enfant, épousée si jeune que, la première fois qu'elle fut enceinte, elle fit une fausse couche.

Dupes, en effet, les stoïciens l'étaient puisque rien ne leur imposait de prêcher la soumission à la morale régnante, au contraire. Dans sa version première, le stoïcisme enseignait à l'individu de devenir l'égal mortel des dieux, autarcique et indifférent aux coups du sort, comme eux. Il ne devait se soumettre aux rôles sociaux que là où ils étaient compatibles avec l'aspiration à l'autarcie et avec la sympathie non moins naturelle qui pousse chaque homme à s'intéresser à ses semblables. Cela aboutissait plutôt à une critique des institutions politiques et familiales, et ce fut le cas primitivement. Mais le stoïcisme a été victime de son succès dans un milieu de lettrés riches et puissants, et il est devenu une version docte de la morale courante. Le temps est bien éloigné où les stoïciens spéculaient sur le désir de beauté et l'amour des garçons.

Outre ce conformisme volontariste qu'était devenu le stoïcisme, il y avait une affinité plus authentique entre lui et la nouvelle morale conjugale. Celle-ci ne prescrivait plus d'exécuter docilement un certain nombre de tâches conjugales, mais de vivre en couple idéal, dans un sentiment constamment éprouvé, qui suffirait à dicter des devoirs. Or le stoïcisme était une doctrine de l'autonomie morale, du pilotage de l'individu raisonnable par lui-même, pourvu qu'il prête une attention constante à tous les détails de la route de la vie.

D'où deux conséquences : le conformisme stoïcien va reprendre dans toute sa rigueur l'institution matrimoniale.

Il va même l'aggraver en exigeant des époux qu'ils contrôlent leur moindre geste et qu'avant de céder au désir ils fassent la preuve que ce désir est fondé en raison.

Maintien de l'institution ; l'adultère est un vol, enseigne Épictète, enlever la femme de son prochain est aussi indélicat que puiser à table dans la portion de porc servie à son voisin. Le mariage, dit Sénèque, est un échange d'obligations, inégales, peut-être, mais plutôt différentes, celle de la femme étant d'obéir. Au IIe siècle ap. J.-C., Marc Aurèle, empereur stoïcien, se félicite d'avoir trouvé en l'impératrice « une épouse si obéissante ». Puisque les conjoints sont tous deux des agents moraux et qu'un contrat est mutuel, l'adultère du mari sera considéré comme aussi grave que celui de la femme (contrairement à la vieille morale, qui jugeait les fautes, non d'après l'idéal moral, mais d'après la réalité civique, où le privilège des mâles était inscrit).

Aggravation de l'institution, on le voit. Puisque le mariage est une amitié, les époux ne doivent faire l'amour que pour avoir des enfants et ne pas trop se caresser ; il ne faut pas traiter sa femme comme une vulgaire maîtresse, assure Sénèque (que citera et approuvera saint Jérôme). Son neveu Lucain était du même avis. Il a écrit une épopée, qui est une espèce de roman historique réaliste, où il raconte à sa manière la guerre civile entre César et Pompée. Il montre Caton, modèle du stoïcien, faisant ses adieux à son épouse (celle-là même qu'on a vue prêtée momentanément à un ami), avant de partir pour la guerre. A la veille d'une pareille séparation, ils ne font pourtant pas l'amour. Lucain a soin de le préciser et d'en dire la signification doctrinale. Pompée lui-même, demi-grand homme, ne couche pas avec sa femme au moment de lui faire ses adieux ; et il n'est pas stoïcien. Finalement, il s'agit moins d'ascétisme que de rationalisme : la raison se demande : « Pourquoi faire ceci ? » ; il est contraire à sa nature planificatrice qu'elle se dise : « Après tout, pourquoi ne pas le faire ? » Le planisme stoïcien a donc une ressemblance trompeuse avec l'ascèse chrétienne.

Comme on le voit, on ne peut pas raisonner sommairement et opposer la morale du paganisme à la morale chrétienne. Les vraies coupures passent ailleurs : entre une morale des devoirs matrimoniaux et une morale intériorisée du couple.

Et cette dernière, née on ne sait comment, est commune au paganisme — à partir des années 100 de notre ère — et à la partie du christianisme sous influence stoïcienne. Affirmer, à juste titre, l'identité de la morale païenne tardive et de presque toute la morale chrétienne ne revient pas à confondre paganisme et christianisme, mais à les volatiliser l'un et l'autre. Il ne faut pas raisonner sur ces grosses machines de carton-pâte, mais les éventrer pour voir fonctionner, à l'intérieur, des mécanismes plus fins, qui ne concordent pas avec les découpages traditionnels.

Il y a plus : une morale ne se réduit pas à ce qu'elle ordonne de faire. Païens et chrétiens, à une certaine époque, ont dit : « Ne faites l'amour que pour avoir des enfants. » Mais cette proclamation n'a pas les mêmes conséquences selon qu'elle est faite par une doctrine de sagesse — qui donne à des individus libres des conseils qu'ils suivront s'ils sont convaincus — ou que la même proclamation est faite par une Église toute-puissante, qui entend régenter les consciences pour leur salut dans l'Au-delà et qui veut faire la loi à tous les hommes sans exception, convaincus ou non.

Note

1. Cf. P. Thuillier, « Le temps des astrologues », *L'Histoire*, n° 50, avril 1983.

Le refus du plaisir

Jacques Le Goff

« J'aime l'horreur d'être vierge. »
Mallarmé

Pour l'opinion commune, l'Antiquité tardive a marqué un tournant capital dans les conceptions et les pratiques de la sexualité en Occident. Après une période antique gréco-latine où la sexualité, le plaisir charnel sont des valeurs positives et où règne une grande liberté sexuelle, une condamnation générale de la sexualité et une stricte réglementation de son exercice se mettent en place. Le principal agent de ce renversement, c'est le christianisme.

Récemment, la thèse a été avancée — par Paul Veyne et Michel Foucault — que ce tournant existe bien mais qu'il est antérieur au christianisme. Il daterait du Haut-Empire romain (Ier-IIe siècles) ; et il existerait chez les Romains païens, bien avant la diffusion du christianisme, un « puritanisme de la virilité ».

Dans le domaine de la sexualité aussi, le christianisme est tributaire à la fois d'héritages et d'emprunts (juifs, gréco-latins, gnostiques) et de l'air du temps. Il se situe aussi dans ce vaste bouleversement des structures économiques, sociales et idéologiques des quatre premiers siècles de l'ère dite chrétienne où il apparaît à la fois — comme souvent en histoire — comme un produit et un moteur. Mais son rôle a été décisif.

Comme le dit Paul Veyne, le christianisme a donné une justification transcendante, fondée à la fois sur la théologie et le Livre (interprétation de la Genèse et du péché originel, enseignement de saint Paul et des Pères), — ce qui est très important. Mais il a aussi transformé une tendance minoritaire en comportement « normal » de la majorité, en tout cas dans les classes dominantes, aristocratiques et/ou urbaines, et fourni aux nouveaux comportements un encadrement conceptuel nouveau (vocabulaire, définitions, classifications, oppositions) et un contrôle social et idéologique rigoureux exercé par l'Église et le pouvoir laïc à son service. Il a offert enfin une société exemplaire réalisant sous sa forme idéale le nouveau modèle sexuel : le monachisme.

Aux raisons qui avaient pu pousser les Romains païens vers la chasteté, la limitation de la vie sexuelle au cadre conjugal, la condamnation de l'avortement, la réprobation à l'égard de la « passion amoureuse », le discrédit de la bisexualité, les chrétiens ajoutaient un motif nouveau et pressant, l'approche de la fin du monde qui exige la pureté. Saint Paul les avertit : « Je vous le dis, frères : le temps se fait court. Que désormais ceux qui ont femme vivent comme s'ils n'en avaient plus » (I, Corinthiens, 7, 29). Certains extrémistes de la pureté se châtrent même, comme Origène : « Et il y a aussi des eunuques qui se sont châtrés eux-mêmes à cause du Royaume des Cieux », avait déjà relevé Matthieu (19, 12).

La chair pécheresse.

Avec le christianisme, en effet, une première nouveauté est le lien entre la chair et le péché. Non que l'expression « péché de chair » soit fréquente au Moyen Age. Mais on voit à son propos le processus qui, tout au long du Moyen Age, par glissement de sens, fait servir l'autorité suprême, la Bible, à justifier la répression de la grande partie des pratiques sexuelles. Dans l'Évangile de Jean, la chair est rachetée par Jésus puisque « le verbe s'est fait chair » (1, 14) et que Jésus, à la dernière Cène, fait de sa chair le pain de la vie éternelle. « C'est ma chair pour la vie du monde [...]. Si vous ne mangez la chair du Fils de l'homme et ne buvez son sang vous n'aurez pas la vie en vous. Qui mange ma chair et boit mon sang a la vie éternelle » (Jean, 6, 51-54). Mais déjà Jean oppose l'esprit et la chair, et affirme : « C'est l'esprit qui vivifie, la chair ne sert de rien » (6, 63). Paul opère aussi un léger glissement : « Dieu, en envoyant son propre fils, avec une chair semblable à celle du péché et en vue du péché, a condamné le péché dans la chair [...] car le désir de la chair, c'est la mort, [...] car si vous vivez selon la chair vous mourrez » (Romains, 8, 3-13). Grégoire le Grand, au début du VIIe siècle, emploie sans ambiguïté l'expression : « Qu'est-ce que le soufre sinon l'aliment du feu ? Qu'est-ce qui nourrit donc le feu pour qu'il exhale une aussi forte puanteur ? Que voulons-nous donc dire par soufre, sinon le péché de chair ? » (Moralia, XIV, 19).

Mais le christianisme ancien parle plutôt d'une diversité de péchés de chair que d'un seul péché de chair. L'unification de la réprobation de la sexualité se fait autour de trois notions :

1. celle de fornication qui apparaît dans le Nouveau Testament et sera consacrée, surtout à partir de la fin du XIIIe siècle, par le sixième commandement de Dieu : « Tu ne forniqueras point », qui désignera tous les comportements sexuels illégitimes (y compris à l'intérieur du mariage) ;

2. celle de concupiscence, qu'on rencontre surtout chez les Pères et qui est à la source de la sexualité ;

3. celle de luxure qui, lorsque se construit le système des péchés capitaux du Ve au XIIe siècle, rassemble tous les péchés de chair.

L'héritage biblique n'avait pas muni la doctrine chrétienne d'un lourd bagage de répression sexuelle. L'Ancien Testament, souvent indulgent à cet égard, avait concentré la répression de la sexualité dans les interdits rituels énumérés par le Lévitique, 15 et 18. Les principaux portent sur l'inceste, la nudité, l'homosexualité et la sodomie, le coït pendant les règles de la femme. Le Haut-Moyen Age les reprend. L'Ecclésiastique est très antiféministe : « C'est par la femme que le péché a commencé et c'est à cause d'elle que tous nous mourons » (XXV, 24). En revanche, le Cantique des cantiques est un hymne à l'amour conjugal palpitant de fièvre amoureuse et même érotique. Mais le christianisme, dans une certaine tradition juive, s'est empressé de donner une interprétation allégorique du Cantique. L'union célébrée, après avoir été celle de Jahvé et d'Israël, fut celle de Dieu avec l'âme fidèle, du Christ avec l'Église. Quand, au XIIe siècle, siècle du retour d'Ovide et de la naissance de l'amour courtois, on se tournera vers le Cantique, le livre de l'Ancien Testament le plus commenté en ce siècle, l'Église, saint Bernard en tête, rappellera que seule en est valable une lecture allégorique et spirituelle.

Dans le Nouveau Testament, les Évangiles sont très discrets sur la sexualité. Ils font l'éloge du mariage, pourvu qu'il soit monogamique et indissoluble. D'où la condamnation de l'adultère (Matthieu, 5, 23) et du divorce assimilé à l'adultère (Matthieu, 19, 2-12 ; Marc, 10, 2-12 ; Luc, 16, 18). Mais Marie reste vierge dans le mariage et le Christ demeure célibataire. Ces « modèles » figureront dans le dossier anti-matrimonial du Moyen Age, encore que celui-ci soit surtout riche de textes pauliniens. Certes, la chair n'est pas assimilée par saint Paul à l'activité sexuelle pécheresse, elle ne désigne au fond, comme dans l'Évangile de Jean, que la nature humaine. Mais Paul insiste sur l'opposition entre chair et esprit, voit dans la chair la source principale du péché et n'accepte le mariage que comme un pis-aller qu'il vaut mieux éviter : « Il est bon pour l'homme de s'abstenir de la femme [on notera l'antiféminisme], mais à cause de la fornication, que chaque homme ait sa femme et chaque femme son mari. Que le mari s'acquitte de son devoir envers sa femme et pareillement la femme envers son mari [...] Je dis toutefois aux célibataires et aux veuves qu'il leur est bon de demeurer comme moi. Mais s'ils ne peuvent se contenir, qu'ils se marient : mieux vaut se marier que brûler (*melius est enim nubere quam uri*) [...] Ainsi celui qui se marie avec sa fiancée fait bien mais celui qui ne se marie pas fait mieux encore » (I Corinthiens, 7). Car la chair conduit à la mort éternelle : « Je vous préviens... que ceux qui commettent les œuvres de la chair n'héritent pas du Royaume de Dieu » (Galates, 5, 21).

En fait, pour Paul cet appel à la virginité et à la continence est fondé sur le respect du corps humain, « tabernacle du Saint-Esprit ». La diabolisation, au Moyen Age, de la chair et du corps, assimilés à un lieu de débauche, au centre de production du péché, enlèvera au contraire toute dignité au corps.

Le péché originel et le sexe.

Saint Paul esquisse ainsi un schéma qui deviendra capital pour décrire l'ensemble de la société selon une hiérarchie définie par rapport à la sexualité. Interprétant sans aucune légitimité la parabole du semeur (Matthieu, 13, 8 et 23 ; Marc, 4, 8 et 20) dont la graine, selon la qualité de la terre qui la reçoit, produit trente, soixante ou cent, l'Église classera la valeur et la fécondité des hommes et des femmes selon qu'ils sont vierges (*virgines* produisant cent), continents telles les veuves (*continentes,* soixante) ou mariés (*coniugati,* trente). Saint Ambroise exprime dès le IVe siècle cette hiérarchie : « Il y a trois formes de chasteté : le mariage, le veuvage, la virginité » (Sur les veuves, 4, 23).

Entre les temps évangéliques et le triomphe du christianisme au IVe siècle, deux séries d'événements assurent le succès de la nouvelle éthique sexuelle : dans l'ordre théorique, la diffusion des nouveaux concepts : chair, fornication, concupiscence et la sexualisation du péché originel ; dans la pratique, l'apparition d'un statut de vierges chez les chrétiens et la réalisation de l'idéal de chasteté dans le monachisme du désert.

Pour la chair, l'essentiel est le durcissement de l'opposition chair/esprit, le glissement du sens de *caro,* humanité assumée par le Christ dans l'Incarnation, à celui de chair faible, corruptible, et celui de charnel à celui de sexuel. La désignation par *caro* de la nature humaine dérape aussi vers la sexualisation de cette nature et introduit, selon la même évolution suivie par l'éthique païenne, la notion de péché contre nature qui va se dilater au Moyen Age avec l'extension du concept de sodomie (homosexualité, sodomisation de la femme, coït par-derrière ou la femme se tenant au-dessus de l'homme seront ainsi proscrits).

La fornication est condamnée dans la Bible, notamment dans le Nouveau Testament (Paul, I Corinthiens, 6, 19-20). Plus tard, l'expérience du monachisme amène à en distinguer trois formes : union sexuelle illicite ; masturbation ; érections et éjaculations involontaires (Jean Cassien, Collations, XII, 3). C'est saint Augustin qui donne son statut à la concupiscence, désir sexuel. Mais le mot, au pluriel, est déjà chez saint Paul : « Que le péché ne règne pas dans votre corps mortel pour que vous n'obéissiez pas à ses concupiscences » (*Romains,* 6, 12).

Plus importante est la longue évolution qui conduira à assimiler le péché originel au péché de chair. Dans la Genèse, le péché originel est un péché de l'esprit qui consiste à concevoir l'appétit de connaître et à désobéir à Dieu (*cf.* Jean Bottéro, p. 145). Dans les Évangiles il n'y a aucune déclaration du Christ sur le péché originel. Clément d'Alexandrie (v. 150-215) est le premier à avoir rapproché le péché originel de l'acte sexuel. Certes, d'après la Genèse, les principales conséquences du péché originel étaient la perte de la familiarité divine, la concuspiscence, la souffrance (dans le travail pour l'homme, dans l'enfantement pour la femme), la mort. Mais c'est Augustin qui lia définitivement péché originel et sexualité par l'intermédiaire de la concupiscence. A trois reprises, entre 395 et 430, il affirme que la concupiscence transmet le péché originel. Depuis les enfants d'Adam et d'Ève, le péché originel est légué à l'homme par l'acte sexuel. Cette conception deviendra générale au XIIe siècle, sauf chez Abélard et ses disciples. Dans la vulgarisation opérée par la plupart des prédicateurs, des confesseurs et des auteurs de traités moraux, le glissement ira jusqu'à l'assimilation du péché originel au péché sexuel. L'humanité a été engendrée dans la faute qui accompagne tout accouplement à cause de la concupiscence qui s'y manifeste forcément.

Cependant, un vaste mouvement — à la fois théorique et pratique — s'était développé pour le respect de la virginité. Tertullien (début du IIIe siècle) et Cyprien inaugurent une série d'ouvrages qui, à partir de Méthode d'Olympe (deuxième moitié du IIIe siècle), sont de vrais traités sur la virginité. Les vierges consacrées vivent à part dans des maisons particulières, au sein d'une communauté. En fait, elles étaient considérées comme des épouses du Christ. Aline Rousselle a judicieusement fait remarquer que le grand mouvement d'ascétisme chrétien commence par les femmes vouées à la virginité et ne s'adresse qu'à partir de la fin du IIIe siècle aux hommes simplement voués à la continence.

C'est le grand mouvement de fuite au désert, recherche de la pureté sexuelle plus que de la solitude. Il se marque souvent au début par des échecs, notamment par des pratiques homosexuelles avec les jeunes garçons qui ont suivi un parent ou un maître au désert. Il sera longtemps accompagné par les lieux communs des tentations sexuelles de l'imaginaire (les tentations de saint Antoine). Victoire sur la sexualité, victoire sur l'alimentation. Depuis les premiers Pères du désert tout au long du Moyen Age, la lutte contre la concupiscence du manger, du boire, la victoire sur la surabondance alimentaire (*crapula, gastrimargia*) et sur l'ébriété accompagneront presque toujours la lutte contre la concupiscence sexuelle. Quand se formera, au sein du monachisme du ve siècle, une liste de péchés capitaux ou mortels, la luxure et la gourmandise (*luxuria* et *gula*) seront très souvent accouplées. La luxure naît bien des fois de l'excès de nourriture et de boisson... Selon Aline Rousselle, cette double lutte conduira l'homme à l'impuissance et la femme à la frigidité, point d'aboutissement, succès ultime de l'exercice ascétique.

La conversion d'Augustin.

Cette nouvelle éthique sexuelle n'est en définitive que la forme la plus spectaculaire, la plus répandue d'un thème stoïcien que le christianisme a repris pour le faire peser sur l'Occident « pendant dix-huit siècles » (J.-L. Flandrin) : le refus du plaisir. C'est l'ère du grand refoulement, dont nous n'avons pas fini de payer les conséquences car la thèse de Max Weber, selon qui la contrainte sexuelle serait à l'origine de l'essor de l'Occident, est infirmée par toute enquête historique sérieuse.

Comment le nouvel idéal s'impose aux convertis de l'Antiquité tardive, nul n'en est meilleur témoin qu'Augustin dans les *Confessions*. Il confie d'abord que la femme, et plus particulièrement celle avec laquelle il vivait, avait été le dernier obstacle à sa conversion. Sa mère Monique avait toujours lié la conversion tant souhaitée de son fils à l'abandon de sa vie sexuelle. Puis deux grands développements sont consacrés aux problèmes de la chair. Le plus intéressant se trouve au livre VIII. On y voit Augustin, non encore converti, prendre en haine la chair comme lieu de l'habitude, de l'abandon au désir. « La loi de péché, c'est la violence de l'habitude qui entraîne et qui tient l'âme. » Habitude qui a son siège dans le corps, « la loi de péché qui était dans mes membres » (VIII, v, 12). Ainsi la répression des élans sexuels n'est qu'une forme de ce volontarisme qui caractérise l'homme nouveau, païen puis chrétien. Ce sera au Moyen Age, dans une société de guerriers, la forme la plus haute de la prouesse.

Puis c'est l'aspiration à la chasteté, désirée mais encore redoutée au temps de l'adolescence : « Donnez-moi la chasteté, la continence, mais ne me la donnez pas tout de suite » (VIII, VII, 17). Puis la partie est presque gagnée : « Du côté où je tournais mon front et où je redoutais de passer, se dévoilait la dignité chaste de la continence sereine, souriante sans rien de lascif, elle m'invitait avec des manières pleines de noblesse à approcher sans hésitation [...] Et de nouveau elle me parlait [...] "Sois sourd aux tentations impures de ta propre chair sur cette terre..." » (VIII, XI, 27). Enfin, quand il entend la voix lui dire « Prends, lis ! » et qu'il ouvre le livre de l'Apôtre, ce qu'il lit c'est : « Ne vivez pas dans les festins, dans les excès de vin, ni dans les voluptés impudiques, ni dans les querelles et les jalousies ; mais revêtez-vous de Notre Seigneur Jésus-Christ et ne cherchez pas à contenter la chair dans ses convoitises » (VIII, VII, 29). Et l'épisode de la conversion se termine par la joie de Monique, « bien plus chère et plus pure encore que celle qu'elle attendait de petits enfants nés de ma chair ! » (VIII, XII, 29).

La plus grande victime de la nouvelle éthique sexuelle, c'est en définitive le mariage. Car, tout moindre mal qu'il fût, il était, malgré tout, toujours marqué par le péché, par la concupiscence qui accompagnait l'acte sexuel. Saint Jérôme, contemporain de saint Augustin, auteur d'une violente attaque contre le mariage dans l'*Adversus Jovinianum* (qui connaîtra beaucoup de succès au XIIe siècle où il servira même à justifier l'amour courtois extra-conjugal), reprend un texte de Sextus Empiricus, philosophe de deux siècles antérieur, disant : « Adultère est aussi l'amoureux trop ardent de sa femme. » Grégoire le Grand (590-604), dans sa lettre à saint Augustin de Cantorbéry, parle de la souillure du plaisir conjugal : la sexualité conjugale peut donc se transformer en fornication. Dans la première moitié du XIIe siècle, le grand théologien parisien Hugues de Saint-Victor dira encore : « L'accouplement des parents ne se faisant pas sans désir charnel [libido], la conception des enfants ne se fait pas sans péché. » L'état de marié, comme celui de marchand, est un de ceux dans lesquels, au Moyen Age, il est difficile de plaire à Dieu.

Le Moyen Age (faut-il voir là un signe de « barbarisation » ?) objective de plus en plus les péchés de la chair, les enferme dans un réseau de plus en plus serré de définitions, d'interdits et de sanctions. Pour la correction des péchés, des hommes d'Église (souvent des moines irlandais, les extrémistes de l'ascétisme) rédigent des *pénitentiels,* listes de péchés et de pénitences, où l'on retrouve l'esprit des codes barbares. Les péchés de chair y tiennent une place exorbitante, à l'image des idéaux et des fantasmes des militants monastiques. Mépris du monde, humiliation de la chair, le modèle monastique a décidément pesé lourd sur les mœurs et mentalités de l'Occident. Le modèle bénédictin de monachisme équilibré n'éliminera pas complètement l'esprit et les pratiques du désert, désert forestier ou insulaire de l'Occident.

Le refus du plaisir.

Voici, héritier de cette tradition et des interdits du Lévitique, le texte de Burchard de Worms, canoniste allemand du XIe siècle, dont le *Décret* eut un grand retentissement, à propos de « l'abus de mariage » :

« Avec ton épouse ou avec une autre, t'es-tu accouplé par-derrière, à la manière des chiens ? Si tu l'as fait, tu feras pénitence dix jours au pain et à l'eau.

« T'es-tu uni à ton épouse au temps de ses règles ? Si tu l'as fait, tu feras pénitence dix jours au pain et à l'eau. Si ta femme est entrée à l'église après l'accouchement avant d'avoir été purifiée de son sang, elle fera pénitence autant de jours qu'elle aurait dû se tenir encore éloignée de l'église. Et si tu t'es accouplé avec elle ces jours-là, tu feras pénitence au pain et à l'eau pendant vingt jours.

« T'es-tu accouplé avec ton épouse après que l'enfant a remué dans l'utérus ? ou du moins quarante jours avant l'accouchement ? Si tu l'as fait, tu feras pénitence vingt jours au pain et à l'eau.

« T'es-tu accouplé avec ton épouse après qu'une conception fut manifeste ? Tu feras pénitence dix jours au pain et à l'eau.

« T'es-tu accouplé avec ton épouse le jour du Seigneur ? Tu dois faire pénitence quatre jours au pain et à l'eau.

« T'es-tu souillé avec ton épouse en Carême ? Tu dois faire pénitence quarante jours au pain et à l'eau, ou donner vingt-six sous en aumône. Si c'est arrivé pendant que tu étais ivre, tu feras pénitence vingt jours au pain et à l'eau. Tu dois conserver la chasteté vingt jours avant Noël, et tous les dimanches, et pendant tous les jeûnes fixés par la loi, et pour la nativité des apôtres, et pendant les fêtes principales, et dans les lieux publics. Si tu ne l'as pas conservée, tu feras pénitence quarante jours au pain et à l'eau [1]. »

Ce contrôle de la vie sexuelle des couples mariés a pesé sur la vie quotidienne de la majorité des hommes et des femmes, et soumis la sexualité à un rythme aux conséquences multiples (sur la démographie, sur les rapports entre les sexes, sur les mentalités), selon un calendrier parfaitement « contre nature », que Jean-Louis Flandrin a minutieusement analysé. Au VIIIe siècle, les interdits auraient amené les « couples dévots » à ne s'unir que 91 à 93 jours par an, sans compter les périodes d'impureté de la femme (règles, grossesse, période *post partum*). J.-L. Flandrin croit plus plausible la continence pendant les seuls week-ends, ce qui aurait amené le temps libre de la sexualité conjugale à 184 ou 185 jours par an. Il repère aussi un réaménagement progressif du temps de continence. Le total des interdits reste à peu près le même, mais la répartition change : aux longues périodes des trois carêmes annuels (Noël, Pâques, Pentecôte) succède une fragmentation de petites époques de jeûne, d'abstinence et de continence.

L'amour donne la lèpre aux vilains.

Des prescriptions à la pratique, le fossé, sans aucun doute, a été grand. La façon dont le confesseur de Saint Louis insiste — comme preuve de sainteté — sur le parfait respect (et même l'exagération) par Louis IX de la continence conjugale montre que ce respect était rare. Mais J.-L. Flandrin pense que les prescriptions de l'Église ont rencontré certaines tendances profondes de la culture et de la mentalité des masses : notion de temps sacré, attesté par les calendriers paysans, sens de l'impureté, respect des interdits. Il y aurait donc eu convergence entre l'éthique savante et la culture « populaire ». Pourtant on voit aussi dans le domaine du sexe surgir — du moins aux yeux de l'Église féodale — le clivage social et culturel entre clercs et laïques (noblesse comprise) d'une part, entre les deux ordres des clercs et des chevaliers et celui des travailleurs — surtout paysans — de l'autre. Il se manifeste dans l'explication le plus souvent donnée au Moyen Age pour justifier la lèpre. L'origine peccamineuse des lépreux a en effet été liée par certains théologiens du Moyen Age à la conception d'un comportement sexuel différent chez les catégories dominantes de la société et chez les couches dominées. Y a-t-il eu une sexualité des « élites » et une sexualité des rustres ? En tout cas, le mépris pour le vilain a trouvé aussi dans le sexe un aliment. Dès la première moitié du VIe siècle, dans un sermon, l'évêque Césaire d'Arles informe son auditoire. Les époux incontinents auront des enfants « lépreux ou épileptiques, ou peut-être même démoniaques ». « Bref, tous ceux qui sont lépreux naissent d'ordinaire non pas des hommes savants qui conservent leur chasteté dans les jours contraires et les festivités, mais surtout des rustres qui ne savent se contenir. »

Voici donc deux croyances qui vont traverser le Moyen Age. D'abord la maladie obsessionnelle et culpabilisante, la maladie-hantise dont la peste prendra le relais au milieu du XIVe siècle, la lèpre, reçoit son origine dans la sexualité coupable — y compris celle des époux, surtout, peut-être, celle des époux — et la macule de la fornication commise dans la chair ressort à la surface du corps. Et comme la chair transmet le péché originel, les enfants paient la faute des parents. Ensuite, il y a cette fixation de l'excès de dévergondage sexuel dans le monde des « illettrés », des pauvres, des paysans. Ce n'est pas un hasard si le servage exprime les conséquences du péché originel dans la société chrétienne médiévale. Esclaves plus que tous autres de la chair, les serfs méritent d'être aussi les esclaves des seigneurs. Dans cette déformation de l'idéal de volontarisme, de résistance, de lutte spirituelle de l'Antiquité tardive, la partie dominée de la société est présentée comme celle des faibles, des abouliques, sans raison, mais aussi sans volonté. Dans ce monde de guerriers, les vilains sont des quasi-animaux, jouets du désir mauvais.

Le sexe gibier d'enfer.

Cette nouvelle éthique sexuelle s'est imposée à l'Occident pour des siècles. Seulement troublée par l'introduction de l'amour-passion dans les relations sexuelles et dans le mariage, elle ne commence à changer lentement qu'à notre époque. Elle a régné pendant tout le Moyen Age, mais elle n'a pas été immobile. Dans le grand essor de l'Occident du Xe au XIVe siècle, elle a été marquée, me semble-t-il, par trois grands événements : la réforme grégorienne et le partage sexuel entre clercs et laïcs, le triomphe d'un modèle monogamique indissoluble et exogamique dans le mariage, l'unification conceptuelle des péchés de la chair au sein du péché de luxure (*luxuria*), dans le cadre du septénaire des péchés capitaux.

Ce qu'on appelle la réforme grégorienne a été un grand *aggiornamento* de la société médiévale, conduite par l'Église et commençant par elle, des alentours de 1050 à 1215 (quatrième concile du Latran). Elle institue d'abord l'indépendance de l'Église par rapport aux laïcs. Quelle meilleure barrière instituer entre clercs et laïcs que celle de la sexualité ? A ceux-ci le mariage, aux premiers la virginité, le célibat et la continence. Un mur sépare la pureté de l'impureté. Les liquides impurs sont bannis d'un côté (les clercs ne doivent répandre ni sperme ni sang, et ne pas transmettre le péché originel en procréant), simplement canalisés de l'autre. L'Église devient une société de célibataires. En revanche, elle enferme la société laïque dans le mariage. Comme l'a bien montré Georges Duby, l'Église au XIIe siècle fait triompher son modèle matrimonial, celui de l'Évangile, monogamique, indissoluble.

Ce modèle, l'Église l'étend à l'ensemble des laïcs. Dans les manuels de confesseurs qui remplacent les vieux pénitentiels au XIIIe siècle et qui expriment la nouvelle conception du péché et de la confession fondée sur la recherche de l'intention du pécheur, les péchés matrimoniaux apparaissent en général dans un traité spécial *Sur le mariage*. Si la casuistique affine le champ théorique et pratique du mariage, celui-ci reste en gros exclu du processus de diversification et de relative adaptation de la vie religieuse à l'évolution générale de la société. Cela s'explique. Comme le montre Michel Sot (*cf.* « La genèse du mariage chrétien », p. 193), le mariage chrétien est un fait nouveau au XIIIe siècle.

Mais la répression sexuelle ne touche pas que le mariage. J. Boswell a montré que l'Église, jusqu'au XIIe siècle, avait manifesté, dans la pratique au moins, une assez grande indulgence à l'égard de l'homosexualité. Une *gay culture* avait même pu s'épanouir à l'ombre de l'Église et souvent en son sein. Désormais l'indulgence est en règle générale finie. On lutte contre la sodomie, rapprochée de l'hérésie dans un amalgame redoutable. Ainsi les pécheurs sexuels font partie du monde des réprouvés, dans cette grande opération d'exclusion du XIIIe siècle. Les réprouvés sexuels bénéficient même difficilement et rarement du nouvel au-delà qui crée un espace et un temps supplémentaires de purification dans l'Autre Monde : le Purgatoire. Le sexe reste gibier d'Enfer.

Enfin, le système des sept péchés capitaux instaure cette unification longtemps irréalisée des péchés de chair : le péché de chair a un nom générique : la luxure. Certes, la luxure est rarement en tête de la liste des péchés mortels, contrairement à l'orgueil (*superbia*) et à la cupidité (*avaritia*) qui se disputent cette première place. Mais elle a une autre suprématie. Dans le lieu commun des *filles du Diable,* ces personnifications des péchés que Satan marie aux hommes en accouplant chacune d'elles à une catégorie sociale, la luxure reste une prostituée que Satan « offre à tous ». Peut-être pourra-t-elle bénéficier de la tolérance que l'Église et les autorités publiques, surtout urbaines, offrent désormais aux prostituées. Le carcan matrimonial appelle la diffusion du bordel et le succès des étuves. Le péché de chair a son territoire sur la terre comme en enfer. L'exhibition au tympan de Moissac de la luxure — une femme nue, dont les serpents mordent les seins et le sexe — va hanter pour longtemps l'imaginaire sexuel de l'Occident.

Note

1. Tiré de J.-L. Flandrin, *Un temps pour embrasser...*, Paris, Le Seuil, 1983, p. 8-9.

Orientation bibliographique

Ariès Ph., « Saint Paul et la chair », *Communications,* n° spécial sur *Sexualités occidentales,* n° 35, 1982, p. 34-36.

Boswell J., *Christianisme, Tolérance sociale et Homosexualité. Les homosexuels en Europe occidentale des débuts de l'ère chrétienne au XIVe siècle,* trad. fr., Paris, Gallimard, 1985.

Brown P., *The Body and Society. Men, Women and Sexual Renunciation in Early Christianity,* New York, Columbia University Press, 1988.

Brundage J.A., *Law, Sex and Christianity in Medieval Europe,* Chicago University Press, 1987.

Bugge J., *Virginitas : an Essay in the History of a Medieval Ideal,* La Haye, Martinus Nijhoff, 1975.

Chiovaro F., « XI-XIIIe siècles. Le mariage chrétien en Occident », *Histoire vécue du peuple chrétien,* éd. J. Delumeau, Toulouse, Privat, 1979, t. I, p. 225-255.

Duby G., *Le Chevalier, la Femme et le Prêtre. Le mariage dans la France féodale,* Paris, Hachette, 1981 (en livre de poche dans la collection « Pluriel »).

Flandrin J.-L., *Le Sexe et l'Occident. Évolution des attitudes et des comportements,* Paris, Le Seuil, 1981. *Un temps pour embrasser. Aux origines de la morale sexuelle occidentale (VI-XIe siècle),* Paris, Le Seuil, 1983.

Foucault M., « Le combat de la chasteté », *Communications,* numéro spécial sur *Sexualités occidentales,* n° 35, 1982, p. 15-33.

Jacquart D. et Thomasset Cl., *Sexualité et Savoir médical au Moyen Age,* Paris, PUF, 1985.

Noonan J.T., *Contraception et Mariage. Évolution ou contradiction dans la pensée chrétienne ?,* trad. fr., Paris, Cerf, 1969.

Rousselle A., *Porneia. De la maîtrise du corps à la privation sensorielle (IIe-IVe siècles de l'ère chrétienne)*, Paris, PUF, 1983.

Veyne P., « La famille et l'amour sous le Haut-Empire romain », *Annales ESC,* 1978, p. 35-63.

La genèse du mariage chrétien

Michel Sot

Le mariage chrétien n'est pas aussi ancien que le christianisme. C'est en fait une invention médiévale, et se faire unir par un prêtre n'est devenu pratique courante qu'au XIIIe siècle. Pendant plus d'un millénaire, pour un très grand nombre de chrétiens, il n'est pas allé de soi que le mariage dût être monogame, indissoluble et fondé sur le consentement réciproque de deux individus.

La doctrine de l'Église en la matière ne s'est élaborée que progressivement, et elle ne s'est pas imposée sans conflits. Mais c'est pourtant l'Église, seule institution partout présente dans l'Occident médiéval, qui est parvenue à unifier des coutumes fort différentes qu'elle a intégrées dans son modèle de mariage.

Comment et pourquoi ce mariage chrétien est-il devenu la norme qui nous est restée familière ? Il n'est pas facile de le dire. La plus grande partie de notre documentation émane de l'Église elle-même et son étude a longtemps été le fait des seuls théologiens et juristes spécialistes du droit canon (droit religieux). Stimulée par les questions des anthropologues, la recherche historique en ce domaine s'est renouvelée depuis quelques années, se fondant en particulier sur la littérature généalogique, savamment exploitée en France par Georges Duby. On peut désormais tenter d'établir la délicate liaison entre la doctrine des théologiens, les rites célébrés par les prêtres, et le comportement des fidèles.

Mariage et virginité.

« Les noces peuplent la terre ; la virginité le paradis. » Cette phrase de saint Jérôme, souvent rappelée au Moyen Age, pose le problème capital de la valeur comparée du mariage et de la virginité. Dans l'Ancien Testament, les deux récits de la Création s'achèvent sur des scènes fondant l'institution du mariage. Dieu crée à l'homme une compagne « chair de sa chair et os de ses os » pour qu'ils fassent une seule chair, qu'ils croissent et se multiplient. Le Nouveau Testament au contraire semble privilégier le célibat. Des hommes se feront « eunuques volontaires », dit Matthieu, et Paul insiste sur la supériorité de la virginité qui anticipe la parousie : en s'attachant au Seigneur pour ne plaire qu'à lui seul, le fidèle atteste que le monde présent, dont fait partie le mariage, s'achemine vers sa fin. Plus encore que dans les mots, la chasteté est glorifiée dans les faits par le célibat exemplaire du Christ et la virginité de Marie.

Appuyée sur ces textes, la réflexion des Pères de l'Église tient un difficile équilibre. Ils dénoncent comme hérétiques ceux qui condamnent le mariage. Mais ils le subordonnent eux-mêmes tellement à la virginité qu'ils ont souvent été lus, du Moyen Age à nos jours, comme contempteurs du mariage. Saint Augustin, le plus grand des Pères occidentaux, donne pourtant une définition positive du mariage : il est un bien puisqu'il a été institué par Dieu dès l'origine du monde, puis élevé par Jésus au rôle sublime de représenter sa propre union avec l'Église.

Mais la difficulté fondamentale est celle de la place de la sexualité dans le mariage. Nécessaire à la procréation, l'acte conjugal est un bien ; il est cependant toujours entaché de concupiscence (recherche de la jouissance), qui, elle, est un mal. Les époux doivent donc s'affranchir de cette dernière et il y a une chasteté pour les époux, comme il y a une chasteté pour les continents. Reste que « la chasteté de la continence est meilleure que la chasteté des noces, bien que les deux soient des biens ».

La sexualité apparaît ainsi toujours du côté de la souillure, antagoniste du sacré. Jérôme imposait aux époux quelques jours de continence avant la communion et Grégoire le Grand pense que l'homme qui a eu commerce avec sa femme doit s'abstenir quelque temps d'entrer dans l'église par respect pour le saint lieu. De cette attitude à la fois positive et réticente à l'égard du mariage et de la sexualité témoigne le plus ancien et le plus durable des rites du mariage chrétien en Gaule. Dès le VIe siècle, on bénit le couple à la porte ou dans la chambre nuptiale, voire, comme le précisera un missel parisien du XVe siècle, « Seans et gesans (assis et couchés) en leur lit ». Cependant, cette bénédiction était parfois précédée d'un rite de purification par aspersion de sel et certains rituels interdisent aux époux de s'unir charnellement avant trois, et même trente jours. Liturgie qui reflète la doctrine : la sexualité dans le mariage est bénie, mais elle appelle une purification.

Pourtant, au long des dix premiers siècles de l'histoire du christianisme, la bénédiction nuptiale, pourtant connue à Rome dès le Ve siècle, n'a jamais été considérée comme une obligation pour les chrétiens. Pour tous, le mariage est d'abord un engagement civil et, comme tel, il relève des différentes traditions juridiques qui se partagent l'Occident. Pour le droit romain, qui sera repris par les canonistes du XIIe siècle, *consensus facit nuptias* : c'est le consentement des deux parties qui fonde le mariage. En droit germanique, on distinguait au moins deux types de mariages : celui que nous avons tendance à appeler « le vrai mariage », l'époux recevant du père, ou de la famille, la tutelle de sa femme. Dans ce cas, il y avait en quelque sorte « achat en mariage » : le mari rétribuait le transfert de tutelle par la remise d'un douaire. Cela devait se faire publiquement et selon un cérémonial précis. Mais, à côté de ce vrai mariage, existait un autre type d'union, lui aussi reconnu en droit, qui ne donnait pas lieu à transfert de tutelle ; le mari n'assignait pas de douaire à cette épouse de second rang. Il pouvait donc s'en séparer facilement.

Du IXe au XIIe siècle, le lieu stratégique de discussion, de conflit entre les doctrines et entre doctrines et pratiques, est le principe d'indissolubilité du lien conjugal, et donc la question même de la formation de ce lien. Le consentement (de qui ?) fait-il le mariage ? Un rituel est-il nécessaire pour cela ? Quelle place occupe l'union sexuelle dans la formation du mariage ?

Quand l'Empire carolingien se disloque, dès les années 820-830, l'Église réformée et réorganisée par Charlemagne affirme son autorité en Occident. L'épiscopat se pose en héritier de la charge impériale. L'Empire étant défaillant, c'est à l'Église qu'il appartient de remplir sa mission : assurer la paix et conduire le peuple au salut. C'est dans cette perspective que les grands prélats, tels que l'archevêque de Reims Hincmar (845-882), interviennent dans les affaires matrimoniales : il s'agit pour eux de faire respecter les coutumes traditionnelles du mariage et d'éviter les querelles entre familles, sources de désordres. C'est donc d'abord en tant que juge que le prêtre intervient. Il vérifie en particulier qu'il n'y a pas eu rapt de la jeune fille (ce qui serait une atteinte aux droits de sa famille) et qu'il n'y a pas, entre les époux, d'empêchement de consanguinité. Il bénit aussi les époux et prie avec eux. Du coup, un droit et des gestes jusque-là civils deviennent ecclésiastiques. Le droit matrimonial est désormais de la compétence de l'Église. Elle entend légiférer et juger seule en la matière, ce qui n'ira pas sans difficulté.

La réforme grégorienne, reprise sous certains aspects des projets des prélats carolingiens, établit définitivement, dans la deuxième moitié du XIe siècle, l'Église comme monarchie centralisée autour du pape de Rome. Or, en Italie, le droit romain, qui s'était transmis tant bien que mal depuis l'Antiquité, connaît une brillante renaissance dont Bologne est le centre à partir des années 1090. Comme il a été dit plus haut, pour le droit romain, *consensus facit nuptias*. Le problème central désormais est de savoir quel rapport existe entre le *consensus*, d'une part, et l'union des corps, d'autre part. Pour le grand canoniste Gratien, qui donne son *Décret* au milieu du XIIe siècle, le *consensus* n'est pas séparé de l'union sexuelle qui seule parachève le mariage.

Ce sera finalement la doctrine reçue. Pourtant, dans le fécond bouillonnement théologique du XIIe siècle, on a hésité. Hugues de Saint-Victor (mort en 1141) donne le premier grand exposé de théologie du mariage : « Le consentement spontané et légitime par lequel l'homme et la femme se constituent débiteurs l'un de l'autre : voilà ce qui fait le mariage. » Il s'agit ici du consentement des individus, ce qui va à l'encontre de toute la tradition et de la pratique sociale, nous le verrons. Mais dans le consentement, le théologien distingue nettement l'accord de charité, seul nécessaire au mariage, de l'accord charnel : ce dernier peut cesser, le premier demeure.

Pourtant cette spiritualisation de l'amour conjugal, « sacrement de l'amour spirituel entre Dieu et l'âme », dit encore Hugues de Saint-Victor, ne signifie pas forcément désincarnation de l'amour conjugal. Une étude récente de Jean Leclercq sur les sermons de Bernard de Clairvaux montre que l'union charnelle est pleinement reconnue comme métaphore de l'amour de Dieu. La spiritualité a sauvé le corps que la théologie allait éliminer. Quand, dans ses *Sentences* (vers 1150), Pierre Lombard inscrit définitivement le mariage au nombre des sept sacrements, il reconnaît entre les époux une double conjonction, « selon le consentement des âmes et selon le mélange des corps ».

Aux XIe et XIIe siècles, on a donc renoué avec le débat engagé par les Pères sur la place de la sexualité dans le mariage, avec, à l'arrière-plan, le débat sur la valeur relative du mariage et de la virginité. Les deux débats ont été réactualisés par le formidable développement du monachisme au XIe siècle et par la monachisation progressive du clergé. Les cadres de l'institution ecclésiastique, au moment où celle-ci établit sa prépondérance durable sur l'Occident, sont donc continents. Et dans la réforme grégorienne, la lutte contre le mariage des prêtres ne crée pas des conditions favorables à une réflexion valorisant le mariage. D'un autre côté, depuis les lendemains de l'An mil, une série d'hérésies antimatrimoniales rejettent absolument l'œuvre de chair et la bénédiction du mariage. Ces attaques radicales ont obligé les théologiens à fixer nettement deux disciplines : pour les clercs la continence ; pour les laïcs le mariage.

De cette élaboration canonique et théologique témoigne l'histoire de la liturgie. Jusqu'au XIe siècle, il y a deux grands rites de mariage. Le rite romain prend place au cours d'une messe, dont l'essentiel est la bénédiction des époux sous un même voile, souvent drapé sur la tête de l'épouse et les épaules du mari. Le rite gaulois (et wisigothique) de bénédiction des époux dans la chambre nuptiale est précédé d'autres rites familiaux : engagement de l'époux ; remise de l'épouse par son père à l'époux et remise par ce dernier de cadeaux en échange. Quand le prêtre est présent, à partir du IXe siècle, c'est pour vérifier que ces rites sont bien respectés.

Mais à la fin du XIe siècle, dans les pays anglo-normands d'abord, les rites familiaux (remise de l'épouse, remise du douaire, bénédiction), jusque-là célébrés à la maison, sont transférés à l'entrée de l'église. Ils peuvent être suivis ou non de la messe romaine. Le rôle du prêtre va croissant : juge de la liberté du consentement et dispensateur de la bénédiction au XIe siècle, il intervient à partir du XIIe siècle dans la remise de l'épouse. Jusque-là, c'était son père qui remettait l'épouse en invitant les nouveaux mariés à joindre leurs mains droites. Désormais, de plus en plus souvent le prêtre se substitue au père, et on aboutira, au XVe siècle, au *ego conjugo vos* (« c'est moi qui vous unis ») prononcé par le prêtre au moment de la jonction des mains.

Le rite très ancien de l'anneau est aussi intégré à la liturgie chrétienne. Dès l'époque carolingienne, il est devenu « symbole de la fidélité et de l'amour, et lien de l'unité conjugale, afin que l'homme ne sépare pas ceux que Dieu a unis » (Hincmar).

Ainsi, à la fin du XIe siècle, le mariage relève juridiquement du droit canon. Il est pleinement justifié en théologie chrétienne. Il a sa liturgie à l'église où le prêtre joue un rôle essentiel. Le consentement qu'il valide n'est plus en principe celui de deux familles mais celui de deux personnes : c'est une nouveauté radicale, dangereuse pour l'ordre social.

Quittons maintenant les textes normatifs et les documents liturgiques pour saisir la façon dont le mariage a été pratiqué dans les faits. Cette étude n'est malheureusement possible que dans le cas des très grandes familles, seules à nous avoir laissé une documentation suffisante.

Ainsi de la famille de Charlemagne. A l'origine de sa fortune, le mariage de Begga, fille du maire du palais d'Austrasie, Pépin l'Ancien, et Anségisel, fils de l'évêque de Metz, Arnoul. Une alliance qui assoit solidement la famille en Austrasie. Pour élargir leur clientèle, les Carolingiens nouent des alliances matrimoniales avec la plupart des familles aristocratiques. Les Girard et les Guillaume descendent de Charles Martel, père de Pépin le Bref et grand-père de Charlemagne ; la sœur de Pépin le Bref est mariée à Odilon de Bavière ; la mère de Charlemagne négocie le mariage de son fils avec la fille du roi des Lombards ; le même Charlemagne, en épousant Fastrade, se concilie les princes alamans... On pourrait continuer ! Dans cette société, au niveau le plus élevé en tout cas, la stratégie matrimoniale est une stratégie de pouvoir. Le mariage se négocie, mais il peut aussi être imposé par le rapt, qui force le consentement de la famille de la femme. Tel vassal de Charles le Chauve enlève une fille de Lothaire en 846 ; tel conseiller de Charles le Gros fait enlever de riches héritières d'Alémanie et d'Italie pour les donner en mariage à ses proches. La question du consentement de la femme ne se pose pas : c'est celui de sa famille qui est recherché, négocié ou imposé par le rapt.

A côté des épouses légitimes, les concubines sont nombreuses, et par conséquent les bâtards. Charles Martel était né d'une concubine. Charlemagne eut de très nombreux bâtards ; il fut fort affecté de la révolte de l'un d'entre eux, Pépin le Bossu. Charles le Gros tenta de transmettre sa couronne à son bâtard Bernard, et Arnulf, bâtard de Carloman, devient roi de Germanie en 888. Ces exemples montrent qu'il y a hésitation, tant sur la monogamie que sur la filiation légitime ; le concubinage est admis dans la tradition germanique déjà évoquée.

Philippe Ier.

Ce n'est qu'au XIe siècle que l'enfant du concubinage sera considéré comme un bâtard au sens où on l'entend depuis. Au IXe siècle encore, le père qui n'a pas d'héritier « légitime » laisse normalement son patrimoine à son fils bâtard. L'homme dont l'épouse est stérile souhaite, non moins normalement, la répudier au profit de la concubine féconde. C'est ce que fait le roi Lothaire II en 855. Mais face à lui se dresse l'archevêque Hincmar qui, au milieu de ce qu'il considère comme des désordres matrimoniaux, affirme, au nom de la tradition de l'Église, la doctrine de l'indissolubilité du mariage. Le conflit entre pratiques laïques et doctrine ecclésiastique est engagé.

Franchissons un siècle et demi. Le roi capétien Philippe Ier, à l'âge de vingt ans (1072), a épousé Berthe de Frise. Il n'en a eu qu'un fils, neuf ans plus tard. Ce fils est de santé fragile et la succession est menacée. En 1092, Philippe répudie son épouse, qui ne lui a pas donné d'autre héritier, et se remarie aussitôt avec Bertrade de Montfort, qui était jusque-là l'épouse du comte d'Anjou. Fait surprenant pour nous, cette nouvelle union est bénie par l'évêque de Senlis, en présence de tous les évêques du domaine royal. Ce qui appelle deux remarques : d'une part, le mariage à la fin du XIe siècle relève bien de l'autorité de l'Église ; mais, d'autre part, la doctrine de l'Église n'est pas uniforme. Au modèle ecclésiastique dont nous avons montré la genèse s'oppose un modèle plutôt laïc, mais approuvé par une partie du clergé.

Les évêques qui entourent le roi partagent avec lui la même conception lignagère du mariage : le chef de lignage est responsable d'un patrimoine, constitué de biens fonciers, mais constitué davantage encore par un certain nombre d'éléments immatériels qui contribuent à la gloire de sa race. Il a reçu ce patrimoine de son père ; il doit le transmettre à un fils légitime, c'est-à-dire issu d'un mariage vrai. Le choix d'une épouse, son éventuel remplacement, sont fonction de cette exigence. Philippe Ier, ne pouvant attendre d'autre fils de son épouse inféconde, devait la renvoyer pour établir plus sûrement la perpétuation du lignage. Il pouvait le faire sans danger puisque le comte de Flandre, qui lui avait remis Berthe vingt ans plus tôt, s'était retiré dans un monastère et ne portait donc plus les armes. Il le faisait pour le plus grand profit de son patrimoine et de son lignage : Amaury, le frère de la nouvelle épouse, tenait à Montfort la plus solide forteresse pour la défense du domaine royal face à la Normandie ; Bertrade descendait par sa mère des princes normands et ajoutait par là à la gloire de la race royale ; enfin, elle avait prouvé sa fertilité en donnant des garçons au comte d'Anjou. Il eut raison de le faire, puisque Bertrade lui donna trois enfants dont deux garçons. Mais il fallait que Philippe et Bertrade fussent régulièrement mariés. C'est ce que pensaient les évêques du domaine royal. Le roi avait fait son devoir.

Or, en 1094 et 1095, Philippe Ier fut excommunié par le pape pour divorce et remariage malgré la bénédiction des évêques du domaine. C'est le signe des progrès de la doctrine ecclésiastique à la suite de la réforme grégorienne. C'est le signe aussi de l'autorité croissante du spirituel sur le temporel : les rois sont soumis aux prélats, eux-mêmes soumis à l'autorité unifiante du pape.

Le mariage comme discipline.

Il serait imprudent d'extrapoler du cas des mariages princiers à l'ensemble de la société médiévale. Du moins permettent-ils de bien poser les problèmes, de saisir les éléments de conflit. La conception lignagère du mariage s'est étendue dans la première moitié du XIe siècle, au temps de la « révolution féodale », aux familles aristocratiques qui se constituent en dynasties royales, établies sur des patrimoines juxtaposés. Le mariage des filles est un instrument d'alliance et d'implantation, selon la même stratégie que celle des mariages princiers.

Qu'en est-il aux niveaux inférieurs de la société ? Il est difficile de répondre. Mais une chose au moins est certaine, c'est qu'il ne peut être question de choisir son conjoint. Ce sont les parents qui choisissent chez les hommes libres, et sans doute les seigneurs chez les serfs. La liberté du *consensus* individuel affirmée par l'Église au XIIe siècle va à l'encontre de la pratique sociale. Le mariage chrétien s'oppose à la conception traditionnelle de la famille.

Or, vers 1200, cette opposition semble en voie d'apaisement. La doctrine chrétienne est de plus en plus élaborée, de mieux en mieux diffusée, en attendant les grandes synthèses du XIIIe siècle. Mais son succès ne peut se comprendre indépendamment de l'évolution économique, sociale et politique. Au XIe siècle, les familles aristocratiques (les seules que nous connaissions suffisamment) se sont resserrées pour défendre des patrimoines que la puissance publique n'était plus en état de protéger ; ce resserrement a poussé les lignages à conserver un étroit contrôle sur le mariage des enfants pour n'avoir pas à démembrer les domaines ; or il semble que vers 1200 les limitations au mariage éclatent. Des cadets se marient librement et créent des seigneuries marginales. L'enrichissement général de l'Occident — résultat en partie de la concentration ancestrale des fortunes — et l'affirmation des grandes formations politiques garantissent les privilèges des nobles. Chaque famille est désormais moins dépendante de son patrimoine, dont la défense devient moins contraignante. Les membres de l'aristocratie entrent dans le cadre que l'Église assignait à tous les laïcs : la discipline du mariage chrétien. La contrainte économique et lignagère s'était d'abord opposée au modèle ecclésiastique du mariage ; quand elle se relâche, le mariage chrétien peut s'épanouir.

Orientation bibliographique

L'article « Mariage » du *Dictionnaire de théologie catholique* (t. IX, Paris, 1927) par G. Le Bras est une mine de textes qui suit avec précision et clarté le développement de la doctrine juridique et théologique du mariage chrétien. Toutes les études postérieures en dépendent (sans toujours le dire).

Plus particulièrement consacrés aux rites de mariage.

Molin J.-B., et Mutembé P., *Le Rituel de mariage en France du XIIe siècle au XVIe siècle*, Paris, Beauchesne, 1974.

Ritzer K., *Le Mariage dans les églises chrétiennes du Ier au XIe siècle* (Münster, 1962), Paris, Cerf, 1970 pour la version française.

Plus accessibles.

Flandrin J.-L., *L'Église et le Contrôle des naissances*, Paris, Flammarion, 1970.

Noonan, J.T., *Contraception et Mariage*, Paris, Cerf, 1969 pour la version française (1966 pour l'éd. anglaise originale).

Récents.

Duby G., *Le Chevalier, la Femme et le Prêtre. Le mariage dans la France féodale*, Paris, Hachette, 1981 (en livre de poche dans la coll. « Pluriel »).

Gaudemet J., *Le Mariage en Occident. Les mœurs et le droit*, Paris, Cerf, 1987.

Leclercq J., *Le Mariage vu par les moines au XIIe siècle,* Paris, Cerf, 1983.

Les livres de G. Duby et de J. Leclercq, à partir de sources différentes, et au terme d'approches, plus anthropologique dans le premier cas, plus spirituelle et littéraire dans le second, arrivent à des conclusions apparemment contradictoires mais peut-être complémentaires.

Les empêchements de parenté

Jusqu'au VIe siècle, le mariage n'avait été interdit que jusqu'au quatrième degré de consanguinité (cousins germains). Du VIe au VIIIe siècle, l'interdit est progressivement étendu à « toute la parenté » qui, en droit romain, allait jusqu'au septième degré. Par la suite, l'Église adopta la computation germanique des degrés de parenté, ce qui étendait l'empêchement jusqu'aux treizième et quatorzième degrés romains. Si on suppose que chaque couple n'a élevé et marié qu'un seul garçon et une seule fille, cette parenté représente 10 687 personnes, dont 2 731 cousines et 2 731 cousins de la même génération que l'individu. Dans ces conditions, l'interdit était très souvent transgressé et les mariages se trouvaient à la merci de la découverte d'une relation de consanguinité entre les époux. Les abus en ce sens amènent le concile de Latran IV (1215) a restreindre l'empêchement de parenté au quatrième degré de la computation germanique, ce qui, dans l'hypothèse évoquée, fait encore un ensemble de 188 consanguins, dont 88 de la génération d'un individu.

A ces interdits de parenté biologique, s'ajoutent les interdits de parenté spirituelle. Du VIe siècle au VIIIe siècle sont d'abord prohibés les mariages entre parrain et filleule, marraine et filleul ; puis entre parrain et mère du filleul, marraine et père du filleul ; enfin entre filleul et enfants du parrain ou de la marraine. La parenté spirituelle fonctionne comme la parenté biologique.

M.S.

Du mariage...

L'Église et le mariage : quatre textes.

L'indissolubilité du mariage.

« Des pharisiens s'avancèrent et, pour lui [à Jésus] tendre un piège, il lui demandaient s'il est permis à un homme de répudier sa femme. Il leur répondit : ... au commencement du monde Dieu les fit mâle et femelle ; c'est pourquoi l'homme quittera son père et sa mère et s'attachera à sa femme, et les deux ne feront qu'une seule chair. Ainsi, ils ne seront plus deux mais une seule chair. Que l'homme donc ne sépare pas ce que Dieu a uni. »

(Marc, X, 2-9)

Mariage et virginité selon Paul.

« [...] pour éviter tout dérèglement, que chaque homme ait sa femme et chaque femme son mari [...] Ce n'est pas la femme qui dispose de son corps, c'est son mari. De même ce n'est pas le mari qui dispose de son corps, c'est sa femme. Ne vous refusez pas l'un à l'autre, sauf d'un commun accord et temporairement, afin de vous consacrer à la prière, puis retournez ensemble de peur que votre incapacité à vous maîtriser ne donne à Satan l'occasion de vous tenter. En parlant ainsi, je vous fais une concession, je ne vous donne pas d'ordre [...]

« Je dis aux célibataires et aux veuves qu'il est bon de rester ainsi, comme moi. Mais s'ils ne peuvent vivre dans la continence, qu'ils se marient ; car il vaut mieux se marier que brûler...

« Au sujet des vierges [...], je pense qu'il est bon pour l'homme de rester ainsi [...] Celui qui n'est pas marié a souci des affaires du Seigneur : il cherche comment plaire au Seigneur. Mais celui qui est marié à souci des affaires du monde : il cherche comment plaire à sa femme et il est partagé. »

(Première épître aux Corinthiens, VII).

Christ époux de l'Église.

« [...] le mari est le chef de la femme, tout comme le Christ est le chef de l'Église, lui le sauveur de son corps. Mais comme l'Église est soumise au Christ, que les femmes soient soumises en tout à leurs maris. Maris, aimez vos femmes comme le Christ a aimé l'Église et s'est livré pour elle [...] Celui qui aime sa femme s'aime lui-même. Jamais personne n'a pris sa propre chair en aversion : au contraire, on la nourrit, on l'entoure d'attention comme le Christ fait pour son Église. Ne sommes-nous pas les membres de son corps ? C'est pourquoi l'homme quittera son père et sa mère, il s'attachera à sa femme, et tous deux, ils ne seront qu'une seule chair. Ce mystère est grand — je déclare qu'il concerne le Christ et l'Église. »

(Épître aux Éphésiens, V, 23-33).

Formule de bénédiction de la chambre nuptiale au XIe siècle.

« Que le Seigneur tout-puissant fasse descendre sur cette chambre l'abondance de sa bénédiction et accorde à ceux qui s'y unissent perpétuelle sanctification. Amen.

« Que toute incursion des esprits mauvais soit éloignée de ce lieu et que s'y produise la visite souhaitée des anges. Amen.

« Que, par don de Dieu, la solennité nuptiale s'y accomplisse en telle sorte que la chasteté conjugale n'y soit point souillée. Amen.

« Que chez ceux qui y entrent pour y célébrer leurs noces, les actions et les paroles soient telles qu'ils n'y sombrent pas dans une luxurieuse recherche du plaisir. Amen.

« Qu'ainsi une honnête retenue anime ces époux et qu'une paix éternelle emporte tous ceux qui partagent leur joie. Amen. »

La femme, l'amour et le chevalier

Georges Duby

S'il s'interroge sur la condition féminine, l'historien du haut Moyen Age se sent très démuni. Il l'est moins lorsqu'il parvient au XIIe siècle. L'obscurité en effet commence à se dissiper un peu. On écrit davantage. On conserve mieux les textes. Parmi ceux-ci apparaissent et se multiplient les débris d'une littérature profane, livrant de la vie quelques images, déformées certes puisque cette littérature est d'évasion, mais dont les rapports restent étroits avec ce qui fut effectivement vécu. Le fait est, en tout cas, que ces écrits parlent de plus en plus des femmes.

Comptent-elles davantage ? C'est ce qu'il semble si l'on considère les représentations du christianisme. On y voit s'avancer pas à pas sur le devant de la scène des figures féminines qui ne sont pas seulement l'allégorie des vices ; la Madeleine conquiert alors dans la dévotion de vastes provinces ; tandis que, sur le grand théâtre dressé aux porches des cathédrales, la figure de la Vierge prend à la fois de la féminité et de l'autorité, jusqu'à s'établir dans une stature égale à celle de Jésus et sur un trône semblable au sien dans l'iconographie des Couronnements. Multiplication des couvents de moniales ; Héloïse dialoguant avec Abélard — et sur quel ton ! ; la place, enfin, faite aux femmes dans toutes les sectes, foisonnantes, que le pouvoir taxa d'hérésies et s'acharna à disperser. Autant de signes. Mais, surtout, le XIIe siècle semble bien, dans l'évolution du mariage au sein de notre culture, le lieu d'une flexion décisive. C'est à cette époque qu'au terme d'une longue élaboration doctrinale le mariage vient s'établir parmi les sept sacrements de l'Église — et certains docteurs le disent même le plus éminent de tous, puisque fondé par Dieu lui-même, au paradis, avant la chute. Après avoir combattu pendant des siècles, les dirigeants de l'Église parviennent à faire accepter par le laïcat, retouché, assoupli, leur propre modèle de morale matrimoniale. D'autre part, et comme en compensation, on découvre au XIIe siècle, construit pour l'aristocratie laïque, un modèle antagoniste au centre duquel se situe ce que les spécialistes de la littérature ont appelé l'amour courtois.

Vade retro, Satana !

Reconnaissons-le toutefois : tout ce que nous apprenons de la condition féminine au XIIe siècle vient des hommes. Il y a, bien sûr, Marie de France : le *Lai de Lanval* et le *Lai du chèvrefeuille*. Mais ce qu'elle susurre est fort discret. Un chœur masculin surabondant, tonitruant, étouffe à peu près son murmure : des voix d'hommes, et qui pour la plupart sont des hommes d'Église, à qui l'état matrimonial est refusé, qui sont censés vivre dans la chasteté. Que nos informateurs les plus prolixes soient les serviteurs d'une religion plaçant encore son idéal dans le mépris du monde créé, c'est-à-dire du charnel, et dont le Dieu est un père en même temps qu'un fils, unique, né d'une vierge, n'est pas sans troubler l'image. D'autant que ces moines et ces prêtres ont la main forcée par des pressions extérieures. Les plus vives viennent des mouvements hérétiques, qui professent à l'égard de la sexualité un dégoût plus radical encore ; l'Église établie mène contre eux une lutte ardente ; elle les attaque sur leur propre terrain, ce qui exacerbe encore sa propre obsession de la souillure. Mais elle doit également répondre à l'attente des laïcs, qui eux aussi réclament des prêtres tout à fait purs, et dont l'action paraît avoir été, au siècle précédent, déterminante sur cette expression du mépris, du rejet de la femme : l'injonction faite à tous les clercs de renvoyer leur compagne et de vivre désormais dans le célibat. Enfin, les seuls comportements que la documentation laisse entrevoir sont ceux de l'aristocratie.

De la femme qui n'appartient pas à la noblesse, nous ignorons à peu près tout. Les œuvres composées pour le divertissement de la haute société font apparaître quelques pastourelles effarées que le chevalier, surmontant sa répugnance, cueille au passage. Mais à propos des réalités paysannes, c'est à peine si l'on peut risquer des hypothèses. Celle que, sans doute, s'est atténué le discrédit dont les filles semblent avoir été l'objet dans le peuple à l'époque carolingienne, assez fort alors pour conduire peut-être jusqu'à l'infanticide, en tout cas à sevrer les petites filles un an plus tôt que leurs frères — et le refus de ces pratiques intervient parmi les facteurs de l'essor démographique qui se poursuit, tumultueux, pendant tout le XIIe siècle ; celle que les travaux ruraux étaient strictement répartis entre les sexes, que les femmes n'ensemençaient pas, ne labouraient pas, ne moissonnaient pas, qu'il leur revenait en revanche de sarcler les blés au printemps, de faner, mais surtout, filant, jardinant, nourrissant le petit bétail, de travailler à l'intérieur de l'enclos de la maison ; que la valeur principale de la femme sujette, aux yeux de son seigneur, résidait dans ses facultés de procréation ; que dans nombre de coutumes elle transmettait à ses enfants sa condition : serve, les enfants qu'elle mettrait au monde seraient marqués de servitude, et serviraient le même maître qu'elle, même si leur père était libre ou appartenait à une autre seigneurie. Dans l'état de la recherche, nous ne devinons à peu près rien d'autre. Par force, tout ce qui va suivre concernera par conséquent le beau monde.

Oisive gardienne des clés.

A cette époque, le statut de l'aristocratie laïque se fonde sur la pratique des armes. La « féodalité », en effet, est un système d'exploitation des travailleurs par un petit groupe de spécialistes de la guerre, qui ne produisent rien et sont nourris par d'autres. Cela seul restreint, dans ce groupe social, les fonctions économiques des femmes. L'oisiveté leur sied. La mission de l'épouse du chef de maison est de diriger les servantes, de veiller, clés à la ceinture, sur les réserves de provende. Elle aussi n'est active qu'à l'intérieur de la demeure. Sa place est là. Elle n'en sort que la tête voilée, prenant soin de cacher sa chevelure. Si son rôle s'étend hors de ces limites, c'est par accident, lorsqu'elle doit pallier l'absence d'un mari ou d'un fils. Il lui arrive, dans ce cas, de s'occuper des choses militaires. La silhouette de femmes organisant la défense du château, entraînant la garnison à résister aux assaillants, se montre de loin en loin dans les chroniques. De ce fait, le courage, la puissance de membrure corporelle, où le muscle a plus de prix que la grâce, comptent parmi les qualités qui font l'« honneur » des dames. On célèbre avec prédilection leur force, leur constance. Il s'agit là précisément de vertus qui parfois, et comme par miracle, les relèvent de leur abaissement naturel. Dans cette société dominée par des mâles, qui plastronnent dans la posture du guerrier, du chasseur, du prédateur, le système de valeurs exalte d'abord celles d'agression, qui sont viriles. Sur le champ des batailles, dans l'instant qui précède l'assaut, l'appel à la fierté d'être un homme, au mépris des efféminés, a-t-il jamais retenti plus haut qu'au XIIe siècle ? Ainsi, dans la harangue que l'auteur de la *Geste des comtes d'Anjou* lui prête, Geoffroy Grisegonelle, pour aiguillonner ses vassaux qui tremblaient — comme tremblaient à ce moment dans leur cuirasse tous les guerriers de l'épopée — leur crie-t-il d'abord : « Éloignez de vous toute peur : elle rend les hommes semblables aux femmes. » Car il n'est pire déchéance.

D'autre part, les mécanismes de reproduction de la classe dominante sont, en ce temps plus que jamais, dynastiques. La supériorité des nobles repose sur un capital de puissance et de gloire. Comme les armes, comme les vertus de prouesse, il se transmet de père en fils. L'important est qu'il ne se dégrade pas au fil des générations. Pour éviter cela, une lente modification des structures de parenté s'est amorcée à la fin du IXe siècle ; elle s'achève à l'époque dont je parle : le lignage constitue désormais l'armature de l'aristocratie. Or, dans les structures lignagères, un rôle majeur revient aux stratégies matrimoniales ; conduire ces stratégies appartient aux chefs de la dynastie, à ceux dont le latin du temps parle comme des plus vieux, les *seniores*. Pour limiter l'incidence des partages successoraux qui risqueraient d'appauvrir les lignées, leur jeu consiste à marier toutes les filles : cédées par leur mariage à une autre maison, nanties d'une dot formée généralement de biens meubles, elles renoncent à toute prétention sur l'ensemble solide de terres et de droits d'où la maison dont elles sortent tire sa vigueur. Parvient-on à les marier toutes, le patrimoine, intact, revient à leurs frères. Encore faut-il que ceux-ci ne le divisent pas entre eux en parts égales, comme la coutume les autorise à le faire. A cette fin, les dirigeants du groupe mettent tous leurs soins à ne marier qu'un seul garçon, l'aîné. Lui seul succédera, gardant en mains la gérance de la fortune indivise. Lui seul procréera, et l'on ne verra pas le lignage se diversifier à chaque génération en rameaux adventices. Un seul tronc, solide, continuera de jaillir de la souche ancestrale.

Le château autour du lit.

La condition de la femme noble dépend pour une grande part de tels comportements. Partons des choses les plus concrètes. Considérons la manière dont s'organise l'espace social dans les demeures aristocratiques. Les recherches archéologiques, depuis quelques années très actives et prometteuses, les feront bientôt mieux connaître. Pour l'instant, quelques textes nous renseignent un peu sur elles. Je choisis l'un d'eux, d'une particulière richesse : l'*Histoire des comtes de Guines*, petits princes du nord-ouest de la France, que rédigea, à l'extrême fin du XIIe siècle, un prêtre domestique, lui-même marié d'ailleurs, et largement pourvu d'enfants. Il décrit le château de son patron direct, le seigneur d'Ardres, qui l'émerveille. Dans cette construction rénovée, le lieu du séjour, dont nous savons qu'il se réduisait auparavant à une seule vaste salle où nul ne pouvait se dégager d'une totale promiscuité, s'est démultiplié en diverses pièces. La maison, cependant, est bâtie pour n'abriter qu'un seul couple procréateur. Au centre une chambre, un lit — ce lit conjugal où se forge l'avenir de la lignée, et dont la place est également centrale dans le rituel des noces : c'est vers lui que le cortège conduit l'épousée ; c'est autour de lui que se déroule la procession des prêtres, l'environnant de bénédictions, d'exorcismes, d'appels à la fécondité. La chambre « où le seigneur et sa dame couchent » commande une autre pièce où les enfants nés de ce lit sont élevés ensemble jusqu'à l'âge de sept ans. Plus âgés, les garçons, les filles dorment dans des quartiers séparés. A ce moment, chaque sexe reçoit une éducation différente.

Sortis de l'âge puéril, les garçons s'éloignent d'ordinaire de la maison de leur père. Ils n'y sont plus que de passage. Leur vie est ailleurs. Ceux d'entre eux qui sont voués à l'état ecclésiastique vont s'agréger à des escouades de jeunes mâles, à des équipes de formation professionnelle dont les unes sont closes, strictement isolées du monde charnel, s'il s'agit de préparer ces jeunes gens à l'état monastique, d'autres ouvertes et, apparemment, en dépit des interdits, sexuellement actives, s'il s'agit de les préparer à l'état clérical. L'éducation des autres garçons est militaire, et l'usage veut qu'elle se poursuive dans une autre demeure, celle du seigneur de leur père. C'est là qu'ils s'initient en bandes à la pratique des combats cavaliers, participant, coopérant en auxiliaires, pendant la belle saison, aux chevauchées, où dans les violences de ce sport exaltant — la guerre — se déploient les valeurs culminantes de l'éthique aristocratique. Lorsqu'ils vont avoir vingt ans, le patron qu'ils ont servi les adoube : il leur remet solennellement les armes ; il en fait des chevaliers, les introduisant ainsi parmi les adultes. Leur « enfance » est terminée.

Comme un vol de gerfauts...

Que vont-ils faire ? S'établir dans la maison de leur père ? Elle n'est pas prête à les accueillir. Si le père est très vieux, s'il accepte de partir en pèlerinage, de se retirer dans un monastère, s'il est veuf, si la mère, en absence de frère, a hérité de la maison paternelle, vacante — bref s'il existe une chambre, un lit disponible, on célèbre alors les noces de l'aîné, d'ordinaire depuis longtemps fiancé. Celui-ci peut fonder sa propre maison. Il cesse d'appartenir à la « jeunesse ». Il prend place enfin parmi les *seniores*. Mais ses frères restent des « jeunes », des « bacheliers ». Ils continuent de mener en lisière des « maisons », dans l'espace du tumulte et du désordre, une vie errante, aventureuse : l'errance, l'aventure que célèbrent les romans de chevalerie. De ce vagabondage, les temps forts sont des parades militaires, les tournois, où chacun espère gagner du butin, de la gloire et du plaisir. La sexualité de ces hommes que la stratégie matrimoniale des lignages condamne au célibat est, elle aussi, divagante, prédatrice : ils violent au passage les roturières, dilapident avec les prostituées, fort nombreuses, l'argent gagné par la prouesse, consolent éventuellement les veuves, ou bien recourent à la complaisance des servantes que tout seigneur soucieux de sa réputation met à la disposition des hôtes de passage. Mais tous les « jeunes » n'ont qu'une idée en tête, s'emparer d'une épouse, s'installer dans un lit, accéder au pouvoir, à l'indépendance qui est l'apanage des hommes mariés. D'où l'importance, dans les modèles de comportement chevaleresque, dans la « courtoisie », des rites de parades amoureuses, et l'exaltation, au cœur de l'idéologie nobiliaire, de cette forme sophistiquée du rapt qu'est la séduction : se rendre maître d'une héritière, contre les intentions de sa parenté. Il arrive que l'entreprise réussise, mais rarement, et d'ordinaire tard. La plupart des chevaliers meurent célibataires.

Que dans cette société aucune fonction ne soit reconnue aux femmes, l'évêque Gilbert de Limerick l'exprime très clairement au début du siècle : s'employant à montrer que les hommes sont répartis providentiellement entre trois groupes fonctionnels, prêtres, guerriers, paysans, il classe de la même façon les femmes ; mais, ajoute-t-il, « je ne dis pas que la fonction de la femme soit de prier, labourer ou combattre : elles sont les épouses de ceux qui prient, de ceux qui combattent, de ceux qui travaillent, et *elles les servent* ». Le mot servir, ne l'oublions pas, est dans ce vocabulaire singulièrement fort. Il parle de soumission totale. Aussi l'éducation des filles nobles est-elle cantonnée en deux domaines. Tout d'abord, ce que nous appellerions les arts d'agrément : elle apprennent à broder, à chanter, à danser, et de plus en plus à lire, c'est-à-dire à délasser, à distraire les guerriers au repos. D'autre part, les pratiques de la dévotion. Car si toutes sont vouées à « servir un mari », si les anciens de leur parenté ont tout fait pour appâter les époux éventuels en offrant les dots les plus alléchantes, nombre d'entre elles ne trouvent pas preneur. Les restrictions mises au mariage des mâles défavorisent les donneurs de femmes sur le marché matrimonial. Les malchanceuses doivent donc demeurer, avec celles de leurs tantes qui n'ont pas eu plus de succès, avec toutes les veuves de la famille, dans le petit couvent interne institué à cette fin dans la maison. Pour la consolation de ces délaissées, l'Église propose un modèle de perfection féminine où se superposent trois degrés : en contrebas le mariage, au milieu le veuvage, au sommet la virginité. Ce qui n'empêche pas les laïcs de tenir le mariage des filles pour l'idéal : lorsque Tristan et Iseult décident de se séparer et de remplir le rôle social qui convient à chacun d'eux, lui s'en va éduquer les jeunes guerriers, elle marier les demoiselles pauvres — c'est-à-dire leur donner de l'argent, constituer la dot qui leur permettra de se faire légitimement engrosser.

Soumise et abandonnée.

Le destin normal de la fille est en effet, passé quatorze ans, d'être en grande pompe déflorée par le mâle auquel ses parents mâles l'ont depuis longtemps promise, d'entrer dans une autre maison, celle de son « maître » (*dominus*), comme on dit, et d'y vivre dans la soumission. Les lignages pratiqueraient volontiers l'endogamie : conjoindre des cousins protège en effet plus efficacement les patrimoines de la dislocation. Mais ils se heurtent à l'Église, dont la conception de l'inceste est alors démesurée : elle prétend interdire d'épouser un parent en deçà du septième degré. Exigence excessive, prescription inapplicable : tous les chevaliers d'une province sont en fait des cousins beaucoup plus proches. Si bien que l'empêchement de parenté a pour fonction principale de légitimer les divorces. En effet, les mâles de la noblesse sont volontiers polygames. Rien dans la morale laïque ne réprouve la répudiation : l'homme renvoie tout naturellement son épouse — à condition de rendre la dot aux parents de celle-ci et de transiger sur son douaire — si elle tarde à lui donner des garçons ou s'il voit se présenter un parti plus avantageux. Ces pratiques se heurtent évidemment à la morale de l'Église. Celle-ci sait, cependant, se montrer accommodante et accepter, prétextant l'inceste, de dissoudre une union, si l'on y met le prix.

Il est un point cependant sur lequel laïcs et ecclésiastiques s'accordent : la valeur de la fidélité conjugale. Les convenances restreignent le dévergondage sexuel des mâles aux périodes de leur « jeunesse » ou de leur veuvage. Ainsi, le comte de Guines ne répugne-t-il pas à ce que l'on sache qu'il engendra au moins trente-trois bâtards ; il en est fier, comme de leur avoir donné une excellente éducation, comme d'avoir su marier toutes ses filles illégitimes ; mais il veut que l'on dise que tous furent conçus avant son mariage ou après la mort de sa femme. Les convenances obligent aussi d'aimer son épouse. Mais pas trop. Les gens d'Église et les troubadours s'accordent aussi sur ce point. Les premiers parce qu'ils tiennent le mari trop ardent pour un fornicateur ; les seconds parce qu'ils professent que la « fine amour » vit de liberté et ne saurait que s'étioler dans le carcan matrimonial. En tout cas, la condamnation majeure frappe l'infidélité de la femme. L'adultère en effet risquerait de transférer l'héritage lignager à des intrus issus d'un autre sang que celui des ancêtres.

Ève aux maléfices.

Ce péril compte sans doute parmi toutes les raisons qui peuvent expliquer un phénomène dont témoignent abondamment les documents qui nous informent : les attitudes masculines à l'égard de la femme paraissent, à l'époque dont je parle, dominées moins par le désir que par la peur. La nature féminine, répète-t-on de toute parts, est perverse. Par la femme, tentatrice, reptilienne — et ceux qui rêvent des relations entre le cosmos et ce microcosme qu'est l'homme la situent du côté de l'ombre, de la lune, de l'eau dormante —, le péché s'est introduit dans le monde. On la soupçonne de porter l'hérésie, de manier des armes sournoises, le maléfice, le philtre, le poison. Un mari meurt-il d'un mal mystérieux, chacun tourne alors les yeux vers son épouse. Le sexe féminin est tenu pour dévorer d'impétuosité, incapable d'assouvissement, et pour cela dévorant. Les chevaliers du XIIe siècle vivent entourés d'Èves qu'ils jugent à la fois débiles, corrompues et corruptrices. Ils s'en méfient : ce sont à leurs côtés de permanentes occasions de chutes. Un remède : le mariage. Par lui s'évacue la concupiscence. Il désarme momentanément la femme en la rendant mère.

Reine captive de l'amour courtois.

Comme la mère du Christ, la femme noble est exaltée en temps que « dame ». La dame (*domina*, féminin du mot seigneur), c'est d'abord l'épouse, donc la mère. Des nourrices sont employées dans la chambre aux jeunes enfants : l'épouse du maître peut donc lui donner chaque année un héritier. Elle va de grossesse en grossesse. Une chance sur deux, pour elle, de mourir en couches, épuisée — ce qui favorise aussi la polygamie pratique. En revanche, cette fonction procréatrice, la seule positive qui lui soit reconnue, lui confère de la puissance. Elle « domine » au moins ses jeunes enfants. On la voit parfois, survivant aux maternités, veuve et douairière, gouverner, triomphante, la seigneurie au nom de ses fils mineurs. Et comme la restriction au mariage des garçons a pour conséquence directe l'inégalité des conditions dans le mariage — les chefs de lignage ont le choix et trouvent aisément pour celui des fils qu'ils marient une épouse plus huppée —, la fortune, la gloire, la « noblesse » sont, la plupart du temps, du côté de l'ascendance maternelle. La position de l'épousée dans la maison de son mari s'en trouve peut-être renforcée, mais surtout celle de ses frères et leur emprise sur sa progéniture : de nombreux témoignages attestent la force particulière du lien unissant le neveu à son oncle maternel qui, s'il est moine ou clerc, veille à son éducation, l'aide à se pousser dans l'Église, s'il est chevalier, à faire carrière dans les armes, à trouver une épouse fructueuse.

Mais la dame est aussi la pièce centrale d'un divertissement : du jeu d'échecs, dont la grande vogue date de cette époque — de cet autre jeu surtout qu'est l'amour courtois. Expression parmi d'autres de l'idéologie chevaleresque dans sa résistance à l'acculturation ecclésiastique, l'amour courtois devient au XIIe siècle la principale activité ludique aux avant-gardes de la modernité, dans les cours réunies par les plus grands princes, où les modes aristocratiques sont lancées. Comme tous les jeux, il propose de s'évader du quotidien par l'inversion des rapports normaux. Il brave l'exhortation de l'Église à ne pas se laisser aller aux plaisirs du monde. Il brave les contraintes du lignage et les interdits de la morale matrimoniale. Sa règle est qu'un « jeune », un chevalier célibataire, choisisse une « dame », l'épouse d'un *senior*, pour la servir, singeant les attitudes vassaliques, dans l'espoir d'une récompense. La dame n'est jamais prise de force, ni cédée ; le jeu veut qu'elle se donne, progressivement, et ses faveurs sont d'autant plus précieuses qu'elles semblent narguer les châtiments majeurs promis aux adultères. La position de la femme, environnée d'hommages, désirée, lentement, imparfaitement consentante, paraît à première vue de supériorité. Il importe en vérité de ne pas se méprendre. Ce jeu est un jeu d'hommes. Le meneur en est le seigneur lui-même, qui feint de livrer son épouse, mais qui s'en sert comme d'un leurre. La compétition dont celle-ci est l'enjeu lui permet de mieux tenir en bride le groupe de jeunes qui font la gloire de sa maison. Enfin, si le désir est bien l'aiguillon de l'amour courtois, il s'agit du désir masculin et de lui seul. La courtoisie, plus encore que le mariage, fait de la femme noble un objet.

Dans cette société, la femme apparaît donc de toutes manières dominée. Nul ne met en doute que la subordination du féminin au masculin soit un fait de nature, conforme par conséquent au décret divin et à l'ordre du monde. Toutefois, il est un plan où quelques esprits aventureux commencent à voir l'égalité s'établir, c'est l'amour du couple. Ici l'idéologie religieuse et l'idéologie profane tendent à se rencontrer à nouveau. L'Église, par l'horreur qu'elle professe à l'égard du charnel, entend privilégier dans le couple l'accord des volontés, le consentement mutuel, lequel institue à ses yeux le mariage. Devant les devoirs que celui-ci impose, elle proclame l'homme et la femme égaux. Écoutons Abélard : il affirme que la femme fut créée physiquement égale à l'homme, que le péché l'a placée sous la domination masculine, mais que cette domination cesse dans l'acte conjugal, où l'homme et la femme détiennent un égal pouvoir sur le corps de l'autre. Quant aux poètes, lentement — le terme ne fut atteint qu'à la fin du XIIIe siècle, dans la seconde partie du *Roman de la Rose* — ils progressent vers l'idée que l'union des corps n'est parfaite qui si vont à la rencontre l'un de l'autre Amour et Vénus ; entendons bien : le désir masculin et cet autre désir, celui de la femme, dont la « fine amour » n'avait cure.

Un lit pour deux

Daniel Roche

Le lit n'est pas un meuble ordinaire. Depuis qu'il a abandonné la dure couchette du nomade, l'homme y passe un tiers de son existence — à soixante ans cela fait vingt mille heures — et, généralement, ses premiers et ses derniers instants. Du berceau à la tombe, les ethnologues ont depuis longtemps balisé les étapes principales de cet itinéraire commun aux riches et aux pauvres, balancelles et couveuses des nativités, lit de hasard et lit de fête, couche des amants et des couples, grabat du malade et lit de mort. Mais il y a lit et lit. Le destin de chacun peut se jouer de couchette moelleuse en paillasse mollasse, de pucier inamical en pieu franchement sordide et du page au padoque. Bref, pour un mobilier très commun, la richesse sémantique du lit excite l'imagination.

Son histoire reste à constituer car ses enjeux sont multiples. D'insolites activités y trouvent leur théâtre ; on peut y manger, y lire, y écrire. Voltaire a rédigé et dicté dans son lit une partie notable d'une œuvre immense. On peut aussi n'y rien faire : Rousseau et Diderot aimaient y paresser ; on y fait l'amour, mais les ébats amoureux peuvent trouver d'autres scènes. Surtout, c'est le lieu du sommeil, c'est le *vieil rêveur* et *l'empire de Morphée*, comme disaient les précieuses qui répugnaient à le désigner par son nom.

Le lit est avant tout un carrefour. Le sommeil, l'amour et la mort s'y jouent. Dans la culture populaire urbaine, il est indispensable au repos, nécessaire à la reconstitution de la force de travail mais, en même temps, la valorisation psychologique de la quiétude nocturne prouve en permanence la raison d'être du foyer, la nécessité d'un refuge, le besoin d'une enclave de sécurité et de tranquillité. Le lit, meuble essentiel, devient dans l'univers du peuple, où l'espace est mesuré et l'entassement de règle, le symbole du lien conjugal, l'ultime retranchement de l'intimité, le seul endroit où, dans la promiscuité familiale, l'accumulation des objets, l'agression des bruits, on puisse parler de vie privée.

L'empilement des matelas.

Tout le monde a un lit et ce sont presque toujours de vrais lits : grabats, paillasses, couchettes de sangle ou bottes de paille ne servent d'appoint que dans les familles trop nombreuses, pour une occasion exceptionnelle — recevoir un parent, coucher un ami —, ou dans les logis de hasard. Le lit conjugal des Parisiens est presque toujours pourvu d'un cadre en bois et d'un grand nombre d'accessoires. Les riches accumulent les lits de valeur et les pauvres se débrouillent. Entre 1695 et 1715, sur un échantillon de 200 inventaires après décès, on recense 162 lits chez les domestiques, plus 21 fournis pour les maîtres ; 176 dans le monde salarial. La moyenne est de 2,3 et 1,9 personnes par lit. Vers 1780, on compte (pour un même nombre d'inventaires), 110 couches domestiques, plus 31, et 154 lits salariaux, soit des moyennes encore de 1,8 et 1,9. Toutefois, l'avantage des valets et des servantes se maintient parce qu'ils peuvent dormir dans le lit d'autrui et parfois cumuler lit de fonction et couche personnelle. Parfois règne un amoncellement incroyable : un lit pour 7 dans la chambre de Louis Boquet, gagne-denier, rue de la Mortellerie, où s'entassent pour dormir le couple et ses cinq enfants. Mais il s'agit là d'un phénomène marginal et, en règle générale, les moyennes correspondent assez bien, partout, à la réalité : un lit pour deux dans la plupart des cas et, au pire, un lit pour trois.

Louis Marchand, ouvrier à la Manufacture, dispose avec sa femme et ses deux enfants de deux couchettes de 4,5 pieds, d'une autre de 3 pieds et d'une vieille couche : les Marchand peuvent dormir à l'aise et se montrer accueillants aux parents ou amis. Bien que les entassements soient relativement rares, parents et enfants doivent souvent partager le même lit, car il y a très peu de berceaux ou de lits enfantins. Pour le plus grand nombre, le repos bénéficie d'un minimum de bien-être et est encore associé au phénomène fondamental des civilisations anciennes, où la chaleur est partage des corps mêlés. Le confort est d'abord corporel. Le lit symbolise la maison chez les auteurs du XVIIe siècle ; il évoque la joie et l'union du foyer, ce qui lui vaut une place centrale, chevet au mur et face à la croisée. Un lit plaqué contre le mur est manière de riche ou de Polonais.

Important pour sa fonction et ses significations, le lit l'est également pour sa valeur. Chez les pauvres, c'est un élément non négligeable du patrimoine et pour ceux qui ont un emploi stable ou qui bénéficient de la sécurité du travail domestique, c'est un mini investissement. Le lit du manouvrier infortuné coûte une trentaine de livres vers 1700, celui d'un riche maître d'hôtel avoisine déjà 200 livres. (Rappelons qu'un ouvrier spécialisé, dans une ville importante, pouvait gagner au temps de Louis XIV vingt sols, soit une livre, par jour.) Le confort nocturne est acquis assez tôt pour la domesticité parisienne, à condition qu'elle soit établie et de bonne maison, sinon elle se contente d'un sommeil moins douillet dans les grabats et les couchettes de fortune, au pied du lit de la maîtresse, dans quelque recoin, voir dans les bat-flanc des écuries. Si, avec le temps, cette acquisition gagne les franges heureuses de la population, elle ignore le monde des misérables et tous ceux — les nouveaux venus surtout — que la nécessité contraint à dormir comme ils peuvent, dans les garnis les plus misérables ou les bateaux du Port au foin. L'hébétude du peuple, sa crasse, que dénoncent les observateurs moralistes sont liées à cette insécurité du sommeil.

Inversement, dans les hautes couches de la société le lit est un élément d'ostentation et d'affirmation. Son luxe traduit plus qu'un niveau de vie : une conquête définitive du temps, une liberté. Car, dans sa fonction et dans sa technologie, le lit traditionnel est beaucoup plus complexe que le nôtre, en grande partie parce qu'il doit protéger du froid des nuits d'hiver. Le luxe, c'est de garder la chaleur. L'équipement, la literie permettent au bien-être et au goût du faste de se matérialiser. Les riches domestiques innovent en imitant les usages des riches employeurs et seuls quelques compagnons aisés peuvent réaliser ce rêve.

Confort et paraître sont associés dans les lits monumentaux de la noblesse parisienne. Celui de la femme de Nicolas

Gaudion, conseiller d'État, trésorier général de la Marine, coûte, avec sa literie, plusieurs milliers de livres. C'est une « couchette à bas pilier de cinq pieds et demi de large, garnie de son enfonçure, d'un sommier de crin, de deux matelas de laine, d'un traversin, d'un oreiller de coutil rempli de plumes, de deux couvertures en laine d'Angleterre, d'une couverture de toile piquée, d'un couvre-pieds, la garniture du lit montée sur châssis et impériale, composée d'un petit fond à grande et petite pente, dossier chantourné à bonne grâce, deux grands rideaux à courtepointe en velours cramoisi brodés, deux rideaux de taffetas d'Angleterre sur leur tringle tournante ». Toute une machinerie protège le sommeil des notables, tandis que celui du pauvre est condamné à la simplicité. Simon Dumont, compagnon de rivière, se contente « d'une couche à bas pilier de noyer garni de son enfonçure, paillasse, deux matelas, dont un de laine et un de bourlanisse, traversin et oreillers de coutil remplis de plumes, une couverture de laine blanche, une courtepointe de toile peinte doublée de toile, des rideaux, deux bonnes grâces, fond, ciel et tour de lit de serge verte doublée d'un petit galon de soie verte ». Le tout est évalué à 150 livres. C'est la qualité des tissus et des objets qui fait la différence : aux miséreux, les pauvres paillasses bourrées de seigle, les couvertures minces et usées ; aux autres, les bons gros matelas et les chaudes courtepointes. L'aisance et le succès se manifestent par le ralliement aux manières des nantis : l'accumulation du couchage et la clôture.

L'empilement des matelas, la garantie d'une intimité calorifique et sexuelle minimale, que procurent rideaux et housses, sont gagnés dans la bonne bourgeoisie et les milieux notables dès le XVIIe siècle. Les milieux ancillaires bénéficient de l'imitation des mœurs de la classe aisée dès le début du XVIIIe siècle. Les pauvres y accèdent peu ou prou selon leurs moyens. La société entière communie dans l'idéal des façons de dormir bourgeoises et nobiliaires. La chambre du roi, au centre de la façade de Versailles, et le lit du roi, au centre de la chambre, symbolisent dans l'ordre politique un fait général de la culture matérielle : le lit, « second cercle corporel », se conforme à la hiérarchie du monde. L'idéal pour tous, c'est l'abondance, la débauche des objets, le retranchement au for conjugal ou individuel. L'espace clos du lit enfermé dans sa housse, où chacun se barricade derrière ses rideaux, est, avec plus ou moins de faste, de plus en plus accessible au grand nombre.

Le rouge et le vert.

Enfin, le système du sommeil correspond à un système culturel d'ensemble, où la nécessité — le problème de la chaleur et de la promiscuité — se combine avec des valeurs symboliques : on n'en peut douter à regarder comment les dormeurs choisissent les couleurs de leurs rideaux et de leur ciel de lit. Dans le peuple parisien, dominent encore le vert et le rouge, qui placent le sommeil sous le signe de la fécondité et des valeurs solaires. Dans les milieux aisés, ces vieux symboles cèdent la place aux affirmations neuves et exotiques des toiles peintes et des siamoises, tandis que brocarts et velours de soie ornent toujours les lits d'apparat aristocratiques. Chez les plus pauvres, le maintien des gestes anciens révèle toute l'importance qu'il faut accorder au dormir pour garder sa santé et préserver sa digestion. Le sommeil doit profiter au corps et l'on ne dort pas n'importe comment. Chacun sait, avec le docteur Savot (1624), les bonnes grand-mères et les vieilles nourrices, que celui qui s'endort sur le dos enfante des incubes. Il faut dormir sur le côté droit, à la rigueur le gauche, ou sur le ventre, postures plus favorables à une bonne assimilation alimentaire, peut-être aussi aux songes des ventres creux.

Le lit conjugal permet de préciser la trajectoire sociale d'une manière du corps. Si dans un lit mollet on peut dormir durement — la sagesse proverbiale n'est pas dupe du matériel —, la qualité du sommeil et des rêves n'en est pas moins insérée dans un ensemble de représentations sociales et de façons de vivre. Quand les moyens manquent, il reste toujours la ressource du confort sauvage procuré par l'entassement des corps dans la communauté scabreuse — selon les esprits soucieux de réformer les idées et les mœurs — des grabats familiaux et amicaux. L'évolution des comportements se lie ici à des ruptures qui puisent leur force dans la transformation religieuse et morale ; on chasse les enfants du lit des parents puis de leur chambre, les frères du lit des frères et des sœurs puis de leur chambre ; mais la révolution du « troisième cercle calorique », avec le poêle, va transfigurer la vie de tous.

Vivre des intimités différentes reste l'enjeu de cette nouvelle histoire. On comprend qu'auparavant l'attachement familial au lit ait pu conduire les épouses délaissées et les maris trompés à dénoncer devant la police cette perte irréparable : *Il a vendu jusqu'à son lit ; elle a emporté mon lit*. Dans l'intimité précaire de la vie des familles populaires, c'est reconnaître aux yeux de tous qu'on a perdu plus qu'un meuble : le sens d'une rencontre et le territoire d'un destin commun.

Orientation bibliographique

Braudel, F., *Civilisation matérielle et capitalisme*, Paris, A. Colin, 1967.

Burgess A., *Sur le lit,* Paris, Denoël, 1982.

Farge A. et Foucault M., *Le Désordre des familles,* Paris, Gallimard-Julliard, coll. « Archives », 1982.

Juin H., *Le Lit,* Paris, Hachette-Massin, 1980.

Roche D., *Le Peuple de Paris*, Paris, Aubier, 1981.

« Le lit/La table », *Littérature*, n° 47, octobre 1982, Hachette.

La maladie d'amour

« Je vous écris pour la dernière fois. »

L'auteur des *Lettres portugaises* traduites en français, ouvrage anonyme paru en 1669, est un gentilhomme gascon nommé Gabriel de Lavergne, sieur de Guilleragues, établi depuis quelques années à Paris, où il fréquentait assidûment les salons littéraires.

Durant les années qui suivirent la publication, les curieux tentèrent de savoir qui était l'officier français auquel s'adressait « Mariane ». Un consensus s'établit sur le nom de Noël Bouton de Chamilly, gentilhomme qui avait pris part à l'expédition française venue au Portugal dans les années 1663 à 1668 pour aider ce pays à reconquérir son indépendance sur les Espagnols. Quant à la religieuse elle-même, c'est seulement au XIXe siècle qu'une identité lui fut attribuée, d'après une « note » manuscrite figurant sur un exemplaire disparu : il s'agissait de Mariana da Costa Alcolorado (1640-1723), religieuse au couvent de la Conception de Beja. Les passages suivants sont extraits de la cinquième et dernière lettre.

« Je vous écris pour la dernière fois, et j'espère vous faire connaître, par la différence des termes et de la manière de cette lettre, que vous m'avez enfin persuadée que vous ne m'aimiez plus, et qu'ainsi je ne dois plus vous aimer : je vous renverrai donc par la première voie tout ce qui me reste encore de vous. Ne craignez pas que je vous écrive ; je ne mettrai pas même votre nom au-dessus du paquet ; j'ai chargé de tout ce détail Dona Brites, que j'avais accoutumée à des confidences bien éloignées de celle-ci [...] Je vous avoue, à ma honte et à la vôtre, que je me suis trouvée plus attachée que je ne veux vous le dire à ces bagatelles, et que j'ai senti que j'avais un nouveau besoin de toutes mes réflexions pour me défaire de chacune en particulier, lors même que je me flattais de n'être plus attachée à vous ; mais on vient à bout de tout ce qu'on veut, avec tant de raisons. Je les ai mises entre les mains de Dona Brites ; que cette résolution m'a coûté de larmes ! Après mille mouvements et mille incertitudes que vous ne connaissez pas, et dont je ne rendrai pas compte assurément, je l'ai conjurée de ne m'en parler jamais, de ne me les rendre jamais, quand même je les demanderais pour les revoir encore une fois, et de vous les renvoyer, enfin, sans m'en avertir.

« Je n'ai bien connu l'excès de mon amour que depuis que j'ai voulu faire tous mes efforts pour m'en guérir, et je crains que je n'eusse osé l'entreprendre si j'eusse pu prévoir tant de difficultés et tant de violences. Je suis persuadée que j'eusse senti des mouvements moins désagréables en vous aimant, tout ingrat que vous êtes, qu'en vous quittant pour toujours. J'ai éprouvé que vous m'étiez moins cher que ma passion, et j'ai eu d'étranges peines à la combattre, après que vos procédés injurieux m'ont rendu votre personne odieuse [...]

« N'avez-vous jamais fait quelque réflexion sur la manière dont vous m'avez traitée ? Ne pensez-vous jamais que vous m'avez plus d'obligation qu'à personne du monde ? Je vous ai aimé comme une insensée ; que de mépris j'ai eu pour toutes choses ! Votre procédé n'est point d'un honnête homme ; il faut que vous ayez eu pour moi de l'aversion naturelle, puisque vous ne m'avez pas aimée éperdument ; je me suis laissé enchanter par des qualités très médiocres : qu'avez-vous fait qui dût me plaire ? Quel sacrifice m'avez-vous fait ! N'avez-vous pas cherché mille autres plaisirs ? Avez-vous renoncé au jeu et à la chasse ? N'êtes-vous pas revenu après tous les autres ? Vous vous y êtes exposé follement, quoique je vous eusse prié de vous ménager pour l'amour de moi ; vous n'avez point cherché les moyens de vous établir en Portugal, où vous étiez estimé ; une lettre de votre frère vous en a fait partir, sans hésiter un moment ; et n'ai-je pas su que, durant le voyage, vous avez été de la plus belle humeur du monde ? Il faut avouer que je suis obligée de vous haïr mortellement [...]

En vous renvoyant vos lettres, je garderai soigneusement les deux dernières que vous m'avez écrites, et les relirai encore plus souvent que je n'ai lu les premières, afin de ne retomber plus dans mes faiblesses. Ah ! qu'elles me coûtent cher, et que j'aurais été heureuse si vous eussiez voulu souffrir que je vous eusse toujours aimé ! Je connais bien que je suis encore un peu trop occupée de mes reproches et de votre infidélité, mais souvenez-vous que je me suis promise un état plus paisible, et j'y parviendrai ou je prendrai contre moi quelque résolution extrême que vous apprendrez sans beaucoup de déplaisir ; mais je ne veux plus rien de vous, je suis une folle de redire les mêmes choses si souvent, il faut vous quitter et ne penser plus à vous, je crois même que je ne vous écrirai plus ; suis-je obligée de vous rendre un compte exact de tous mes divers mouvements ? »

(*Lettres de la religieuse portugaise,*
éditées par B. Bray et I. Landy-Houillon,
Paris, Garnier, 1983.)

Les procès pour impuissance sexuelle au XVIIe siècle

Pierre Darmon

Dans la préface qu'il consacre à ce curieux ouvrage[1], Dominique Fernandez se livre à un examen scrupuleux du mécanisme d'exclusion qui relègue ces disgraciés « dans la clôture ». La dénonciation de l'eunuque commence par une « litanie dénigrante » inspirée de saint Basile. Ce malheureux n'est qu'« un bœuf dont l'apparence répugne. Sa voix est grêle et languissante, ses manières efféminées, il n'a aucun courage ni hardiesse. Chétif et méprisable dans son corps, il vaut encore moins du côté de l'esprit. Gens abominables et sans honneur, ils sont jaloux, féroces, gourmands, avares, inconstants, soupçonneux, furieux, insatiables ». « Dans cette France de 1707 qui vise à l'hégémonie économique », l'eunuque sera donc ce « bouc émissaire » qu'il suffira « d'enfermer dans le cercle infamant de l'anathème, pour conjurer les dangers de toutes les possibles déviances » (Charles Ancillon, *op. cit.*). Autour de sa personne s'organise un réseau d'interdits qui l'excluent radicalement de la société. A l'écart du mariage et des charges civiles, le voilà donc condamné au ghetto.

Le pape et les impuissants.

En fait, Ancillon ne parle que des castrats naturels ou volontairement châtrés. Dans l'esprit de l'homme des XVIIe et XVIIIe siècles, un amalgame insidieux se réalise pourtant entre l'eunuque et le « frigide », ou impuissant, que le juge d'Église et le public englobent dans un même sentiment d'opprobre.

Certains eunuques posent pourtant un épineux problème. Privés de testicules, ils n'en sont pas moins capables de déployer leur membre viril, sans en venir toutefois à l'éjaculation. Ils présentent cependant tous les attributs physiques de la virilité. Doit-on, en dépit de ces apparences plutôt flatteuses, les placer au nombre des eunuques ? Jusqu'au début du XVIIe siècle, les docteurs et les juristes se rangent derrière l'autorité de Panorme et formulent, en dépit de quelques dissensions, un jugement affirmatif. Mais tolérant le mariage de ces personnages ambigus, ils n'en reconnaissent pas moins l'impuissance faute d'émission et laissent à l'épouse le soin de se pourvoir en dissolution, si bon lui semble.

Coup sur coup, une décision de Sixte Quint (1587) et l'affaire d'Argenton (1601) allaient pourtant remettre en question le sort de ces eunuques problématiques. Le 27 juin 1587, le pape Sixte Quint rédige un bref à l'adresse de son légat en Espagne. « Dans ce pays, écrit-il, les femmes épousent volontiers ces hommes qui, sous le titre usurpé de « mari », tournent le sacrement du mariage en dérision et se livrent à une imitation fallacieuse de ses mystères. En réalité, ces mariages constituent d'abominables raffinements de débauche et portent en eux la marque du péché et le germe de la damnation. » Aussi n'est-ce pas sans raison que Sixte Quint ordonne la dissolution impérative de ces unions coupables, que les épouses le veuillent ou non. La décision de Sixte Quint marquait donc une aggravation sensible du sort réservé aux eunuques et aux « frigides » en mettant un terme au libéralisme passif de quelques-uns. Jusque-là, la nullité n'était que relative et de « droit privé ». Le bref de 1587 faisait au contraire de l'impuissance un « empêchement public ». La répression allait s'accentuer et trouver son expression la plus parfaite dans l'affaire d'Argenton. Mais ici, l'arme devait s'avérer à double tranchant.

Les témoins du baron.

En 1595, le baron d'Argenton épousait Magdeleine de la Chastre, « damoiselle de grande et ancienne maison ». Selon

Sébastien Roulliard, le mariage aurait été consommé dès la nuit de noces et le drap taché de sang livré à la curiosité du public[2]. Pendant quatre ans de vie commune, les époux se rendent « l'un à l'autre la debte conjugale ». Mais « l'esprit de la femme, pour son imbécillité, se rend aisément susceptible d'impressions sinistres ». Magdeleine de la Chastre, qui subissait d'ailleurs l'influence néfaste de sa mère et les aiguillons trompeurs d'une « imagination frivole », se persuade bientôt de l'impuissance de son mari. Elle porte plainte. L'affaire est soumise à l'official de Sens qui ordonne promptement l'inspection des parties génitales du baron. Le constat mentionne que d'Argenton « n'avait point de tesmoins (testicules) extérieurement, mais comme une bourse sans boulettes, laquelle se retiroit au dedans quand il se renversoit, de manière qu'il n'avoit autre chose qu'une verge, encore estoit-elle beaucoup plus courte que l'ordinaire des autres hommes ».

Le baron prosteste. Ses testicules existent, mais « cachez au dedans ». Il réclame le *congrès*[3]. L'official refuse : l'absence de testicules est une preuve suffisante qui permet d'épargner la pudeur de Magdeleine de la Chastre. Le mariage est alors déclaré nul sans aucune autre forme de procès. L'accusé se tourne vers le primat de Lyon. Sentence confirmée ! Vers Rome, même résultat ! Sans se laisser abattre, il entreprend une nouvelle démarche auprès du Saint-Père, lui demandant de s'occuper personnellement de l'affaire. La requête est acceptée, mais Magdeleine fait « appel comme d'abus ». Les hypothétiques testicules sont devenus célèbres et suscitent une très vive polémique philosophique et médico-légale.

L'avocat du baron, Du Marché, cite le témoignage de chirurgiens et de théologiens qui affirment, preuve à l'appui, que les « testicules apparens ne sont point nécessaires ». A son tour, le baron entre en lice : « Je ne suis point chastré, s'écrie-t-il avec l'ardeur du désespoir, j'ai de la barbe au menton et ma voix n'est point gresle, mais semblable à celle des autres hommes, forte et virile. » En vain ! D'Argenton perdit son procès (1600). Mais l'affaire ne faisait que commencer. Obstiné, il demande à un avocat de Melun, Sébastien Roulliard, de prouver qu'en dépit des apparences, ses testicules existent bien.

Puissant à titre posthume.

Sébastien Roulliard reprend et approfondit les thèmes de Du Marché. S'élevant au niveau des principes philosophiques, il démontre, à grand renfort de sophismes, que l'occulte a toujours un rôle à jouer. C'est ainsi que Louis XI réprima d'autant mieux la rébellion d'un grand seigneur qu'il avait eu vent de l'affaire par un témoin qui, à l'image des testicules du baron, était caché derrière une tenture pendant que se tramait le complot. Nier l'existence de testicules cachés, c'est nier l'existence du foie, du cœur, des poumons. Plusieurs animaux, les poissons, par exemple, ont les testicules à l'intérieur du corps, ils n'en sont que plus prompts au coït. En fait, les testicules ne sont pas nécessaires à l'érection. Au contraire, ils régularisent les débordements de la concupiscence, ils servent de « portes pleines de tours et destours sinueux pour retarder le cours de la semence, la tenir en bransle et en suspens, donner un cours esgal et plus commode à la navette qui court et recourt dessus, servir d'archer pour faire la garde à la porte des vaisseaux spermatiques, à fin d'empescher qu'ils ne se jettent à la foule[4] ».

Mais la chose jugée n'en fut pas pour autant ébranlée et le 3 février 1603, le baron mourut sans avoir été réhabilité. Cette mort allait enfin permettre de résoudre un irritant problème de médecine légale. L'autopsie du cadavre, confiée au grand Ambroise Paré, fit courir tout Paris et se déroula « en présence de médecins et chirurgiens et nombre de gentilshommes ». A la stupéfaction générale, « ses deux tesmoins que la nature avoit caché apparurent et, estant anatomisés, se treuvèrent pleins comme ceux des autres hommes dont procès-verbal fut dressé [5] ». D'Argenton fut déclaré puissant à titre posthume et la faculté de médecine de Paris décida par un décret qui fit jurisprudence « qu'il n'est pas besoin, pour être capable d'engendrer, de trouver les testicules dans la bourse d'un homme, pourvu, toutefois, qu'il ait d'autres marques suffisantes de virilité[6] ».

Notes

1. Ch. Ancillon, *Traité des eunuques,* Ramsay, 1978, présenté par Dominique Fernandez.

2. Roulliard (Sébastien), *Capitulaire ou Recueil des principaux chefs du procès d'entre le Seigneur baron d'Argenton [...] appelant [...] et dame Magdeleine de la Chastre, sa femme, poursuivant la dissolution de leur mariage, intimée,* p. 1. Le récit qui suit est tiré de ce capitulaire ainsi que des *Actions forenses, singulières et remarquables* de Julien Peleus, Paris, 1638, p. 300 s.

3. Le *congrès* était ordonné par la cour dans les procès en impuissance. Au cours de cette épreuve insolite, l'impuissant présumé devait accomplir le devoir conjugal en présence d'experts. Le congrès fut aboli en 1677 sur intervention du procureur Lamoignon.

4. Rouillard, *ibid.,* p. 5-6, idées puisées dans Aristote et dans Paré.

5. Cité dans Charles Févret, *Traité de l'abus,* Dijon, 1654, p. 526.

6. Cet arrêt est rapporté par le Dr Nicolas Venette, *La Génération de l'homme ou tableau de l'amour conjugal,* Parme, 1696, p. 418.

« *La Petite Bible des jeunes époux* »

Alain Corbin

Les médecins de la fin du XVIIIe siècle et, plus encore, ceux du XIXe sont fascinés par le sexe. Il y a beau temps que, de Michel Foucault à Jean-Pierre Peter, d'Yvonne Kniebiehler à Jean-Paul Aron, les historiens l'ont remarqué. Or la science permet de contrevenir subtilement aux interdits. Elle seule autorise le regard sur le corps intime. Dès la Restauration, Récamier utilise le spéculum. Le geste suscite la controverse ; à la fin du siècle, il se trouvera encore de bonnes âmes indignées pour considérer l'intromission de cet instrument comme un viol médical. L'alibi scientifique peut, au besoin, masquer l'assouvissement du désir ; le docteur Bergeret rapporte qu'un jeune médecin soulageait, non sans plaisir, ses patientes hystériques en les conduisant, par ses doctes caresses, à des orgasmes répétés ; cela jusqu'à ce que le recours gourmand à cette thérapeutique finisse par alarmer les familles de ses clientes [1]. En ce temps de langage épuré, la théorie médicale autorise surtout le plaisir de dire la sexualité.

Le lit conjugal.

C'est à ce discours tenu par les praticiens que je me bornerai. Contrairement à ce que pense Michel Foucault [2], il ne me semble pas que les médecins du XIXe siècle aient montré plus de complaisance à traquer les déviances qu'à parler des relations conjugales. Il se trouve, plus simplement, que les historiens de notre temps ont accordé plus d'attention aux analyses inquiètes des aliénistes, au théâtre de l'hystérie, à la taxinomie des perversions et aux anathèmes proférés contre les pénis égarés qu'à ces innombrables mais plus ternes manuels rédigés par des auteurs sans grand talent qui tentaient de se faire les guides des ébats conjugaux de leurs éventuels lecteurs.

Il ne sera donc ici question ni d'attentats aux mœurs, ni de pratiques « antiphysiques », ni de stimulations érotiques, mais, pour reprendre le vocabulaire de nos auteurs, de ces amples développements consacrés au coït, à la copulation et aux étreintes conjugales ; en bref, de cet ensemble d'injonctions que le docteur Montalban — et ce n'est là qu'un exemple — s'efforce de résumer, en 1885, dans sa *Petite Bible des jeunes époux*[3]. Le ton en est correct. Dire la sexualité impose alors une stratégie justificatrice : il convient, ici et là, de jeter l'anathème sur la déviance et d'accompagner de sinistres prédictions l'accomplissement de tout ce qui ne relève pas du coït discipliné. Nos médecins font preuve de beaucoup de respect pour le lit conjugal ; ils manifestent une sorte de timidité lorsqu'ils nous parlent de cet « autel » domestique. Dans ce discours, il va de soi que les époux se vouent une mutuelle fidélité.

Les injonctions médicales s'expriment sous le couvert de l'« hygiène sexuelle » ; le scabreux s'en trouve aseptisé. Cependant, le propos se révèle parfois fort autoritaire. Le pouvoir médical pouvait alors se déployer avec d'autant moins de fard qu'on ne songeait pas encore à le contester comme tel. Écoutons le docteur Bergeret dont certaines fiches illustrent clairement cet autoritarisme ; à propos d'un couple illégitime, ces brèves notations : « Je proscris sévèrement les rapports irréguliers [...] les jeunes gens se marient : grossesse ; guérison. » Le médecin a interdit le coït à un homme de quarante-neuf ans, très lascif : « Il vient de grand matin, rapporte notre praticien, me demander, presque les larmes aux yeux, si je veux lui permettre une femme, seulement tous les huit jours. » Bergeret demeure inflexible.

La lecture des chapitres consacrés au « coït » ou à la « copulation » conduit à une première constatation qui ne manquera pas de surprendre : les médecins y exaltent ouvertement la jouissance sexuelle. Ils s'accordent alors à la considérer comme le plus grand des plaisirs, mais assez curieusement, du moins à première vue, ils n'en relatent que les formes orgasmiques, dont ils prennent soin, souvent, de préciser qu'elles n'en sont pas moins répugnantes et suivies de dégoût. Rien dans ces ouvrages sur le plaisir longuement calculé. Il n'est ici question que d'« éréthisme », de « spasmes », d'« ébranlement » voluptueux et d'« haleine de feu ». Nos savants donnent dans la poésie ; ils rivalisent dans l'art de la métaphore fulgurante ; ils font s'entrouvrir le ciel, sonner le clairon, gronder le tonnerre. Il est, à cette emphase, un justificatif : le mystère de l'éjaculation. Alors, l'homme s'égale à Dieu ou, tout au moins, à la Nature. Le plaisir réside dans la création qui assure la survie de l'espèce et le médecin ne se veut que le chantre modeste de cette grandiose dramaturgie.

Un funeste destin guette toutefois l'époux par trop prodigue : le plus intense des plaisirs accompagne l'exercice de la plus périlleuse des fonctions organiques. Ici s'imposent quelques mots d'explication. Ces textes médicaux, qui puisent dans une lointaine tradition hippocratique, aristotélicienne et galénique, reconnaissent, explicitement ou non, le primat du sexuel sur l'économie. A propos de la femme, la cause est entendue : on sait combien nombreux sont les ouvrages qui soulignent l'importance de la puberté, les conséquences décisives des premiers rapports, les impératifs de l'hygiène de la menstruation et, plus encore, la gravité du tournant que constitue la ménopause. Mais nos auteurs insistent tout autant, sinon davantage, sur l'importance de la sexualité chez l'homme. L'histoire sexologique, souvent d'inspiration féministe, a tendance à l'oublier. Le spasme masculin, volupté suprême, impose, selon les médecins de ce temps, une gestion sévère, attentive. Les savants français définissent les exigences d'une économie spermatique de laquelle les médecins britanniques de l'ère victorienne se révèlent, eux aussi, très soucieux. L'émission de ce liquide séminal, « vie à l'état liquide », selon le docteur Réveillé-Parise[4], « extrait le plus pur du sang », selon le docteur Alexandre Mayer[5], impose un effort intense. N'a-t-on pas calculé que la perte de trente grammes de cette substance, note pour sa part le docteur Garnier[6], « équivaut à celle de mille deux cents grammes de sang » ? Aussi s'impose-t-il avant tout d'éviter le gaspillage, c'est-à-dire l'émission inconsidérée. Savoir épargner cette force prolonge la vie et peut susciter le génie. Le concept freudien de sublimation possède de lointaines racines.

Nous tenons là, me semble-t-il, le fil directeur. Les ouvrages médicaux fonctionnent comme des manuels de gestion spermatique. A chaque page, se retrouve le fantasme de la déperdition. La thermodynamique enseigne que la chaleur se transforme en énergie ; de la même manière, le plaisir créateur entraîne la perte de la vitalité : « Chaque fois que l'individu consomme l'acte de la procréation, écrit le docteur Seraine, il donne une portion de sa vie pour allumer une vie nouvelle » ; « C'est [...] à la science de diriger une force à la fois si séduisante et si redoutable, dont les excès sont le plus grand mal de ce temps[7]. » De là, ces interminables débats consacrés aux effets bénéfiques — ou aux méfaits — de la continence masculine, de là ces foudres brandies contre la masturbation et la débauche anténuptiale, de là ces anathèmes répétés à l'encontre des « fraudes conjugales ».

Jean-Louis Flandrin et John T. Noonan ont bien montré la grande attention que l'Église, à partir des années 1850, porte à ce nouveau fléau baptisé « onanisme conjugal ». L'expression désigne toutes les manœuvres qui, au sein du couple légitime, autorisent le plaisir sans qu'il y ait risque de grossesse. Ce péché multiforme peut conduire à la damnation des fidèles et à la dépopulation de la patrie ; aux yeux des médecins, il risque surtout de dévitaliser les hommes et d'« énerver » les femmes.

Ces « fraudes », nos savants en dressent, avec minutie, le catalogue : coït interrompu, masturbation réciproque, qualifiée d'« ignoble service », caresses bucco-génitales, coït anal. Le docteur Bergeret et quelques autres dénoncent, en outre, avec la même virulence, la copulation avec l'épouse stérile et avec la femme ménopausée : deux figures ravageuses, aux amours inutiles, tumultueuses, excessives, dont aucune crainte ne vient endiguer les débordements. Menaces pour la morale, ces Messalines conjugales aiment à « se livrer à des coïts effrénés[8] » qui épuisent leurs partenaires. La lecture de tels anathèmes permet aux femmes d'aujourd'hui, pratiquantes de la pilule et du stérilet sous le regard approbateur du ministre de la Santé, de mesurer le fossé culturel qui sépare les médecins du XIXe siècle des praticiens du planning familial.

A ce propos s'imposent encore quelques mots d'explication : les médecins du XIXe siècle ne cessent de répéter qu'à l'état naturel, la femme se trouve dotée d'une capacité de jouissance répétitive qui dépasse de beaucoup celle de l'homme. Cette supériorité évidente engendre une arithmétique anxieuse ; plusieurs savants tentent de calculer les potentialités respectives des deux sexes, sans doute dans l'espoir d'exorciser l'angoisse que suscite l'image d'une femme insatiable. Le grave Pierre Larousse note péremptoirement dans son dictionnaire qu'une femme en ce domaine équivaut à deux hommes et demi. Dans la population masculine, l'anxiété croît avec le temps. Jamais on ne se sera tant apitoyé sur le déclin de la virilité que durant les deux dernières décennies du siècle. La germanophobie imprègne alors les calculs ; les Allemands, affirme Montalban, sont « comme un est à quatre par rapport à nous » ; mais cette supériorité proclamée ne semble pas suffire à rassurer les coqs gaulois.

D'une manière plus générale, dans la perspective gestionnaire qui est la sienne, la réflexion scientifique sur la sexualité se trouve alors placée sous le signe de l'arithmétique. Cela vaut d'ailleurs pour tout le corps social. Tandis que les tenancières de maisons closes veillent à ce que les clients ne « redoublent pas », le jeune Victor Hugo note dans ses carnets les performances de sa nuit de noces et Michelet récapitule dans son *Journal* ses coïts annuels, avec ce même souci de précision qui poussait Sade ou Restif à indiquer au lecteur le nombre des orgasmes qui submergent leurs personnages.

On ne s'étonnera pas, dès lors, de voir nos médecins du XIXe siècle, farouches ennemis de toute manœuvre voluptueuse, débattre du nombre d'éjaculations qu'il convient de recommander à leurs lecteurs et s'efforcer de construire une échelle numérique des performances, graduée selon l'âge des époux. Après avoir généralement rappelé les scores fantastiques obtenus par certains grands personnages de l'histoire, les praticiens concèdent au jeune homme vigoureux deux ou trois coïts hebdomadaires ; quant à l'époux qui frise la cinquantaine, il devra se contenter d'un orgasme toutes les trois semaines. En revanche, les avis divergent quelque peu à propos de l'âge auquel il convient de cesser tout rapport. Certains médecins considèrent que les cinquante ans constituent une limite raisonnable. D'autres, sans doute plus âgés, tel le docteur Garnier, admettent, avec prudence, les ébats des quinquagénaires. Au-delà s'impose l'interdit.

Cette arithmétique ne s'applique pas de la même manière à la femme. Par bonheur, car, notera le docteur Louis Fiaux[9], c'est ce qui nous préserve de sa tyrannie, la supériorité féminine dans le domaine du plaisir ne constitue qu'une virtualité. Contrairement à celui de l'homme, le désir féminin a besoin d'être provoqué. En 1880, le même docteur Fiaux concédera tout au plus que « la crise génératrice ou besoin de rapprochement », qui se renouvelle tous les trois ou quatre jours chez l'homme, apparaît, chez la femme, toutes les trois semaines. On comprend mieux dès lors l'immense danger des « fraudes conjugales ». Chaque épouse honnête étant, en puissance, une insatiable jouisseuse, c'est à l'époux d'empêcher cette funeste métamorphose en se gardant de la provoquer par d'excessives et dangereuses caresses.

Mais il y a plus : tandis que, trop prodigue, le mari s'épuise et dépérit, l'excès trouble le sang et ravage les nerfs délicats de son épouse que ne vient pas apaiser la semence masculine. « L'afflux du sang, écrit Bergeret, sous l'influence des fraudes répétées, peut être tel que la femme soit prise d'une hémorragie effrayante. » « Il m'énerve trop ; ma santé n'y tiendra pas », confie à sa meilleure amie l'une de ses jeunes clientes, victime des manœuvres voluptueuses de son époux.

Bergeret constitue certes un cas extrême ; tous les médecins ne pensent pas comme lui ; au lendemain de la découverte de l'ovulation, certains praticiens, très minoritaires il est vrai, iront même jusqu'à recommander une méthode contraceptive fondée sur la connaissance des étapes du cycle menstruel. Notre bouillant praticien n'en demeure pas moins très intéressant : en forçant le trait, il permet de mieux saisir la démarche de la majorité de ses confrères et de mieux comprendre les normes établies.

Aux yeux des médecins, la puissance de fécondation prime toute autre considération. La pleine réussite du coït implique la vigueur du mâle et la rapidité de l'acte. Si l'ivrogne s'attarde dans l'amour, c'est qu'il a perdu la force de féconder. Nouvelle raison pour bannir la complaisance voluptueuse : celle-ci risque de compromettre la qualité du produit de fécondation.

On comprend, dès lors, qu'on ne pose jamais, dans cette littérature, le problème de l'éjaculation précoce. La nécessaire vigueur explique aussi que le coït matinal apparaisse préférable à tout autre. Les jésuites du Paraguay le savaient bien, rappelle le docteur Seraine, qui faisaient sonner la cloche des villages une heure avant le moment du lever. A qui veut, nonobstant, honorer son épouse le soir, après dîner, mieux vaut, pour la même raison, attendre la fin de la digestion. Bien entendu, le coït se trouve formellement déconseillé aux malades et aux individus pris de boisson. Puisque la copulation « obscurcit l'esprit », les hommes livrés aux travaux littéraires feraient mieux, estime pour sa part le docteur Réveillé-Parise, de s'abstenir totalement durant la rédaction de leur œuvres [10].

Cette série d'injonctions s'accordent avec ce que l'on peut savoir de la brièveté des rapports conjugaux au XIXe siècle. En 1906, dans un ouvrage largement diffusé dans les milieux cultivés, le sexologue suisse Auguste Forel [11] aboutit à la conclusion que, dans sa clientèle bourgeoise, la durée moyenne du coït est de trois minutes ; et l'on sait que Kinsey aboutira, quelques décennies plus tard, à un résultat assez peu différent.

Si la bonne gestion spermatique et la réussite de la fécondation constituent bien à leurs yeux les objectifs essentiels, le comportement de la femme, on l'aura déjà pressenti, ne laisse pas nos médecins indifférents. Le plaisir de l'épouse, dont nous savons combien l'excès en paraissait menaçant, leur pose un problème difficile. L'orgasme féminin inspire des développements contradictoires ; il nourrit la controverse. En ce domaine, les théories se superposent, s'emboîtent comme les tuiles d'un toit et il serait vain de vouloir déterminer, avec trop de précision, des ruptures dans l'attitude, souvent irrationnelle, de médecins incertains face à un problème qui suscite chez eux une grande anxiété. Il reste toutefois possible de distinguer, très schématiquement, trois étapes :

1. Bien longtemps après la découverte du spermatozoïde, persista la croyance, datant de Galien, en la nécessité de l'orgasme féminin dans l'acte de procréation. A la fin du XIXe

siècle, certaines femmes s'efforceront encore de ne pas jouir afin d'éviter tout risque de conception. Nombreuses seront les épouses éberluées à l'annonce d'une grossesse que n'aura précédée aucune expérience voluptueuse. Une telle croyance en la nécessité du spasme vénérien aurait pu conduire à la justification sinon à l'exaltation du plaisir féminin. Mais ici entre en jeu la pudeur. Obsédés par les risques que présentent les excessives capacités de l'autre sexe, la totalité des hygiénistes refusent à l'épouse toute initiative ; ils repoussent les manifestations d'une sexualité féminine désirante dont ils nient jusqu'à l'existence. C'est à l'époux de régler « l'énervation » de la femme dont il est responsable. L'homme se voit donc confier une triple mission : il lui faut combiner la réserve spermatique et la fécondation vigoureuse au souci d'éviter à sa partenaire une excessive volupté vénérienne ; sinon il risquerait de déchaîner ces « fureurs utérines », ces forces telluriques qui sommeillent en la femme normale mais dont les nymphomanes et les hystériques révèlent l'existence.

Il va de soi que la mission ordonnatrice du mari sera facilitée par la virginité de la jeune épousée. Celle-ci obéira mieux à qui l'a initiée. La théorie de l'imprégnation, selon laquelle la femme garde d'une manière indélébile l'empreinte spermatique de son premier partenaire, accentue le prix accordé à la virginité des fiancées. Le professeur Alfred Fournier, membre de l'Académie de médecine, écrit encore en 1891 : « On raconte qu'une femme blanche, après avoir été fécondée par un premier mari nègre, devint veuve, se remaria à un blanc et eut de celui-ci des enfants qui présentaient sur certaines parties de leur peau la pigmentation caractéristique de la race de nègre [12]. »

2. Sous la monarchie de Juillet, Pouchet et Négrier découvrent les mécanismes de l'ovulation. La femme cesse d'être une simple matrice, elle participe à l'acte créateur ; mieux, elle s'identifie à la Nature. Il va lui falloir payer cette promotion. L'automaticité ou plutôt la spontanéité de l'ovulation rend désormais inutile le spasme voluptueux. Point n'est besoin de jouir pour concevoir. Seul l'orgasme masculin se révèle indispensable. Procurer du plaisir à sa femme importe moins que de la couver de soins attentifs. Ainsi se comporte Michelet à l'égard de sa jeune mais inerte Athénaïs. Le doc-

teur Moreau de la Sarthe n'écrivait-il pas qu'une femme frigide conçoit plus aisément car elle retient mieux la semence qu'une épouse en délire ?

Pour plusieurs décennies, les hommes peuvent donc, en toute quiétude, oublier les réactions de leur partenaire. Tandis que le fantasme de gestion spermatique se trouve à son apogée, la morale dite victorienne triomphe en Occident ; période négative pour la femme, durant laquelle la nécessité du plaisir lui est officiellement déniée. Il se passera bien des décennies avant que la majorité des médecins n'enjoignent à nouveau aux époux de faire jouir leurs partenaires. Il faudra pour cela attendre l'après-guerre et l'essor de la nouvelle sexologie.

3. Au sein du milieu médical, en dehors même de Madeleine Pelletier et de quelques médecins néomalthusiens demeurés marginaux, certaines voix se sont élevées, il est vrai, dès la fin du XIXe siècle, pour réclamer le droit de la femme au plaisir. Théodore Zeldin[13] souligne ainsi l'importance du livre du docteur Dartigues, paru en 1878, et intitulé : *De l'amour expérimental ou des causes de l'adultère chez la femme au XIXe siècle*. Mais il importe de ne pas se méprendre sur cette tentative. La littérature médicale dont ce praticien se pose comme le plus célèbre des représentants ne vise en rien à l'émancipation sexuelle de la femme ; elle n'est pas un plaidoyer pour l'amour libre. Dartigues considère le plaisir de l'épouse comme la meilleure garantie de sa fidélité. C'est la crainte de l'adultère qui pousse à concéder des caresses. Les délicieux préliminaires, l'orgasme de la jeune mariée et ce que le docteur Montalban baptise « l'unisson entre les deux amoureux » entrent dans la définition de ce nouveau couple, harmonieux et fraternel, que les progressistes s'efforcent alors d'esquisser et dont l'image mettra beaucoup de temps à se préciser. Modèle qu'il convient toutefois de ne pas sous-estimer tant il est vrai qu'il a contribué à modifier les formes du désir. Un tournant décisif s'amorce, dont témoigne clairement, en 1885, le ton nouveau du docteur Montalban qui écrit ainsi : « L'action doit être lente, intime, les étreintes douces. »

Les usages callipédiques.

Mais revenons à ce qui, aux yeux du corps médical, constitue l'essentiel : économie spermatique et gestion orgasmique de la femme demeurent orientées vers la réussite de la fécondation. Les hygiénistes du XIXe siècle ont repris à leur compte, et partiellement renouvelé, la bonne vieille callipédie — art de faire de beaux enfants. Les normes qu'ils définissent à ce propos s'accordent souvent aux préceptes anciens. La callipédie se charge seulement de nouvelles anxiétés. Ainsi, la terreur inspirée par l'hérédité morbide et par la dégénérescence, à la suite des écrits du docteur Prosper Lucas et de Benedict Morel, ainsi que l'eugénisme qui tend à se diffuser à la fin du siècle avec l'essor du darwinisme social contribuent à dramatiser l'acte de procréation.

Avoir de beaux enfants implique certaines conduites : au médecin d'indiquer ce qu'il convient de faire. A ce propos, nos praticiens accordent une grande importance à la nuit de noces. Ils sont hantés, surtout vers la fin du siècle, par ce que le docteur Coriveaud décrit comme « le rut sauvage », l'assaut de « l'homme instinctif dans toute la férocité du terme [14] » ; bref, par la crainte du « viol conjugal ». Mais la nuit de noces recèle une plus redoutable menace : la découverte inattendue d'une fiancée vierge mais experte ; de quoi jeter pour toujours le dégoût, quand ce n'est pas la terreur, dans l'âme du naïf jeune homme. L'habileté masculine et la pudeur féminine doivent donc parer au double péril du viol et de l'ivresse compromettante.

La position dite du missionnaire semble à tous nos médecins la posture raisonnable d'accouplement. Aux yeux du docteur Montalban, la quête du plaisir — l'argument est nouveau — suffirait d'ailleurs à la justifier ; en effet, « les points de contact multipliés procurent les sensations les plus agréables », à tel point que si la femme se montre par trop excitable, il sera préférable qu'elle se couche sur le côté. Toutefois, fidèles au bon vieux Lignac auquel ils se réfèrent aussi souvent qu'à Nicolas Venette [15], sans cesse réédité, les savants permettent aux époux tout ce qui sert à la fécondation. Il convient seulement d'éviter ce que le docteur Garnier appelle les « postures illégitimes », gymnastique inutile, coupable raffinement de la volupté qui risque de déterminer l'avortement, quand ce n'est pas la stérilité. A l'évidence, nos auteurs ont en tête l'Arétin, Brantôme, Sade et Restif, mais ils n'en soufflent mot. Du moins entendent-ils que les couples embarrassés leur demandent conseil en la matière. « Les époux, écrit le docteur Garnier, doivent s'adresser au médecin de leur choix, qui pourra seul fixer la position la plus convenable à prendre. »

Au fil des décennies, les conseils qui ont trait à l'heure, à la saison, au climat les plus favorables à la fécondation tiennent de moins en moins de place dans le discours médical ; ils font vite figure d'archaïsmes. Il n'en est pas de même des injonctions qui fixent les lieux de la copulation. L'union des époux ne saurait se dérouler ailleurs que dans la chambre, « sanctuaire de l'amour et de la maternité ». « Un bon lit est le seul autel où puisse dignement s'accomplir l'œuvre de chair », affirme, péremptoire, le docteur Montalban. Le mystère doit s'opérer dans l'ombre, cela va de soi, puisque le jeune époux ne saurait demander à sa pudique moitié de la voir nue, « vêtue d'air et de lumière ». L'auteur de *La Petite Bible* proscrit sévèrement la présence de toute glace à l'intérieur de ce nid conjugal. Pour avoir de beaux enfants, il faut se pénétrer de la grandeur de l'acte. « Que le silence et le recueillement, enjoint pour sa part le docteur Coriveaud, président à vos intimes épanchements. »

Nous ne saurons jamais dans quelle proportion les jeunes époux se sont sentis tenus de s'inspirer étroitement de cette savante bible qui leur était aussi complaisamment destinée. Resta que ce discours normatif nous permet de mieux comprendre un système d'images de la sexualité loin duquel nous dérivons à une vitesse sans cesse accélérée.

Notes

1. Dr L.-F. Bergeret d'Arbois, *Des fraudes dans l'accomplissement des fonctions génératrices,* Paris, J.-B. Baillière, 1868.
2. Michel Foucault, *Histoire de la sexualité,* t. I : *La Volonté de savoir,* Paris, Gallimard, 1977.
3. Paris, Flammarion, 1885.
4. Cité par le Dr Sereine, *De la santé des gens mariés ou physiologie de la génération de l'homme et hygiène philosophique du mariage,* Paris, 1865.
5. Dr Alexandre Mayer, *Des rapports conjugaux considérés sous le triple point de vue de la population, de la santé et de la morale publique,* Paris, J.-B. Baillière, 1857.
6. Dr P. Garnier, *Le Mariage dans ses devoirs, ses rapports et ses effets conjugaux,* Paris, 1879.
7. *Op. cit.*
8. Dr Bergeret, *op. cit.*
9. Dr L. Fiaux, *La femme, le Mariage et le Divorce. Étude de physiologie et de sociologie,* Paris, 1880.
10. Cité par Yvonne Kniebiehler, « Les médecins et l'amour conjugal au XIXe siècle », in *Aimer en France,* Université de Clermont-Ferrand, 1980.
11. Auguste Forel, *La Question sexuelle exposée aux adultes cultivés,* Paris, G. Steinheil, 1906.
12. Cité par A. Corbin, « L'hérédosyphilis ou l'impossible rédemption », *Romantisme,* 1981, p. 31.
13. *Histoire des passions françaises,* t. I, Paris, Le Seuil, coll. « Points Histoire », 1978.
14. Dr Coriveaud, *Le Lendemain du mariage,* Paris, J.-B. Baillière, 1884.
15. Le premier est l'auteur de *De l'homme et de la femme considérés physiquement dans l'état du mariage* (1772) et le second du célèbre *Tableau de l'amour conjugal* dont la première édition date de 1687 et qui fut régulièrement réédité jusqu'en 1955.

Orientation bibliographique

Adler L., *Secrets d'alcôve,* Paris, Hachette, 1983.

Flandrin J.-L., *L'Église et le Contrôle des naissances,* Paris, Flammarion, 1970.

Flandrin J.-L., *Le Sexe et l'Occident,* Paris, Le Seuil, 1981. Pour une période antérieure.

Knibiehler Y., « Les médecins et l'amour conjugal au XIXe siècle », *Aimer en France,* Clermont-Ferrand, 1980.

Knibiehler Y., *La Femme et les Médecins,* Paris, Hachette, 1983.

McLaren A., « Medical attitudes towards sexual behavior », *Sexuality and Social Order,* New York, Holmes and Meir, 1983.

Peter J.-P., « La femme et le médecin », *Misérable et glorieuse, la femme du XIXe siècle,* présenté par Jean-Paul Aron, Paris, Fayard, 1980.

La longue marche du divorce

Arlette Lebigre

Le 20 septembre 1792, à Valmy, une armée de va-nu-pieds faisait, pour la première fois, triompher l'idéal révolutionnaire sur un champ de bataille. Le même jour, à Paris, les députés de la Législative mettaient, en moins d'une heure, mille ans de traditions en déroute : le divorce était introduit en France. Deux victoires d'un coup, une de ces coïncidences dont l'histoire s'amuse à jalonner son cours.

Pour le législateur, l'ennemi s'appelait l'Église, qui avait réussi à imposer puis à maintenir au fil des siècles l'indissolubilité du mariage. Non sans peine. Même quand le christianisme était devenu religion d'État au Bas-Empire romain (192-476), les empereurs avaient dit non au mariage à perpétuité, inconnu de toutes les civilisations antiques. C'est la persévérance de l'Église, son influence sur les maîtres de l'Europe post-romaine qui avaient vaincu le divorce : « Ce que Dieu a uni, l'homme ne doit pas le séparer » (Matthieu, XIX, 6).

Il avait bien fallu s'en accommoder. Le mariage civil n'existant pas [1], seul le sacrement consacrait l'union des époux. Le juriste Loisel avait beau écrire en 1609 que « les mariages se font au ciel et se consomment sur la terre », il n'y avait d'autre remède à l'échec conjugal que l'annulation, admise au compte-gouttes par l'Église et pratiquement réservée aux grands de ce monde (Louis VII et Aliénor d'Aquitaine, Henri IV et la reine Margot).

Restait la séparation de corps, qui interdisait le remariage et n'était en fait prononcée que dans les cas désespérés. Écoutons Pothier, le célèbre jurisconsulte du XVIIIe siècle, rappelant à ses devoirs l'épouse malheureuse : « Elle ne doit opposer que la patience aux mauvaises manières de son mari et même à ses mauvais traitements. Elle doit regarder cela comme arrivant par l'ordre de Dieu et comme une croix qu'il lui envoie pour ses péchés. Cela ne doit pas l'empêcher d'aller, dans toutes les occasions, au-devant de tout ce qui peut faire plaisir à son mari et elle ne doit pas le quitter, à moins que les choses ne soient portées aux plus grandes extrémités. »

Synonyme de liberté.

La rigueur de l'Église et des hommes de loi ne faisait pas l'unanimité. Montaigne dénonce la contrainte qui tue l'affection. Pierre Charron (l'auteur des *Livres de la sagesse,* 1601) parle, quelques années plus tard, de « chausse-trape ou filet pour attraper les bêtes et puis les faire languir à petit feu ». Mais ce sont les philosophes des Lumières qui mèneront l'offensive. Pour Montesquieu, l'indissolubilité du mariage est la cause de tant d'unions stériles et il regrette que « les femmes ne passent plus, comme chez les Romains, dans les mains de plusieurs maris qui en tiraient, dans le chemin, le meilleur parti qui était possible ». Qu'en termes galants... Diderot prône « le retour à la nature et les mœurs d'Otaïti » où les mariages ne durent souvent qu'un quart d'heure. Voltaire se déchaîne contre l'Église qui s'est arrogé le droit d'interdire le divorce. Les âmes sensibles ne sont pas oubliées : un anonyme leur dédie l'histoire du petit Émile (hommage obligé à Rousseau !), six ans, qui souffre entre des parents qui ne s'aiment plus. La loi du 20 septembre 1792, en germe dans la Constitution de 1791 et faisant du mariage un contrat civil, fut le Valmy des philosophes.

Il est vain de se demander si la loi viola les mœurs en offrant à la nation un cadeau que celle-ci ne demandait pas. Les cahiers de doléances sont muets sur ce point. Toujours est-il que, réclamé à Paris par des pétitions ou absent des soucis de la province, le divorce, sitôt qu'il fut autorisé, connut un succès prodigieux. Liberté, que de divorces on commit en ton nom ! Certains n'attendirent même pas la promulgation de la loi pour se faire « démarier » par-devant notaire. Dans les trois mois qui suivirent la loi, on compta à Paris 562 divorces pour 1 875 mariages. Ce n'était qu'un début. L'an II et l'an III firent mieux et la palme revint aux divorcés de l'an IV : à Paris, cette année-là, il y eut plus de divorces que de mariages.

Bonne fille, la loi permettait presque tout. On divorça par consentement mutuel, pour incompatibilité d'humeur, pour « dérèglement notoire ». On répudia pour cause d'émigration, de folie ou de défaut prolongé de nouvelles. On vit même un citoyen, divorcé de deux sœurs épousées l'une après l'autre, demander à convoler avec son ex-belle-mère : on ne sait s'il en divorça aussi...

Tant de fantaisies finirent par inquiéter les gouvernants. La réaction qui se dessina dès le lendemain de la Révolution aboutit au compromis établi par le Code civil en 1804. Sans revenir à l'Ancien Régime, on barrait la route aux « excès révolutionnaires », qui avaient à tel point déconsidéré le divorce qu'il fut question de le supprimer. La petite histoire veut que Napoléon, qui songeait à se séparer de Joséphine, ait tenu bon. Quoi qu'il en soit, divorce à la créole ou à l'impériale, intérêt personnel de l'Empereur ou politique de conciliation, le divorce survécut. Il n'était admis que pour adultère, condamnation infamante, « excès, sévices ou injures graves ». Le consentement mutuel subsistait mais entravé par une procédure aussi dissuasive que compliquée, s'étalant sur vingt articles du Code : « Nous le vendrons si cher que personne n'en voudra », disait l'un de ses rédacteurs.

Apparemment, on ne voulut guère plus des autres formes. En 1805 Paris ne vit que 50 divorces. A Toulouse, de 1804 à 1816, 28 pour 3 518 mariages. Il est vrai que les précautions prises dans tous les cas par le législateur ne facilitaient pas les choses, faisant du divorce « le remède à un grand mal qu'on ne saurait appliquer avec trop de réserve ».

De réserve en suppression et d'Empire en Restauration, le balancier allait brutalement faire retour à l'indissolubilité du mariage. En 1816, la loi Bonald abolit le divorce au nom du catholicisme proclamé religion d'État par la Charte constitutionnelle que Louis XVIII « octroyait » à ses sujets. Pour les couples mal assortis une longue traversée du désert commençait. La loi Bonald acceptait la séparation de corps, supprimée en 1792 et rétablie en 1804, mais les tribunaux du XIXe siècle ne badinaient pas avec le Code civil. Ainsi, transmettre sciemment la syphilis à son épouse n'est pas « essentiellement une cause de séparation de corps », déclare la cour de Rennes en 1817. Même décision à Lyon en 1818, à Toulouse en 1821, à Rouen en 1840, à Bordeaux en 1859. Il faut, en plus, que la femme ait été molestée, ruinée ou séquestrée, pour que « l'injure » soit vraiment « grave ».

De toute façon la séparation de corps n'est qu'un palliatif ne permettant pas une nouvelle union. En faveur des « internés du mauvais mariage » et du droit au bonheur, les écrivains du temps se mobilisent. Peine perdue, le législateur reste sourd. D'ailleurs presque tous les arguments peuvent se retourner : à l'enfant témoin douloureux du désaccord de ses parents, on oppose l'enfant déchiré entre deux foyers nouveaux ; à la femme victime dont il faut rompre les chaînes, la femme vieillissante abandonnée pour une plus jeune. Il faut attendre 1884 et la laïcité chère à la IIIe République pour que le plus ardent partisan du divorce, le député Alfred Naquet[2], obtienne une demi-victoire. Il vantait l'union libre, se disait anarchiste dans le domaine de la famille, souhaitait le divorce par volonté unilatérale comme en 1792... On lui offre le retour au Code civil, pas même un divorce-remède mais un divorce-sanction, sans le consentement mutuel que le Sénat a fait supprimer lors des travaux préparatoires. N'importe : la loi Naquet du 19 juillet 1884, votée après trois ans de discussions, a fait repartir le pendule en sens inverse.

Désormais le mouvement est irréversible. Une vingtaine de lois suivront, toutes favorables à la libéralisation du divorce[3], tandis que les tribunaux, revenant sur leur attitude antérieure, font tout pour « ouvrir la porte de sortie du mariage », « entrebâillée » en 1884.

C'est que les mœurs vont dans ce sens. Lors du vote de la loi Naquet on disait qu'une fois liquidées les situations conflictuelles existantes, le divorce stagnerait très vite. Il ne cessa de croître, passant de 1 657 cas en 1884 à 27 056 à la veille de la Seconde Guerre mondiale[4]. Pourtant, Naquet lui-même reconnaissait qu'il faudrait « un certain courage » aux premiers utilisateurs de sa loi. L'exemple vint des classes moyennes, pionnières du divorce qui, grâce à elles, réussit sa mutation « de la déviance à la normalité ». Majoritaires à toutes les époques, les femmes (60% en moyenne), surtout à mesure qu'elles accèdent au monde du travail rémunéré.

Divorce-sanction pas mort.

Peu à peu, malgré la « complaisance des tribunaux » stigmatisée par certains, la loi Naquet et son divorce-sanction prirent quelques rides. Dans les années cinquante, la « faute », les « torts réciproques » commencèrent à paraître rétrogrades. On s'en prit à la comédie des témoins de complaisance, à celle de la lettre d'insultes rédigée d'un commun accord, sous l'œil de l'avoué, par des époux auxquels le divorce par consentement mutuel était refusé. Pourquoi ces hypocrisies ? Pourquoi ne pas retrouver l'esprit de 1792, le simple constat d'une erreur ou d'une évolution sentimentale ? A quoi bon river à une fiction de mariage le malheureux dont le conjoint n'est plus qu'une ombre prisonnière à vie d'un hôpital psychiatrique ?

Encore vingt-cinq ans, et le législateur franchit une nouvelle étape, vingt-cinq ans pendant lesquels les mœurs avaient sans doute plus changé que dans les deux siècles précédents. C'est ce changement qu'enregistre la loi du 11 juillet 1975, sans toutefois se risquer aux audaces de 1792. Comme jadis la loi de 1804, elle réalise un compromis. Toujours présent, le vieux divorce-sanction, fondé sur la faute rebaptisée « violation grave et renouvelée des obligations du mariage ». Ressuscité, le divorce par consentement mutuel, surnommé ironiquement « divorce-flash » tant il peut être rapide. Inauguré, le plus hardi (mais le moins pratiqué), le divorce par « rupture prolongée de la vie commune », qui fit crier à la répudiation — répudiation de l'époux souffrant depuis au moins six ans d'une grave altération de ses facultés mentales, répudiation aussi du conjoint que l'on a définitivement quitté depuis le même temps. Aux juges d'apprécier, dans ce dernier cas, si le divorce, consacrant officiellement une situation de fait, ne sera pas d'une « exceptionnelle dureté » pour l'abandonné(e). Et l'on voit ici surgir des histoires tristes ou sordides : la vieille dame de soixante-quinze ans obligée d'admettre qu'*il* ne reviendra plus et celle qui se bat pour conserver la résidence secondaire...

La loi de 1975, une loi de transition, a-t-on dit. Mais vers quoi ? La courbe des divorces, toujours en hausse, a rejoint celle de 1793 : un pour trois mariages à Paris, un pour cinq en province. Le plus important n'est pas là. C'est que la courbe des mariages, elle, ne cesse de baisser : déjà 100 000 de moins qu'en 1970. La cohabitation, juvénile ou non, serait-elle l'avenir du mariage ? Alors, pour quoi faire le divorce, le jour où tout le monde dira, comme dans la chanson de Brassens : « J'ai l'honneur de ne pas te demander ta main » ?

Notes

1. Sauf pour les protestants et très tardivement, grâce à un édit de 1787 leur reconnaissant un état civil particulier.

2. Son livre, *Le Divorce,* paraît en 1876. Il le fait suivre de propositions de lois la même année, puis en 1878 et en 1881. La loi qui porte son nom sortira de la dernière.

3. Exception faite pour la loi de 1941, prise par le régime de Vichy.

4. Avec une chute, allant de soi, entre 1914 et 1918, et une remontée spectaculaire en 1920 (plus de 41 000 divorces).

Orientation bibliographique

Parmi les innombrables ouvrages consacrés au divorce, citons seulement, aux deux extrémités de son histoire :

Commaille J., *Le Divorce en France, de la réforme de 1975 à la sociologie du divorce,* Paris, Documentation française, 1978.

Garaud M. et Szramkiewicz R., *La Révolution française et la Famille,* Paris, Sirey, 1978.

En outre, sur l'aspect purement juridique du divorce tel qu'il apparaît depuis la réforme de la loi de 1975 :

Brazier M., *Le Nouveau Droit du divorce,* Paris, LGDJ, 1976.

Lindon R. et Benabent A., *Le Droit du divorce,* Paris, LITEC, 1976.

Massip J., *La Réforme du divorce,* Paris, Répertoire du notariat Defrenoy, 1976.

3

Le plaisir et la souffrance

Les maladies de la passion

Sade a-t-il existé ?

Guy Chaussinand-Nogaret

Le mystère Sade n'est pas éclairci. On peut d'abord se demander si son œuvre est celle d'un historien, d'un théoricien ou d'un poète ; d'un sexologue décrivant en clinicien ses propres névroses et celles de ses contemporains, ou d'un romancier philosophe illustrant par des horreurs sanguinaires une conception pessimiste de la nature et de la société humaines. En un mot, le « divin marquis » est-il l'historien des mœurs de son siècle ou le poète cherchant dans la sublimation littéraire un exutoire à ses pulsions ? La répression qui, de son vivant, s'est abattue sur Sade et dans laquelle tous les régimes, de la monarchie à l'Empire, ont vertueusement communié, suggère que l'individu et son œuvre étaient perçus comme une menace, comme un danger réel et immédiat qu'aucun pouvoir ne pouvait tolérer.

De l'âge de trente-deux ans, date de son premier internement, à soixante-quatorze ans, âge de sa mort, Sade n'a connu que douze ans de liberté. Il a enduré toutes les formes arbitraires de la répression, les lettres de cachet de l'Ancien Régime, les emprisonnements presque toujours mortels de la Terreur, les internements despotiques du Consulat et de l'Empire. Rejeton d'une famille ancienne mais sans grand éclat, Donatien Alphonse François de Sade (1740-1814), pouvait s'enorgueillir d'une filiation illustre, celle de la belle Laure, héroïne des sonnets de Pétrarque, et d'une alliance prestigieuse, presque royale, celle des Condé. Il devait laisser à la postérité un nom honni des honnêtes gens, vénéré des poètes qui virent en lui le modèle des libertins orgiaques et saturniens.

Sa biographie importerait peu si elle n'expliquait son destin tragique. Né pour la joie et le succès, sa vie s'écoule dans l'enfer des cachots et des hospices. Élevé à l'hôtel de Condé dans la familiarité du prince de Bourbon ; formé par les jésuites à Louis-le-Grand, à qui il devra l'amour du beau langage et une dialectique rigoureuse ; sous-lieutenant à quinze ans, capitaine à dix-neuf, il préfère la fréquentation des bordels parisiens — les plus raffinés d'Europe, les mieux pourvus en jolis sujets, les plus inventifs en plaisirs inédits — à la vie de garnison, et le commerce des danseuses à la fréquentation de ses pairs. Il se fait ainsi, à un âge encore tendre, une solide réputation de débauche, ce qui ne l'empêche pas de convoler en justes noces avec la fille d'un riche robin, président à la Cour des aides de Paris, Renée.Pélagie de Montreuil. Loin de l'assagir, le mariage le stimule, Il court les prostituées, fréquente assidûment chez la Brissault, la maquerelle des snobs, et abrite ses nombreuses aventures dans des maisons qu'il loue à Paris, à Versailles, à Arcueil. Quatre mois après son mariage, à la suite de débauches indiscrètes, il subit un premier emprisonnement, fort bref, au donjon de Vincennes. Mais la première « affaire » sadique date de 1768.

La légende s'empare aussitôt de l'« affaire » pour faire du marquis libertin un ogre assoiffé de sang, un Gilles de Rais des temps modernes. Mme du Deffand s'en fait l'écho horrifié et Restif de la Bretonne magnifie une simple scène de flagellation en séance anatomique de vivisection humaine. L'histoire serait banale et ne mériterait qu'une brève mention, n'était le relent de soufre qui s'en dégage et qui explique sans doute la sévérité de la sanction. Elle se passe, et ce n'est certainement pas un hasard, le dimanche de Pâques.

La flagellation sacrilège.

Rose Keller, jeune femme de trente ans, demande l'aumône place des Victoires ; elle est à la dernière extrémité de la misère et peut-être tentée par la prostitution, susceptible en tout cas d'accepter en passant une partie de libertinage. Sade l'aborde, s'engage à l'employer dans sa maison en qualité de gouvernante et, sur son acceptation, la conduit à Arcueil, lui fait visiter sa maison, l'entraîne dans une chambre, l'attache sur un lit, la fouette cruellement, enduit ses blessures de pommade, recommence jusqu'à l'orgasme, menace de la tuer si elle ne cesse de crier et se propose, puisqu'on est à Pâques, de la confesser lui-même.

Rose réussit à s'enfuir par la fenêtre, ameute le village ; une procédure s'ensuit, à la suite de laquelle Sade est interné pendant sept mois. Punition rigoureuse eu égard à la qualité du condamné et à l'indulgence dont on faisait généralement preuve pour ce genre d'écarts des jeunes gens bien nés dans les milieux de la cour à cette époque. Dans cette sentence, la profanation de la flagellation du Christ et du sacrement de pénitence a dû peser plus lourd que la cruauté du traitement infligé à Rose Keller.

Libéré et retiré au château de La Coste dans le Vaucluse, Sade se livre en 1772, à Marseille, à une nouvelle facétie libertine. Il s'agit, cette fois, d'une bacchanale grandiose avec un bataillon de prostituées dont le caractère crapuleux est accru par la participation d'un laquais du marquis à la célébration des rites orgiaques. Sade s'y livre à la flagellation active et passive, à la sodomie homosexuelle (crime alors puni de mort en principe, mais les puissants ne sont jamais poursuivis). Pour corser les plaisirs, il offre aux filles à profusion des bonbons cantharidés. L'une d'elles en est incommodée et est prise de vomissements. L'affaire fait du bruit. Accusé d'empoisonnement et de sodomie, Sade est condamné à mort par le parlement de Provence et exécuté ainsi que son valet... en effigie.

Il a eu, en effet, le temps de fuir et coule des jours heureux en Italie où il est passé avec sa belle-sœur qui partage, semble-t-il, non seulement ses voyages, mais ses plaisirs. Sa belle-mère, qui enrage, le fait activement pourchasser et joue de son influence pour obtenir une lettre de cachet[1]. Jusqu'en 1775 il joue à cache-cache avec la justice et les policiers qui le poursuivent. D'abord pris, puis libre à la suite d'une évasion romanesque, il se cache à La Coste avec sa femme qui partage les parties fines qu'il organise avec cinq très jeunes filles qu'il a prises à son service et qui finiront par dénoncer ses orgies. Arrêté en 1776, il est conduit à Vincennes, puis à la Bastille où il reste jusqu'en 1788, puis à Charenton d'où il ne sort que le 2 avril 1790 en vertu du décret de l'Assemblée nationale abolissant les lettres de cachet.

Une condamnation à mort et quinze ans de réclusion pour

des actes de libertinage certes audacieux, pervers si l'on veut, mais en aucun cas meurtriers, voilà qui est chèrement payer — surtout si l'on tient compte de la mansuétude ordinaire à l'égard des courtisans — des fantaisies sexuelles dont on trouvait l'équivalent, à la barbe de la police et presque avec sa protection, dans tous les bordels à la mode, chez les Gourdan et les Brissault, et qui n'ont rien à voir avec les véritables actes de sadisme mortel auxquels se livraient en toute impunité des contemporains mieux protégés ou mieux à l'abri que le marquis de Sade des persécutions d'une belle-mère qui s'était prise pour son gendre d'une aversion agissante. L'opinion, exaspérée par les folies commises chaque jour dans l'entourage même du roi et par l'indulgence dont la justice faisait preuve à l'égard des grands, semble avoir fait pression sur les autorités pour frapper Sade là où les autres étaient épargnés. Mme de Saint-Germain écrivait à l'abbé de Sade, oncle du marquis, au lendemain de l'affaire Keller : « Il est victime de la férocité publique ; l'affaire de M. de Fronsac et de tant d'autres ajoute encore à la sienne : il est certain que, depuis dix ans, il est inconcevable tout ce qui s'est fait d'horreur par les gens de la cour. » Les « horreurs » de Sade n'en paraissent, relativement, que plus bénignes.

« Oui, je suis un libertin ! »

Rien, dans la vie de Sade, ne révèle plus que ce qui vient d'être conté. Jamais il ne s'est livré à aucun crime, à aucune folie comparables à ceux qu'il décrivit dans *Justine,* encore moins aux hécatombes sanglantes de l'*Histoire de Juliette* qui dépassent, il est vrai, tout ce que l'imagination la plus déréglée est capable d'enfanter. On peut ajouter foi à sa confession ; elle est corroborée par tout ce que nous savons de lui et aucune page de sa vie ne permet de la mettre en doute : « Oui, je suis un libertin, je l'avoue, j'ai conçu tout ce qu'on peut concevoir dans ce genre-là ; mais je n'ai sûrement pas fait tout ce que j'ai conçu et ne le ferai sûrement jamais. Je suis un libertin, mais je ne suis pas un criminel ni un meurtrier. »

La Révolution lui avait rendu la liberté. La Terreur devait la lui reprendre. Ce n'est pas le lieu d'examiner ici son attitude politique, du reste souvent contradictoire. Révolutionnaire ardent, mais peut-être autant par opportunisme que par conviction, il fut le secrétaire puis le président actif et considéré de la Section des Piques (place Vendôme) et paya son tribut à la Révolution comme son compatriote le marquis d'Antonelle, autre Provençal qui partageait la perversité de ses goûts sexuels et siégea au Tribunal révolutionnaire. Arrêté comme suspect en décembre 1793, Sade fut sauvé de l'échafaud par le 9 Thermidor. Rendu à la liberté le 15 octobre 1794, il connut quelques années de tranquillité, d'ailleurs assombries par des ennuis financiers, qu'il partagea avec une femme aimable et dévouée, Marie-Christine Quesnet, jusqu'en 1801. Le nouveau régime le fit alors arrêter comme l'auteur d'ouvrages obscènes et incarcérer à Sainte-Pélagie, puis à Bicêtre. En 1803 il fut transféré à la maison de santé de Charenton où le théâtre devint sa principale distraction et où il devait mourir, réputé fou, sans avoir recouvré sa liberté, le 2 décembre 1814.

Sade n'est pas l'auteur, mais seulement le concepteur littéraire, des atrocités commises dans ses romans, et les plus terribles sortent tout droit de son imagination exaltée et de ses fantasmes aiguisés par la réclusion. Toutefois, il précise à maintes reprises que le modèle existe ou a existé et fait de fréquentes références à des contemporains, mais aussi à un passé plus ou moins éloigné, et même à l'Antiquité. Cependant, la seconde moitié du XVIIIe siècle apparaît fort trouble dans l'excès de ses raffinements et les instincts les plus secrets et les moins avouables semblent se déchaîner dans une sorte de corruption généralisée, surtout dans la société dorée, qui profite de l'impunité accordée aux grandes races auxquelles l'autorité ne peut ou ne veut toucher. Cette période, qui fait irrésistiblement penser à la fin d'un monde, à l'épuisement d'une société gangrenée, correspond pour le moins à une démoralisation profonde, que beaucoup d'indices permettent de considérer comme certaine, des élites les plus proches du pouvoir. Les exemples abondent, dans la haute aristocratie, de cas de sodomie et d'inceste jusque sur les marches du trône, de personnalités bien en vue qui n'échappent à la roue ou à l'échafaud que grâce à la qualité de leur rang, à l'illustration de leur naissance et aux protections dont elles bénéficient. Peut-on dire, pour autant, qu'il existe alors une réalité sociale du sadisme et que Sade n'a eu qu'à puiser dans les tableaux vivants que lui offraient ses contemporains ?

Les bordels parisiens, qu'il a fréquentés assidûment, et les prostituées de toute sorte — elles sont trente mille à Paris à la fin du siècle — lui ont certainement fourni une matière première abondante. Chez la maquerelle Gourdan on trouvait tous les raffinements et toutes les excentricités. On pouvait se livrer là en toute quiétude à la pédication et à la tribadie et, dans un des salons, se trouvait une merveille, le fin du fin en matière d'érotisme à la mode : un fauteuil à bascule où, dès qu'elle était assise, la patiente était renversée, jambes écartées, pieds et poings liés et livrée au viol sans résistance. Le duc de Fronsac, inventeur ingénieux de cet appareil à supplice, venait ainsi à bout des plus récalcitrantes. On trouvait aussi, dans cette aimable maison, des pastilles dites « à la Richelieu », dragées de cantharides aux effets aphrodisiaques, et bien entendu des verges pour la flagellation.

Tout cela ne constitue encore que des saturnales ordinaires, bien connues de Sade puisqu'il partageait les orgies du duc de Fronsac et du prince de Lamballe. Mais les crimes ? On sait que Richelieu, libertin élégant mais cruel, aimait à voir pleurer les femmes qu'il tourmentait. On connaît l'histoire de ce conseiller au Parlement qui maltraita sadiquement une jeune fille avant de la violer. On cite un cas d'anthropophagie dans les Pyrénées où un certain Blaise Ferrage tuait et mangeait des jeunes femmes. La cruauté sadique poussée à son dernier période, on la trouve chez le comte de Charolais (1700-1760). Ses orgies lui semblaient fades et incomplètes si le sang ne coulait pas : au milieu de ses pires excès il abattait à coups de fusil ce qui se présentait à sa vue, passants ou couvreurs de toit. Il tourmentait aussi les femmes et un jour, en veine d'inspiration, avait flambé une jeune fille comme un poulet.

Mais les grandes scènes sanglantes de l'*Histoire de Juliette,* Sade a pu les prendre ailleurs que dans les bordels et chez les roués. L'Ancien Régime avait offert à la foule fascinée le spectacle des fastes cruels de l'exécution de Damiens[2], et la Révolution surenchérit sur tout ce que l'on avait vu depuis la Saint-Barthélemy avec les massacres de la Glacière à Avignon et les massacres de Septembre où les bourreaux se livrèrent sur des corps de femmes aux horreurs libidineuses du plus révoltant sadisme. Sade put donc transposer en scènes résolument érotiques les troubles atrocités auxquelles se livraient, à la faveur du désordre et de la peur, de paranoïaques assassins pris de vin et de fureur.

Sade fut la bête noire, le bouc émissaire, la victime de l'Ancien Régime finissant, au moment où celui-ci, voyant le monde qui l'étayait crouler de toute part, tentait de sauver son existence dans l'instauration d'un ordre moral destiné à masquer sa faiblesse et son épuisement. Le règne de Louis XVI marque une recrudescence de sévérité à l'égard des écarts de la jeunesse, et les débauches qui jusqu'alors méritaient l'indulgence — du moins chez les gens bien nés — font désormais l'objet d'une solide répression. Mirabeau et tant d'autres qui passent une grande partie de leur vie en prison sont là pour en témoigner. C'est que dorénavant l'on craint, dans une société fondée sur un pouvoir sans frein et sur le privilège mais qui n'est plus assurée de son bon droit, que le libertinage, surtout lorsqu'il se colore des excès du sadisme, n'introduise un élément de désordre auquel le régime et sa hiérarchie ne survivraient pas. Si l'*establishment* lui-même est gangrené, les risques de dissolution et d'effondrement se multiplient et s'aggravent.

C'est que Sade représente un danger réel, qui amplifie et dénature les risques que faisait déjà courir aux institutions et à la société la tradition érotique romanesque du XVIIIe siècle. Celle-ci inscrivait dans son dessein révolutionnaire la revendication de la liberté naturelle du plaisir. Le libertinage n'est pas politiquement innocent et le pouvoir qui emprisonne Sade n'est pas naïf. Il flaire une odeur de décomposition et devine, dans le dérèglement qui frappe une partie de l'aristocratie, une source de démoralisation. Sade, qui connaissait bien la littérature libertine du XVIIIe siècle, en avait retenu la grande leçon : la morale est une inconnue pour la nature. Les Crébillon et les Nerciat, les d'Argens et les Mirabeau l'avaient dit et répété. En prêchant la liberté sexuelle, les libertins du siècle des Lumières avaient contribué à l'établissement d'une morale de la nature, à l'épanouissement d'un individu libéré de tous les tabous, de toutes les oppressions, de tous les préjugés.

Le bonheur est au bout du vice.

Mais ce qui restait gracieux et presque anodin chez ses devanciers prend chez Sade les teintes extrêmes d'une conception pessimiste et presque horrifique de la nature dont l'indifférence monstrueuse autorise non plus seulement la liberté du plaisir, mais la libération de tous les désirs. Les libertins avaient flatté les déviances sexuelles, sacrifié à la sodomie, magnifié l'inceste. Sade prône le crime comme indifférent, le déchaînement des horreurs et des instincts les plus criminels comme complices du crime permanent perpétré par une nature dont l'insouciance n'a d'égale que la cruauté. Elle tourne en dérision, elle condamne, au nom de sa liberté et de la liberté de l'individu, tout ordre non naturel, politique, social ou moral. Le crime est son ordre, dont elle se nourrit, indifférente à ses formes, à son ampleur, à ses modalités. Le sexe et ses violences, les pulsions sado-masochistes et les cruautés qu'elles engendrent participent de sa naïveté où le crime se confond avec la vie, où la vie n'est elle-même qu'un gigantesque et perpétuel assassinat.

Au nom de la liberté du désir, l'individu, dans cette fantastique fantasmagorie sanglante, a tous les droits et la société, construction artificielle, n'est qu'une machine à réprimer que la nature ignore et que le fort méprise. L'homme livré à la nature ne connaît aucun frein, ne respecte aucune des règles humaines ; les convenances lui paraissent ridicules, les vertus sont des vices et les crimes des vertus. La saine philosophie veut que l'on cultive ses penchants les plus pervers car c'est dans le désordre seulement que réside le bonheur. « La véritable sagesse ne consiste pas à réprimer ses vices, parce que les vices constituent presque l'unique bonheur de notre vie, ce serait devenir son bourreau que de les vouloir réprimer. » Le culte de la liberté et de la morale naturelle aboutissait donc à l'éloge du crime, et Noirceuil, dans l'*Histoire de Juliette,* tirait la leçon de son expérience et de son enseignement, leçon qu'aucun pouvoir ne pouvait tolérer, qu'aucune société ne pouvait admettre et qui devait nécessairement, quelle que fût la forme du régime, conduire son auteur en prison.

« La nature n'a créé les hommes que pour qu'ils s'amusent de tout sur la terre ; c'est sa plus chère loi, ce sera toujours celle de mon cœur. Tant pis pour les victimes, il en faut ; tout se détruirait dans l'univers, sans les lois profondes de l'équilibre. Ce n'est que par des forfaits que la nature se maintient et reconquiert les droits que lui enlève la vertu. Nous lui obéissons donc en nous livrant au mal ; notre résistance est le seul crime qu'elle ne doive jamais nous pardonner. »

Notes

1. Cf. Claude Quétel, « Les lettres de cachet », *L'Histoire,* n° 29, décembre 1980, p. 103.

2. Pour avoir frappé Louis XV d'un coup de canif — sans danger —, Damiens fut écartelé en place de Grève en 1757.

Orientation bibliographique

Une biographie exhaustive.

Lévy G., *Vie du marquis de Sade,* Paris, Gallimard, 2 vol., 1952-1957.

Parmi l'abondante littérature consacrée au marquis de Sade.

Klossowski P., *Sade mon prochain,* Paris, Le Seuil, 1947.

Pauvert J.-J., *Sade vivant,* Paris, Laffont, 1986-1989.

Sur la prostitution au XVIIIe siècle.

Bloch I. (E. Dühren), *Le Marquis de Sade et son temps. Études relatives à l'histoire de la civilisation et des mœurs au XVIIIe siècle,* 1901.

Benabou E.M., *La Prostitution et la Police des mœurs au XVIIIe siècle,* Paris, Perrin, 1987.

Les principales œuvres de Sade ont été éditées dans la collection 10/18.

Syphilis : le mal américain ?

Anne-Marie Moulin et Robert Delort

Le 21 septembre 1494, mourait, au terme de pénibles scènes de délire et de folie, le prince des poètes italiens de la première Renaissance, le Politien. Parmi ses œuvres latines, non datées, un poème décrit la maladie qui le torturait : une peste répugnante « qui se répand dans les membres amaigris et dilacère les nerfs en feu. La violence impie et funeste de ce mal emplit les veines de ses flammes cruelles, boit le sang en putréfaction et, dans sa fureur, chose épouvantable, absorbe de son feu avide les moelles liquéfiées [...] Il me semble porter au ventre tout le Vésuve et l'ensemble des forges où sonne l'enclume de Vulcain ». Ces chancres dévorants, ces intolérables douleurs des membres et des viscères ont-ils entraîné la folie et la mort ? Et de quand date ce poème ?

Le Politien meurt à l'automne 1494. Or en 1494-1495 une épidémie redoutable a explosé en Italie autour de l'armée cosmopolite que le roi de France Charles VIII mena à Naples avant de retraiter, par Fornoue, dans son royaume cismontain. Le Politien en a-t-il été victime ? Le diagnostic rétrospectif serait alors probablement « une syphilis précoce à forme maligne et galopante ». Elle aurait été contractée au plus tôt vers la fin de 1493 : date et diagnostic seraient en accord avec la théorie, toujours et indéfectiblement soutenue, de l'origine américaine de la syphilis, rapportée en 1493 à Barcelone par les hommes de Christophe Colomb sous une forme galopante, souvent mortelle, à une population sans défense naturelle contre ce nouveau fléau.

Les historiens de la littérature, eux, ont donné une autre date — pour des raisons de style ou de logique — au poème du Politien : entre 1475 et 1478. Si le rétrodiagnostic reste le même, ce serait alors seize, voire dix-neuf ans qui se seraient écoulés entre les premières manifestations de la syphilis et la fin du poète. Ce délai, tout à fait acceptable à l'heure actuelle, ne saurait caractériser une forme galopante. Mais par-dessus tout, la maladie apparue entre 1475 et 1478 aurait de toute manière été contractée bien avant le retour de Christophe Colomb, avant la date fatidique de 1493.

Le cas du Politien, comme mille autres, pose sans le résoudre le problème des origines de la syphilis : maladie (maligne) apparue à la fin du XVe siècle ? Mal sournois et lent tel que nous le connaissons ? La folie des grandeurs et le délire précédant la mort du Politien évoquent la forme de syphilis appelée improprement « paralysie générale » (la maladie de Maupassant), mais il est juste de dire qu'on fait ce rapprochement parce que la grande pandémie (épidémie qui atteint la majorité de la population) est attestée dans les mois qui suivent la disparition du poète. Sur quels arguments peut-on encore étayer le diagnostic ?

« Roséole » et « collier de Vénus ».

A l'heure actuelle, la syphilis n'est mise en évidence avec certitude que par la découverte de l'agent causal, le « tréponème pâle », dans les lésions, et par les réactions sérologiques spécifiques. Or il est bien évident que nous ne disposons pas de quantités suffisantes de tissus humains (en dehors des ossements), remontant au Moyen Age ou à la Renaissance, pouvant subir avec succès des tests de ce type.

Quant aux os (aux crânes en particulier), ils présentent des lésions qui peuvent, entre autres, être dues à la syphilis, mais peuvent être attribuées aussi à une foule d'autres affections. On ne partage plus les belles certitudes du XIXe siècle, lorsque Broca, grand chirurgien, neurologue et esprit curieux, diagnostiquait la syphilis sur tous les crânes exhumés des cimetières d'Ancien Régime ou lorsqu'une autre autorité, l'histologiste allemand Virchow, voyait la syphilis dans tous les crânes fossiles des temps préhistoriques. Mais l'obsession de la syphilis au XIXe siècle est une autre histoire. Sur 16 500 crânes datant sûrement d'avant 1495, le paléopathologiste Christensen semble n'avoir jamais identifié de lésion syphilitique ; en revanche, son collègue Kohlin, de Leningrad, en aurait repéré sur des ossements du deuxième millénaire en Russie centrale. La plupart des spécialistes restent maintenant discrets sur ces déformations tibiales, exostoses, géodes crâniennes ou décollements épiphysaires, qu'ils se bornent à recenser sans se prononcer fermement sur leur cause.

Voilà qui réduit le champ de l'argumentation à la symptomatologie, comparée à celle de la syphilis actuelle. On distingue classiquement, après une incubation silencieuse de deux à cinq semaines, l'accident « primaire », le chancre indolore au point d'inoculation, en général sur les parties génitales, accompagné d'une adénopathie (hypertrophie d'un ganglion) satellite, puis une période « secondaire » avec des lésions cutanées sur le corps, très contagieuses, au nom évocateur : la « roséole », le « collier de Vénus »... Puis, après un grand entracte qui peut durer cinq, dix, voire vingt ans, apparaissent les lésions graves de la phase tertiaire, dites « gommes », au niveau de la peau et des muqueuses, des os. Si le système nerveux est touché, c'est le tabès (sorte de paralysie), puis la « paralysie générale » (en fait, démence sans paralysie) entraînant plus ou moins rapidement la mort.

Pour guider l'historien, deux certitudes, dont on n'a pas assez souligné l'importance :

1. une maladie appelée précisément syphilis, d'après le poème du grand médecin Fracastor *Syphilis sive Morbus gallicus* publié à Vérone en 1530, peut être suivie continûment en Occident de 1495 à nos jours ;

2. il y a eu, à partir de 1493-1495, une grande pandémie en Occident, dont au moins l'une des composantes, sinon la seule, était la syphilis.

Au début de 1494 au plus tard et probablement dès la fin de 1493, apparaît à Barcelone une maladie épidémique, éruptive, d'évolution aiguë, souvent mortelle. L'originalité de cette maladie, parmi les épidémies médiévales, c'est sa transmission vénérienne, rapportée par les témoins. Témoignage de Lopez de Villalobos qui, en 1498, a rassemblé ses souvenirs de 1494. Témoignage du fils de l'amiral Fernando Colon (*Historia,* 1509), de son chapelain Oviedo (*Relacion... de la historia natural de las Indias*, 1525) et surtout de Ruy Diaz de Isla, médecin exerçant à Barcelone au moment de l'épidémie, rédigé il est vrai tardivement (*Tractado contra el mal serpen-*

tino, 1539). Tous décrivent une maladie pustuleuse avec des *bubas,* en français bubons, terme qui peut s'appliquer aux ganglions inguinaux de la syphilis.

Mais c'est la description de la pandémie dans sa phase italienne de 1495 émanant d'un médecin militaire, Marcellus Cumanus, qui est la plus précise : « Beaucoup d'écuyers et de fantassins étaient couverts de pustules sur le visage et sur tout le corps, qui commençaient en général au niveau du prépuce ou du gland, entraînant un prurit. Cela débutait parfois par de petites vésicules, mais elles s'ulcéraient vite sous l'effet du grattage. Quelques jours plus tard, survenaient des douleurs aiguës dans les bras, les cuisses, les pieds, avec de grosses pustules, et ces pustules persistaient pendant un an et plus... » Cette description se rapporte à l'expédition de Charles VIII, quand l'épidémie passe d'Espagne en Italie. Elle caractérise la maladie par trois détails frappants : 1. le chancre initial ; 2. les douleurs atroces, excruciantes ; 3. la contamination vénérienne.

Les symptômes ont aussitôt été transcrits par les médecins, tel J. Grundeck (*Tractatus de pestilentia scorra...* 1496) dans le cadre de la théorie des humeurs. Le blocage du flux de la bile expliquerait les céphalées et le gonflement des articulations et, sous la pression, l'éclatement des pustules qui évacuent la sanie sur tous les points du corps. Cette physiologie classique donne une version fidèle des souffrances endurées et la doctrine des flux permet de suivre exactement les progrès du mal dans l'anatomie :

« Pour qu'on ne croie pas que la maladie dont je souffrais n'occupait qu'une région ou qu'elle était légère, je vais dire quel était mon état. En premier lieu, je ne pouvais pas me servir de mon pied gauche parce que la maladie y était fixée depuis plus de huit ans et, au milieu de la jambe, là où elle est recouverte d'une peau très mince, il y avait des ulcères tuméfiés par l'inflammation de la chair, putrides, très douloureux ; et aussitôt que l'un d'eux guérissait, un autre se formait » (Ulrich von Hutten, *De morti Gallici curatione...* 1519).

La maladie s'étend donc en Italie à la faveur de la guerre. Elle passe ensuite en France, en Suisse, en Allemagne, au rythme du retour des troupes. C'est que cette maladie est propagée par celles qui délassent le soldat en campagne. Les soldats rentrent dans leurs foyers, défigurés par des pustules ; des abcès dénudent et rongent leurs os. On suit la progression du mal dans tout l'Occident. Le chroniqueur Cuntz Merschwin en décrit l'arrivée à Strasbourg dans le chapitre intitulé « D'une maladie étrangère appelée *blotern* (blotern = *blatter(n)* = vérole) ou *mala frantzosa* ».

« La même année 1496 arriva dans le monde un fléau et une épidémie générale en pays allemand et welche, tel que les gens se couvraient de grandes vésicules, pustules et abcès sur tout le corps et étaient tellement transformés que c'était une chose horriblement effrayante de les voir, et l'épidémie commença d'abord dans les pays welches avant de gagner plus tard l'Allemagne, et elle débutait généralement chez les gens, hommes et femmes, aux parties honteuses, elle était terriblement contagieuse ; au début, il n'y avait rien à faire, et il fallait laisser agir le temps, jusqu'à ce que cela guérisse tout seul, et cela durait huit ou neuf mois ou plus longtemps. *Il en mourait beaucoup.* »

Après avoir sévi une bonne dizaine d'années, le mal semble perdre de sa vigueur ; il ne tue plus. Les hommes vivent avec lui et ont le loisir d'observer les mutilations d'une évolution chronique : effondrement du nez, du palais, déformations des membres. Le vérolé rejoint les grandes compagnies des lépreux, galeux et autres contagieux errant par le royaume.

Est-ce alors que la syphilis, aiguë en 1493-1495, prend la forme chronique qui subsiste seule aujourd'hui ? L'étymologie du nom est sans ambiguïté : la maladie du berger Syphilus est due à ses « amours de cochon », liée à des « cochonneries ». Le jeu de mots scabreux est tout à fait dans la veine humoristique des médecins de la Renaissance. Mais l'usage a longtemps persisté de parler du mal français, du mal napolitain, du mal hongrois, au gré des chauvinismes. Il s'agirait au départ d'une syphilis très différente de celle que nous connaissons aujourd'hui (mais il n'y a aucune raison de penser que les hommes et les maladies sont restés les mêmes de la Renaissance à nos jours !), proche d'une variété maintenant très rare, la « syphilis maligne précoce », qui ne surviendrait que sur certains « terrains ».

On peut aisément admettre que les marins de Colomb, après leur traversée, pourris de scorbut, infectés et dénutris, ne devaient pas offrir grande résistance (encore que Colomb note dans son *Journal* que tout le monde était en bonne santé, à l'exception d'un cas de gravelle). L'argument est moins fort quand il s'agit d'une armée et finalement de toute une société. Car il semble que la maladie ait atteint « papes et rois, princes, marquis et ducs, généraux et simples soldats, toute la noblesse, les marchands, le clergé ».

Mais on peut aussi comprendre l'épidémie en l'intégrant à d'autres ensembles :

1. celui des maladies vénériennes : le chancre syphilitique n'est distingué de la blennorragie, par exemple, qu'au XIXᵉ siècle ;
2. celui des maladies éruptives, comme la vérole (qui est devenue synonyme de syphilis), la petite vérole (variole), la vérolette (varicelle), la rougeole, l'érysipèle ;
3. celui des maladies infectieuses qui peuvent toutes prendre la forme d'un « syndrome malin ». Bref, on ne peut exclure absolument aucune hypothèse.

« *J'ai un ulcère* ».

C'est ici qu'intervient, heureusement, notre deuxième certitude historique. Au moins à partir de 1494, nous disposons de descriptions correctes de la maladie appelée plus tard syphilis, et nous la suivons jusqu'à nos jours. Cela n'implique certes ni qu'elle n'existait pas avant cette date, ni que la pandémie était imputable à elle seule. Mais il semble certain que l'Occident a connu la syphilis à dater au moins de 1494. Et, dans cette perspective de continuité, la question se pose maintenant de savoir s'il s'agissait d'une maladie totalement nouvelle ou d'une forme particulièrement virulente d'un mal déjà connu.

Bien des arguments ont été avancés en faveur de l'antiquité de la syphilis, même si on écarte *a priori* l'argument de bon sens qui couronne la grande démonstration de Südhoff[1] : il est difficile de croire que l'ancien monde a pu être longtemps à l'abri de la maladie sexuelle par excellence.

Südhoff a produit au moins un texte irréfutable évoquant

le mal *franzoso* soigné au mercure. Il fut rédigé en Italie *avant* le milieu du XVe siècle. Si d'autres textes, à Copenhague, à Mayence, datés de 1472, sont moins convaincants, il reste possible qu'un « mal français » ait existé en Occident bien avant Colomb.

En se tenant à l'Antiquité classique, bien d'autres documents fournissent des arguments de poids. Que penser de cette jeune chrétienne du début du IVe siècle, qu'on veut envoyer au lupanar et qui, pour préserver sa virginité, a recours à un pieux mensonge : « J'ai un ulcère dans un endroit caché et qui sent bien mauvais. Je crains que vous ne me preniez en haine quand je vous le passerai. » Pline l'Ancien signale un « lichen qui passe du visage au reste du corps en laissant sur la peau de sales croûtes farineuses et qu'un baiser rapide suffit à communiquer ». Pline le Jeune raconte l'histoire de cette admirable épouse dont le mari, par suite d'une *maladie ancienne,* avait « des ulcères putrides dans les parties cachées ». Le pronostic était si sombre qu'après examen l'épouse « conseilla à son mari le suicide ; elle se lia à lui et se jeta avec lui dans le lac ».

Parmi les textes médiévaux, il faudrait se prononcer sur l'origine des « fics » (chancres ?) ou sur la signification du mot « lèpre » quand il s'agit d'une maladie sexuellement transmissible, car au XIIIe siècle la lèpre connaissait peut-être ce mode de transmission aujourd'hui très rare. En 1382, l'évêque de Posen meurt des suites de ses débauches, atteint d'un mal chancreux et souffrant d'ulcérations multiples de la langue et de la gorge au point qu'avant sa mort il pouvait à peine parler et avaler ses aliments. Au début du XVe siècle, Venceslas, roi de Bohême et empereur germanique, meurt pourri par les parties honteuses après commerce avec sa concubine... Vers 1440, on signale un cas de maux de tête suivis d'une éruption de boutons durs dans le dos, de la taille d'un pois chiche, et d'une tumeur dure au derrière de la jambe, etc.

L'Occident connaissait donc, bien avant Colomb, des maladies sexuellement transmissibles, comparables à la syphilis, avec un stade ulcéreux susceptible de se généraliser et d'évoluer vers la mort. Il faut ajouter que le grand entracte entre les formes secondaire et tertiaire, s'il existait à l'époque, pouvait empêcher de faire le rapprochement entre la maladie récoltée au lupanar au cours d'une étreinte rapide (chancre) et le tabès, la paralysie générale, la folie et la mort. Et, si syphilitiques il y avait, vu l'espérance de vie générale, ils avaient toutes les chances de mourir d'une autre maladie avant que se déclare le stade tertiaire. Seules les formes rapides (peut-être rares) permettaient de faire le lien entre l'étreinte infectante et la mort... Encore fallait-il que le mercure, déjà connu et employé, ne contribue pas à ralentir efficacement l'évolution.

Rien ne s'oppose donc formellement, dans les documents écrits, à la *présence endémique* de la syphilis sous sa forme actuelle, dans l'Occident médiéval. Mais rien non plus ne nous en donne la certitude.

Retour d'Amérique.

A l'opposé, la grande pandémie de la fin du XVe siècle est essentiellement épidémique : il pourrait donc s'agir d'une maladie entièrement nouvelle, ce qui explique sa virulence et la rapidité de sa propagation. Les médecins de l'époque, dont beaucoup ont été formés avant 1494 et connaissaient bien la littérature médicale, ont souligné la nouveauté des symptômes. Cette épidémie déconcertait manifestement.

Maladie nouvelle n'est pas forcément synonyme de maladie importée : elle peut provenir d'un germe local qui a subi une mutation. Mais, pour la syphilis, la coïncidence a frappé les contemporains de Colomb avec l'extraordinaire événement de 1493 : le retour d'Amérique.

Le 3 août 1492, Colomb quitte Palos. Après la traversée, il aborde aux Bahamas et à Cuba puis il touche Hispañola, autrement dit Haïti, alors très peuplée. Deux médecins étaient à bord : l'un d'eux sera massacré avec la première colonie. En mars 1493, c'est le retour à Séville. En mai, Colomb est reçu en triomphateur à Barcelone ; Oviedo et Diaz de Isla, nos principaux témoins, assistent à ce triomphe. Et c'est au début de 1494, à Barcelone, que se manifeste la pandémie.

Oviedo atteste que cette maladie se transmet par le coït : ce sont les Indiennes qui ont contaminé les marins de Colomb. Il s'étonne toutefois, vingt-cinq années plus tard, que les Indiennes soient moins gravement malades que les Espagnols.

Après vingt-cinq années de conquête, aucune hypothèse ne pouvait être innocente. Pourquoi incriminer l'Amérique ? Cette hypothèse a-t-elle pris naissance dans l'inconscient des Espagnols tourmentés par la conquête, dans celui des chapelains scandalisés par l'impudicité accompagnant une bonne œuvre ? Le thème des femmes n'est pas explicite dans le *Journal* de Colomb, qui attache du prix à une certaine tenue. Mais cette réserve est contredite par tous les témoignages qui attestent la furie sexuelle des Conquistadors : les viols ont peut-être déclenché le massacre des premiers colons. Le don de la syphilis aurait été la revanche obscure des Indiens, la rançon tout à la fois de la conquête et du péché, peut-être aussi une justification *a posteriori* des atrocités commises.

L'hypothèse américaine permet à l'Église de culpabiliser ses enfants trop fascinés par le Nouveau Monde pour ne pas désirer une nouvelle morale. Ces nouveaux riches qui ont mis en danger la société mère par leurs imprudences, sont ainsi opportunément rappelés à l'ordre. La meilleure prophylaxie, c'est la continence.

Le rôle des lamas dans la maladie indigène est évoqué par Gomara, le chapelain de Cortez. Il a été joliment rappelé dans *Candide :* « Je la tenais d'un Jésuite qui la tenait d'un lama... » Mais c'est la glose d'un chapelain trop familier de son pénitentiel. Les tréponématoses sont avant tout des maladies humaines, avec une exception pour les lapins, les cochons et bien sûr les singes. Les lamas, enfin, animaux sacrificiels des Incas, étaient à bonne distance des Antilles où débarqua Colomb.

Mais la controverse n'est pas éteinte, et l'Amérique cherche encore à se disculper. Quelle était donc la maladie des Indiennes, les « bubas » de Gomara ? Il existe en effet d'autres tréponèmes que le tréponème pâle de la syphilis.

La seule tréponématose aujourd'hui propre au continent américain est la *pinta,* tardivement individualisée par les bactériologistes (Saenz, 1938). C'est une maladie cutanée, chronique dans les communautés indiennes des hauts plateaux vivant en autarcie, mais elle est aussi signalée à Cuba et en Haïti ! Contagieuse mais non vénérienne, elle entraîne des lésions très caractéristiques ; la dépigmentation de la peau, les taches disposées sur des cercles concentriques réalisent sur les visages d'étranges dessins, très proches des peintures faciales rituelles des Indiens, qu'ils ont peut-être inspirées.

Il s'agit d'un tréponème faiblement pathogène. On peut admettre que, provenant d'une famille de microbes primitivement libres dans la nature, il représente, dans l'évolution de cette famille, le premier essai d'adaptation à l'homme. On peut aussi imaginer une grande fresque historique : la *pinta,* pénétrant en Asie par le détroit de Béring, puis en Afrique, sous l'effet d'un climat chaud et humide, aurait donné le *pian,* deuxième tréponématose humaine, maladie plus floride et plus mutilante de la peau et des os, puis, en abordant le désert, la syphilis endémique des pays sahéliens ou *bejel,* contagieuse mais de façon non vénérienne, et enfin la syphilis des grandes concentrations humaines, dernier avatar d'un tréponème fort doué pour l'adaptation.

D'ailleurs, il est probable que l'Amérique ne souffrait pas seulement de la *pinta,* mais aussi du *pian*. Aujourd'hui, par exemple, les trois tréponématoses coexistent au Venezuela. Mais ne peut-on alors admettre qu'au cours de ce funeste voyage, l'Europe et l'Amérique ont tout simplement échangé leurs tréponèmes ? Ou tout aussi vraisemblablement que les marins de Colomb ont contracté le *pian* au cours de voyages antérieurs en Afrique ou que les esclaves noirs qui commençaient à affluer dans le monde ibérique ont constitué un foyer de *pian* entre Lisbonne, Séville et Barcelone ?

Les trois tréponématoses ont pu se rencontrer au plus tôt vers la fin de 1493, mais guère plus tard : *pian* (africain ou américain), *pinta* (américaine) et syphilis (Ancien et Nouveau Monde). Il semble exclu que la syphilis proprement dite soit venue d'Amérique puisque apparemment elle n'existait pas dans le Nouveau Monde avant la conquête espagnole. Ce sont les soldats qui l'ont introduite, et si la « grosse vérole » a tué moins d'Indiens que la « petite », c'est parce que la *pinta* les avait partiellement immunisés contre les tréponèmes. Enfin, les marins de Colomb n'auraient pu rapporter une maladie aussi grave à l'insu de tous. Des cas à évolution rapide se seraient déclarés avant Séville et Barcelone, sans parler de la transmission possible par homosexualité. Qu'ils aient rapporté la *pinta* ou le *pian,* ou les deux, est en revanche plausible.

La maladie de l'amour.

Les connaissances médicales actuelles ne peuvent malheureusement donner aucune certitude, car elles sont encore dramatiquement incomplètes. D'une part, la distinction entre syphilis, *pinta* et *pian,* est encore aujourd'hui symptomatique. Les tréponèmes sont indiscernables morphologiquement. Ces lacunes (et l'absence de vaccin efficace) se rattachent au fait qu'en dépit d'espoirs, souvent déçus, on ne sait pas cultiver au laboratoire les tréponèmes pathogènes. D'autre part, on ne sait pas grand-chose du tréponème, on ne connaît pas bien son « cycle » dans l'organisme (possibilité de formes latentes ?) ni surtout son écologie. Est-il possible à une souche d'origine syphilitique de donner un *pian* sur un autre « terrain » et réciproquement ? Si les conditions de température et d'hygrométrie se modifient, le tréponème peut-il acquérir un tropisme tissulaire différent ? Une syphilis endémique peut-elle devenir vénérienne en cas de bouleversement du biotope et aussi des conditions socio-économiques, par exemple au moment du passage d'une société nomade, à cadres familiaux, à une société urbaine disloquant les groupes traditionnels ? On ignore la fréquence des mutations dans le groupe des tréponèmes et la gamme de leurs variations.

On peut donc laisser à l'épidémie de 1493 le bénéfice du doute et admettre qu'il s'agissait d'une syphilis aiguë maligne, consécutive ou non au retour d'Amérique. Était-ce pour autant la première apparition du tréponème sur notre continent ? Pas nécessairement. Il pouvait s'agir d'un mutant sur lequel l'immunité acquise ne jouait pas (dans le groupe des tréponèmes, il s'agit le plus souvent de semi-immunité ou d'immunité incomplète), et dont le passage rapide d'homme à homme aurait ensuite exalté la virulence.

Il est certain que l'épidémiologie des tréponématoses est particulièrement complexe et fait jouer au milieu (y compris les facteurs sociaux) un rôle diversifiant.

Des études récentes de l'OMS (Organisation mondiale de la santé) ont montré une répartition différente de la syphilis suivant l'appartenance religieuse : en Bosnie (où la maladie a été introduite par les Turcs au XVe siècle), elle est plus fréquente chez les musulmans que chez les orthodoxes. Même inégalité religieuse en Thaïlande, mais cette fois c'est la communauté bouddhiste qui est plus touchée que la musulmane. L'hygiène personnelle, le mode de vie sont probablement différents : pour la Bosnie, en tout cas, on peut se demander si le retard économique des musulmans n'a pas joué le principal rôle.

Une pandémie a bouleversé l'Europe à partir de 1493. Elle était due à une ou plusieurs maladies, dont, à coup sûr, la syphilis. Il pouvait s'agir d'un mutant virulent du *pian,* de la *pinta* américaine ou encore d'une variante de la syphilis autochtone. L'attention a été attirée sur l'épidémie pour des raisons politiques et religieuses. De toute façon, on suit, à partir de là, la victoire de la vérole.

La fameuse mise en commun des microbes, qui a si lourdement frappé l'Amérique, l'Afrique, puis l'Océanie, n'a donc pas épargné l'Europe dès la fin du XVe siècle. La forme de transmission de la syphilis, son endémicité, son traitement par la sudation, les bains, le mercure, bientôt le bois de gaïac, en ont fait, préoccupante mais atténuée, grave mais rarement mortelle, la maladie par excellence de l'amour physique. On conçoit la résonance qu'elle a eue dans un monde de répression sexuelle, où le Dieu des clercs punit la fornication, où la prostitution s'encadre, où la monogamie se renforce et où fleurissent des génies fous, du Politien à Maupassant.

Note

1. Südhoff, érudit allemand, a compilé de nombreux textes antérieurs à 1493, mentionnant des maladies cutanées traitées par le mercure.

Orientation bibliographique

Brandt A.M., « The syphilis epidemic and its relation to AIDS », *Science,* n° 239, 1988, p. 375-380.

Grmek M.D., *Les Maladies à l'aube de la civilisation occidentale,* Paris, Payot, 1983.

Guerra F., « The dispute over syphilis : Europe versus America, *Clio Medica,* n° 13, 1978, p. 39-61.

Lasowski P.W., *Syphilis. Essai sur la littérature française au XIX*[e] *siècle*, Paris, Gallimard, 1982.

Moulin A.M., « La plus belle conquête de la syphilis, l'homme, *Tribune médicale*, n° 40, 1982, p. 22-33 ; N. Bulst et R. Delort, « L'Ancien et le Nouveau. La réponse médicale à l'épidémie de 1493 », *Maladies et Société,* Paris, CNRS, 1989, p. 121-132 (bibliographie).

Quétel C., *Le Mal de Naples. Histoire de la syphilis,* Paris, Seghers, 1986.

Todorov T., *La Conquête de l'Amérique. La question de l'Autre,* Paris, Le Seuil, 1982.

La peur au ventre

Françoise Thébaud

« Ça bloque une femme d'avoir peur tout le temps... Je suis heureuse pour mes filles qu'elles aient la contraception. Je me dis qu'elles auront les enfants qu'elles voudront et pas plus. »

Ce témoignage de Madeleine Dissais [1], mère de famille nombreuse, exprime dans sa simplicité le changement récent, véritable mutation dans l'histoire de nos mœurs que représente la libéralisation de la contraception et de l'avortement. Jusqu'au « manifeste des 343 » (1971), au procès de Bobigny (octobre 1972), jusqu'aux luttes du Planning familial, de *Choisir* et du MLAC, jusqu'aux lois Neuwirth (1967) et Veil (1975-1980), la condition commune des femmes a été la peur de l'enfant, la peur de la grossesse. Être « prise », être « pincée », « tomber » enceinte : autant d'expressions populaires qui en disent long sur l'amour sans joie, l'angoisse des règles attendues et du ventre qui enfle, angoisses longtemps muettes parce que rendues coupables par l'opinion, par l'Église et par la loi.

Si la littérature du XIXe et du XXe siècle met en scène cette peur de l'enfant en particulier par le thème de l'avortement meurtrier et le personnage de la fille mère déchue, l'étude historique en est délicate, comme celle de tout sentiment. L'approche ne peut être qu'indirecte ; pour en rendre compte, il faut cerner les comportements démographiques, envisager l'évolution des méthodes contraceptives et leur utilisation, les normes et préceptes moraux, le sort des mères non mariées, sans oublier la place des femmes dans la société française. Histoire où les femmes sont victimes, piégées mais aussi rebelles, maîtresses coûte que coûte de la vie.

Parmi les nations européennes, la France est la première

à connaître une baisse de la fécondité dès la fin du XVIIIe siècle ; l'enfant n'est plus, selon la belle formule de Mireille Laget, « cette évidence ». Dans la France préindustrielle, « l'enfant est une donnée de fait » ; les grossesses répétées sont le lot des femmes mariées qui ne tombent pas enceintes puisqu'elles le sont « naturellement sans cesse ». Dans un monde où la mort fait des ravages (un enfant sur quatre meurt avant un an), l'enfant est dans tous les groupes sociaux la fierté de la famille : don de Dieu, « richesse du pauvre », élément de la lignée, mais la peur du surnombre n'y est pas absente. Les historiens démographes ont montré qu'un comportement contraceptif apparaît précocement (milieu du XVIIIe siècle) chez les élites (cas des ducs et pairs de France) mais qu'il n'est répandu, à la veille de la Révolution, que dans certaines régions, le Sud-Ouest notamment. Le malthusianisme ne se généralise en France que dans la deuxième moitié du XIXe siècle.

Ce malthusianisme se manifeste par le refus des familles nombreuses et, dès la fin du XIXe siècle, la majorité des ménages mettent moins de trois enfants au monde. La taille des familles est fonction du groupe social, mais, globalement, la pratique de la limitation des naissances se diffuse au XIXe siècle des classes aisées aux classes populaires, au fur et à mesure de leur intégration sociale. Elle s'accompagne d'un repli du couple sur lui-même et d'une nouvelle conception de l'enfant, être unique à qui l'on veut donner une bonne éducation, espoir des parents en une future ascension sociale.

Il existe quelques enquêtes sur les motivations des couples à limiter les naissances. *Le Journal de la femme*, « hebdomadaire moderne illustré », journal féminin lancé en 1932 par Raymonde Marchard, interroge ses lectrices en 1936-1938 ; elles invoquent la difficulté à faire vivre une famille nombreuse, la crise du logement, le chômage, l'insécurité internationale : « Avoir des enfants pour les voir dépérir, aller en sana ou plus tard, si on a réussi par miracle à en faire des hommes sains et forts, qu'on nous les enlève et qu'on les fasse tuer à la guerre ! Ah non, vous savez, en ce moment mettre des enfants au monde c'est de la folie[2]. »

Ce même *Journal de la femme* accuse les hommes d'être responsables de la dénatalité. Ces hommes qui acceptent les fils mais méprisent « les femmes à filles » ; ces maris qui supportent mal la grossesse de leur femme, encore moins l'allaitement ; ces hommes que le partage des rôles éloigne de l'enfant. Au contraire, pour les rédactrices du journal, « le sentiment maternel existe en puissance dans le cœur de toutes les femmes » ; la « grève des mères » est une « grève de la société » car la condition féminine engendre une véritable peur de l'enfant.

Les leçons de Pasteur.

Hors de la maternité, point de salut : tel est au XIXe siècle et jusqu'à la décennie soixante de notre siècle le discours dominant ; la nature féminine voue la femme à l'enfantement. Mais elle n'est « rien dans la nation » (pas de droit de vote avant 1944) et « rien dans la famille » : le Code civil napoléonien en fait une mineure juridique et consacre l'homme, père tout-puissant. Par la loi du 18 février 1938 (le projet a plus de dix ans), elle obtient pleine capacité juridique, mais il lui faut attendre 1970 pour partager l'autorité parentale. Si ces données concernent toutes les femmes, les ouvrières sont plus sensibles à leur situation matérielle. Happées par l'industrialisation, elles voient, comme les hommes, leur situation s'améliorer progressivement à la fin du XIXe siècle et au XXe siècle, mais elles constituent longtemps un volant de main-d'œuvre sous-payée ; jusqu'à la Première Guerre mondiale, leur salaire est considéré par tous, y compris par leurs compagnons hostiles au travail féminin, comme un salaire d'appoint, souvent moitié moindre que le salaire masculin.

C'est à elles aussi qu'il revient de concilier travail et maternité dans une France où la législation de protection de la mère est tardive. Ce n'est qu'en 1909 que les femmes obtiennent la garantie de retrouver leur travail après les couches, mais la loi n'est pas toujours appliquée ; la loi Strauss du 17 juin 1913 interdit d'employer les accouchées pendant les quatre semaines qui suivent la délivrance et accorde aux plus défavorisées une allocation journalière payable huit semaines. Les années trente mettent en place à la fois l'assurance maternité (1930) et les allocations familiales (1932), que le demi-siècle suivant généralise et améliore. Mais jusqu'à la Deuxième Guerre mondiale, les malaises et la fatigue de la grossesse ne justifient aucun congé.

Au début du XIXe siècle, 3 % des femmes environ meurent en couches. Dans les maternités qui ouvrent dans les années 1860 pour accueillir les pauvres, la mortalité est effrayante : 5 à 10 % à la Maternité de Paris, près de 13 % certaines années à l'hôpital de la Charité où l'infection puerpérale fait des ravages ; la moindre complication est dramatique et une partie du corps médical choisit de sauver l'enfant au détriment de la mère. La césarienne lancée par le professeur Bar dans les années 1880 reste longtemps meurtrière (taux de mortalité de 6 à 20 % vers 1920). Les leçons de Pasteur, les progrès de l'obstétrique, la médicalisation de la maternité contribuent à une victoire progressive : mortalité de 2 à 3 pour 1000 entre les deux guerres, de 1 pour 10 000 aujourd'hui.

Refusant l'enfant, certaines femmes ont recours à des solutions radicales. L'infanticide a été une pratique rurale courante, mais sa condamnation par l'Église et par l'État le fait reculer. Il subsiste cependant au XIXe siècle (près de huit mille affaires d'infanticide traduites devant les tribunaux entre 1830 et 1880) comme « acte de femme seule, jeune, rurale, souvent célibataire, pauvre, généralement analphabète[3] ». Le 2 août 1876, Anne Miallet, seize ans, domestique rurale, est condamnée à huit ans de travaux forcés ; l'acte d'accusation rapporte qu'elle « a accouché dans son lit entre dix et onze heures et a déposé l'enfant et le placenta dans sa malle qu'elle a fermée avec un cadenas. Elle est descendue ensuite à la cuisine pour le dîner de midi, a travaillé comme d'habitude et s'est couchée le soir à l'heure accoutumée. Le lendemain matin, elle a pris le cadavre de son enfant dans la malle et le placenta, et est allée le jeter dans la mangeoire des porcs. Elle n'a pas remarqué si, quand il est venu au monde, il a crié ou même fait le moindre mouvement[4] ».

Pour tuer un nouveau-né, les méthodes usitées sont l'enfouissement, la strangulation et surtout l'étouffement avec un chiffon, avec de la terre dans la bouche... La loi est sévère mais la jurisprudence complaisante, comme l'explique Dominique Vallaud. Le Code Napoléon assimile l'infanticide à un assassinat et le punit de mort, comme l'édit d'Henri II de 1556, mais les jurés ayant à choisir entre la peine de mort et l'acquittement optent pour celui-ci dans près de la moitié des cas. Pour une répression plus efficace, les législateurs atténuent les rigueurs de la loi par des textes successifs (lois de 1824, 1832, 1863, 1901 ; cette dernière supprime la peine de mort), mais l'indulgence des cours d'assises reste grande : les preuves sont difficiles à établir (l'accusée soutient que l'enfant était mort-né), la femme qui accouche peut perdre ses esprits et le jury populaire lui concède souvent le droit, non d'invoquer la misère, mais de préférer « le sentiment de l'honneur au sentiment maternel[5] ».

L'avortement n'est pas un phénomène nouveau mais il se développe au XIXe siècle, particulièrement dans la deuxième moitié du siècle, et dans les milieux populaires. Pourquoi ? Parce que le désir de limiter les naissances se généralise, parce que la chasteté, seule méthode admise par l'Église, est certainement peu respectée et que les autres moyens, les « fraudes », manquent d'efficacité ou sont mal utilisés.

La plus légère peine.

Dans tous les milieux sociaux, l'homme pratique le retrait ; le préservatif, qu'il faut acheter et qui répugne beaucoup, est d'emploi incommode tant qu'il est en boyau (jusqu'aux années 1880) ; il n'est utilisé selon les enquêtes médicales que dans les classes riches. Le rôle des femmes dans la génération étant maintenant reconnu avec la découverte de l'ovulation et d'un cycle de fécondité, une méthode des rythmes leur est proposée, mais elle n'est guère rigoureuse. Les femmes utilisent plus l'injection vaginale *post-coïtum* que l'éponge de sûreté ou le pessaire de caoutchouc que leur proposent à un prix modique les apôtres du néo-malthusianisme et de la libre maternité, le groupe « Régénération » de Paul Robin, puis « Génération consciente » d'Eugène Humbert. Marie Huot et Nelly Roussel les rejoignent et tentent de convaincre le mouvement féministe qui suggère aux femmes « la grève des ventres ».

En 1908, Gabriel Giroud fait paraître sous le pseudonyme de Georges Hardy un petit manuel de quatre-vingt-seize pages intitulé *Moyens d'éviter la grossesse*. Réimprimé plusieurs fois avant 1914, il présente, schémas à l'appui, toutes les méthodes contraceptives connues. Exposé des motifs, la préface est un condensé de la doctrine néo-malthusienne : la limitation des naissances y est revendiquée au nom du droit au plaisir, au nom de la liberté de la femme mais surtout comme seule porteuse de révolution sociale car la surpopulation engendre misère et guerre. Derrière l'inventaire des techniques contraceptives il faut imaginer l'insatisfaction des rapports inachevés et des tendresses interrompues, la peur de l'échec.

Dans la deuxième moitié du XIXe siècle, l'avortement n'est plus seulement le recours de la femme célibataire ou veuve, mais une pratique de femmes mariées et multipares dans les milieux populaires. Un historien anglais, Angus MacLaren, y voit une forme de féminisme populaire et domestique peu souligné jusqu'alors. Comme le constatent, en le déplorant, les médecins, « l'avortement n'est pas considéré comme un crime, c'est une pratique sociale » (docteur Brochard en 1876) ; l'avortement est devenu une « industrie » (docteur Tardieu en 1898). Les femmes éprouvent peu de culpabilité et échangent des conseils à l'usine ou au lavoir. Elles s'avortent elles-mêmes en avalant des potions réputées abortives (rue, sabine, ergot de seigle), en se posant une sonde ou en utilisant divers objets longs et pointus (tringle, épingle à cheveux, queue de persil...), ou s'adressent à des avorteuses, « les faiseuses d'anges », souvent des sages-femmes dont la publicité à peine voilée est courante dans les journaux. Elles ne semblent pas éprouver « la plus légère peur [6] », écrit Hubert Legrand en 1911, elles tentent un avortement puis souhaitent être admises à l'hôpital où elles sont protégées par le secret professionnel. Si l'avortement est un crime puni de réclusion selon l'article 317 du Code pénal, bien peu des 150 000 à 500 000 actes (évaluation pour le début du XXe siècle) donnent lieu à des poursuites et les jurys d'assises sont indulgents, acquittant dans 60 à 80 % des cas.

La dénatalité commence à inquiéter les classes dominantes et les pouvoirs publics. Des ligues populationnistes se créent, comme l'« Alliance nationale pour l'accroissement de la population française » fondée par le docteur Jacques Bertillon en 1896. Elles lancent un cri d'alarme — la dénatalité, c'est la guerre et la ruine de la France — et accusent l'avortement et la contraception. Comme pour l'infanticide, il s'agit de moins punir pour mieux punir, de soustraire l'avortement aux jurés populaires. Il a fallu l'hécatombe de la guerre pour que leurs projets aboutissent : la loi de 1920, votée à une énorme majorité par la Chambre « bleu horizon » (500 voix pour, 73 contre), réprime toute provocation directe ou indirecte à l'avortement (de six mois à trois ans de prison et amende) et toute information sur la contraception (un à six mois de prison) ; celle de 1923 modifie l'article 317 et correctionnalise l'avortement en réduisant les peines (un à cinq ans de prison pour les avorteurs, six mois à deux ans pour les avortées).

Tous les procédés contraceptifs autres que les préservatifs (qui préservent de la contamination vénérienne, peur durable) disparaissent des pharmacies ; des militants malthusiens sont poursuivis et condamnés ; plusieurs centaines d'affaires d'avortement passent annuellement devant les tribunaux et la moyenne des acquittements tombe au-dessous de 20 %. Comme la répression se relâche et que la dénatalité s'accentue dans les années trente, les natalistes obtiennent le vote du décret-loi du 29 juillet 1939, dit Code de la famille qui, avant que le régime de Vichy ne fasse de l'avortement un crime contre l'État, renforce la répression contre les avorteurs, réprime même les tentatives et atténue le secret médical sans oser toutefois instituer l'« excuse absolutoire pour l'avortée dénonçant son avorteur ».

Dès lors, la peur, le silence, la culpabilité s'installent mais la limitation des naissances est plus forte que jamais. Les couples « se débrouillent », « font attention » ; les méthodes couramment utilisées (retrait, injection) restent possibles ; l'abstinence périodique préconisée par Ogino-Knauss, condamnée par le pape mais admise dans les milieux chrétiens, se diffuse dans les années trente en milieu urbain. Le docteur Henri Trochu fait paraître, dans *Maternité ou stérilité conscientes ; la découverte d'Ogino et la vie intime de la femme ; ce que tout ménage doit et voudra savoir*, un calendrier physiologique, « Le Périodique », qui permet à chaque femme de calculer sa période féconde et il précise : « Rien de malthusien, rien d'illégal. »

Mais, dans un contexte ou toute information et toute méthode efficace sont interdites, l'avortement clandestin reste fréquent ; les chiffres sont très variables — de 150 000 à un million selon l'UNCAF[7] — « et le fléau frappe toutes les classes de la société », les femmes mariées comme les femmes seules. Les méthodes restent les mêmes : absorption d'abortifs, injection d'eau de savon, de vinaigre ou d'éther, moyen mécanique. Elles comportent des risques d'embolie, de perforation, d'hémorragie et de septicémie. Certaines femmes y laissent leur vie (les chiffres terrifiants de l'UNCAF sont de 20 000 à 60 000 décès par an pour les années trente) ; d'autres se retrouvent à l'hôpital, où beaucoup de médecins leur font payer cher leur faute en procédant à un curetage à vif. « Les femmes qui venaient avec un avortement, il fallait les punir et on le disait », raconte une ancienne sage-femme. Quant à l'accoucheur de Lariboisière, il laissait, paraît-il, hurler les femmes jusqu'à ce qu'elles avouent...

La situation n'évolue pas vite après 1945 ; dans *La Cause des femmes*, Gisèle Halimi assimile son premier avortement à la torture, et Simone de Beauvoir peut écrire en 1949 que « c'est un phénomène si répandu qu'il faut le considérer comme un des risques normalement impliqués par la condition féminine ». Mais si la peur de l'enfant est commune à toutes les femmes, jusqu'en 1975 le risque n'est pas le même pour les femmes aisées et pour celles qui, pouvant seulement s'adresser à des avorteurs sans compétence (84 % selon les statistiques présentées par Gisèle Halimi), paient un lourd tribut à la souffrance et à la mort.

Une peur bienfaisante.

Le XIXe siècle a peur de la sexualité féminine, peur de l'émancipation sexuelle des femmes qui s'esquisse dans les dernières décennies. La peur de l'enfant doit constituer pour la majorité un rempart. C'est un moyen de moralisation sociale : « Une des contraintes que la nature a mises au libertinage des femmes est la peur d'avoir des enfants ; leur apprendre à braver un tel péril, c'est détruire la digue qui retient la plupart d'entre elles de penchants dépravés[8]. » Cette peur doit préserver la virginité des jeunes filles et limiter l'adultère chez les femmes mariées. On pourrait dresser une curieuse anthologie médicale et morale sur le prix de la virginité : « Les filles ne doivent ignorer ni la grossesse, ni les graves maladies auxquelles peuvent exposer les relations sexuelles et on ne saurait leur faire comprendre trop tôt qu'en dehors même de la conception des maladies vénériennes, la plus légère imprudence, détruisant chez elles le signe de la virginité, leur imprime une tare ineffaçable. » Ainsi parle le docteur Siredey dans la préface de *Avant la maternité* (manuel de Germaine Montreuil-Strauss paru en 1922, réédité en 1935). Ce culte de la virginité, que l'Église renforce par le culte marial, se diffuse dans tous les groupes sociaux, y compris la classe ouvrière.

Les hommes tiennent les femmes par la peur de l'enfant. Inversement, elles ont pu l'invoquer pour échapper aux hommes, au séducteur entreprenant ou au mari qui exige le devoir conjugal, mais nous savons peu de chose des relations intimes dans les couples...

Peur de l'enfant... Pour tout un courant de mouvement féministe depuis le XIXe siècle, la maternité est un piège pour la femme et l'enfant un handicap. Cela est fortement exprimé par la doctoresse Madeleine Pelletier (1874-1939), militante de la libre maternité, de l'émancipation sexuelle, sociale et politique de la femme ; dans *Le Droit à l'avortement* (1911) elle écrit : « Un obstacle, d'autant plus puissant qu'il n'est pas d'ordre social mais d'ordre naturel, se dresse devant la femme qui veut satisfaire sans entraves à sa sexualité : c'est l'enfant. La perspective de l'enfant replonge la femme qui s'était libérée par la culture intellectuelle ou le travail dans toutes les servitudes du passé. Comment parler d'égalité en amour alors que l'homme s'en allant libre, le besoin satisfait, la femme doit assumer la maternité ? » La maternité, c'est d'abord la grossesse qui met la femme « en état d'infériorité tant au point de vue physique qu'au point de vue intellectuel ». Viennent ensuite l'accouchement « avec ses douleurs terribles » puis la charge des enfants et les soins du ménage qui reposent essentiellement sur la mère et lui interdisent « le développement complet de son individualité ». Dans la société de son temps, « une femme ne peut vivre qu'à condition de renoncer à l'amour et à la maternité ».

Plus modérée, Simone de Beauvoir écrit en 1949 que « c'est une mystification de soutenir que la femme devient par la maternité l'égale concrète de l'homme » ; aussi « certaines, sans [la] repousser avec dégoût, sont trop absorbées par leur vie amoureuse ou par une carrière pour lui faire une place dans leur existence ». Elle explique son propre refus de l'enfant dans *La Force de l'âge*.

Refus de se couler dans le moule établi, conséquence d'une analyse concrète de la situation des femmes mais aussi ligne de partage dans le féminisme. La position de Madeleine Pelletier choquait déjà Madeleine Vernet qui lui répondait en 1919 : « C'est un sentiment de pitié qui m'anime à l'égard de ces femmes soi-disant affranchies et qui ne voient dans la maternité qu'asservissement, animalité et abêtissement. La doctoresse Pelletier ne voit dans la maternité que la déformation de la taille, la servitude de l'allaitement, les cris continuels et agaçants du bébé, les couches et les langes du bébé[9]. » Pour cette militante pacifiste et féministe (1878-1949), elle est au contraire « l'apogée de l'individualité féminine » et une source de plaisir par « la jouissance délicieuse » des tressaillements du fœtus, par « la volupté » de l'allaitement.

Peur de l'enfant, désir d'enfant ; peur-désir, désir-peur. La conception et la mise au monde d'un nouvel être s'entourent de sentiments complexes et contradictoires. Mais la peur des grossesses répétées, de l'accident, de la faute s'estompe. La maîtrise de la fécondité est une conquête récente (aujourd'hui de nombreuses femmes utilisent la pilule ou le stérilet) et la mère célibataire est honorable. Plus d'un quart des enfants naissent hors mariage à la fin des années 80. Victoires décisives et fondamentales bien que Victor Margueritte fût trop optimiste en 1927, dans sa préface de *Ton corps est à toi* (premier élément de la trilogie *Vers le bonheur*) : « Le jour où cessera pour nos filles le risque de fabriquer machinalement ce que la consommation de l'industrie... appelle de cet affreux nom le "matériel humain", ce jour-là et ce jour-là seulement cesseront l'inepte inégalité des sexes, en même temps que la suprématie de classe... »

Notes

1. Ch. Germain, Ch. de Panafieu, *La Mémoire des femmes, sept témoignages de femmes nées avec le siècle*, Paris, Éd. Sylvie Messinger, 1982. Voir aussi, H. Morière, *Vivre avec la peur au ventre*, Paris, P. Horay, 1979, préf. B. Groult.

2. « Français attention. Méditation devant les berceaux vides », 23 mai 1936, article de F. Féron.

3. Michelle Perrot (cf. Orientation bibliographique).

4. Cas cité par Dominique Vallaud.

5. H. Joly, *Le Crime*, 1888, cité par D. Vallaud.

6. « Deux mots sur les avortements criminels », *Revue professionnelle des sages-femmes,* fév. 1911.

7. Union nationale des caisses d'allocations familiales, *L'Avortement et les Moyens anticonceptionnels*, 1947.

8. Alphonse Esquiros, cité par A. MacLaren (1847).

9. *La Mère éducatrice*, 1919.

Orientation bibliographique

Sur la condition des femmes.

Aron J.-P., présentation, *Misérable et glorieuse, la femme du XIXe siècle*, ouvrage collectif, Paris, Fayard, 1980.

Bouchardeau H., *Pas d'histoire les femmes*, Paris, Syros, 1977.

Sur les pratiques contraceptives.

Choisir de donner la vie, colloque international de Choisir, 1979, UNESCO. Cf. en particulier l'intervention de Michelle Perrot : *Naissance d'une liberté.*

Guerrand R.-H., *La Libre Maternité*, Paris, Casterman, 1971.

Guerrand R.-H. et Ronsin F., *Le Sexe apprivoisé. Jeanne Humbert et la lutte pour le contrôle des naissances*, Paris, La Découverte, 1990.

Halimi G., *La Cause des femmes,* Paris, Grasset / Fasquelle, 1973.

Laget M., *Naissances. L'accouchement avant l'âge de la clinique*, Paris, Le Seuil, 1982.

MacLaren A., *Sexuality and Social Order*, New York, Holmes and Meier, 1983.

Ronsin F., *La Grève des ventres*, Paris, Aubier-Montaigne, 1980.

Sur la maternité illégitime et la morale sexuelle.

Lévy F.-P., *L'Amour nomade. La mère et l'enfant hors mariage*, Paris, Le Seuil, 1981.

Martin-Fugier A., *La Bourgeoisie*, Paris, Grasset, 1983.

Marthe, Paris, Le Seuil, coll. « Libre à elles », 1982.

La première fois ou le roman de la virginité perdue à travers les siècles et les continents, Paris, Ramsay, 1981.

Vallaud D., « Le crime d'infanticide et l'indulgence des cours d'assises du XIXe siècle », article à paraître.

Sur Madeleine Pelletier et le féminisme.

Sa brochure *Le Droit à l'avortement* est publiée dans M. Pelletier, *L'Éducation féministe des filles et autres textes*, préface et notes de C. Maignien, Paris, Syros, 1978.

Albistur M. et Armogathe D., *Histoire du féminisme français*, Paris, Éd. des Femmes, 1977.

Klejman L. et Rochefort F., *L'Égalité en marche. Le féminisme sous la Troisième République*, Paris, FNSP-Des Femmes, 1989.

Rabaut J., *Histoire des féministes français*, Paris, Stock, 1978.

Haro sur la masturbation !

Roger-Henri Guerrand

Il y a un peu plus de cent ans, en 1882, *L'Encéphale*, journal des maladies mentales et nerveuses, publiait un copieux article du docteur Démétrius Zambaco, médecin d'Istanbul, intitulé « Onanisme avec troubles mentaux chez deux petites filles [1] ». Dans le cas de ces malheureuses enfants, « l'aberration morale avait atteint des limites si avancées qu'elles s'ingéniaient pour inventer des moyens d'excitation et de satisfaction étonnants et inouïs ». L'aînée surtout se manuélisait sans cesse, malgré les châtiments corporels et la camisole de force. Il fallut se résoudre à la clitoridectomie : « Il est rationnel d'admettre, écrit Zambaco, que la cautérisation au fer rouge abolit la sensibilité du clitoris, qu'elle peut entièrement détruire, un certain nombre de fois répétée. L'orifice vulvaire, qui constitue le second point génésique sensible, étant émoussé lui-même par la cautérisation, on conçoit facilement que les enfants, devenues moins excitables, soient aussi moins portées à se toucher. »

Le docteur Zambaco peut paraître un personnage « exotique » : il dispose en réalité de répondants de poids derrière l'autorité desquels il s'abrite. Au premier rang de ces maîtres, s'impose le fameux docteur Tissot, celui qui déchaîna sur l'Europe un vent de folie antimasturbatoire dont les effets ne sont pas encore tout à fait calmés aujourd'hui.

Médecin lausannois du XVIIIe siècle, Tissot fut l'auteur, en 1760, d'un ouvrage constamment réédité jusqu'en 1905 et qui porte un titre sans équivoque : *L'Onanisme, dissertation sur les maladies produites par la masturbation* [2]. Avec ces pages terrifiantes, s'ouvre l'ère de la condamnation « scientifique » des pratiques solitaires. Jusqu'alors, l'onanisme n'était qu'un péché, certes mortel mais effacé par la confession ; voici maintenant qu'il accédait au statut de maladie extrêmement grave et ce en un temps où le discours scientifique prétendait l'emporter sur celui, complètement dépassé, des théologiens.

Selon Tissot, le sperme est l'huile essentielle, peut-être même « l'esprit recteur » dont la dissipation laisse les autres humeurs affaiblies et, en quelque sorte, éventées. Le gaspiller affaiblit l'organisme et le rend vulnérable aux agents pathogènes. A partir de cette doctrine absurde — déjà soutenue dans l'Antiquité —, va se développer une littérature médicale dont l'extravagance a été rarement égalée. Elle fourmille de tableaux cliniques dramatisés ou excelleront de nombreux praticiens, parfois non des moindres, qui séviront en France et ailleurs jusqu'à la Deuxième Guerre mondiale.

Le terrible portrait du voluptueux renouvelé de Bossuet, de Bourdaloue ou de Lacordaire, était un classique des manuels de piété et de morale. Les médecins le reprendront et, sous leur plume, il apparaîtra naturellement plus convaincant. Qu'on en juge par celui-ci, dû au docteur C. Bouglé[3] :

« Qui n'a vu, au moins une fois dans sa vie, de ces ruines d'hommes qu'a dévastés la volupté, et où l'on ne saurait plus apercevoir aucun vestige des nobles facultés qui y habitaient autrefois ? Qui n'a vu errer, comme des spectres sortis de leurs tombeaux, de ces cadavres dont le regard éteint, la bouche vide de sourire, les traits fanés ne peuvent plus fleurir sous un rayon de joie et de bonheur, dont les membres alourdis ne se prêtent qu'avec peine aux plus simples mouvements et dont le corps tout entier paraît affaissé sous le poids des iniquités qui chargent leur vie ? »

Cependant, le bon docteur ne descend pas jusqu'aux détails physiologiques, tout de même importants. Plusieurs de ses confrères se sont heureusement chargés de cette tâche indispensable. L'une des premières recensions des désordres physiques qui atteindront sûrement les masturbateurs nous semble avoir été tracée par le docteur Rozier[4] :

« Les personnes livrées à des habitudes pernicieuses secrètes présentent plus ou moins promptement des symptômes de la consomption dorsale. Elles n'ont point dès l'abord de fièvre ; cependant, quoiqu'elles conservent de l'appétit, leur corps maigrit et se consume ; il leur semble que des fourmis leur descendent de la tête le long de l'épine. La marche, de simples promenades même, surtout dans des routes difficiles, les essoufflent, les affaiblissent, leur occasionnent des sueurs, des pesanteurs de tête et des bruits d'oreilles ; il survient des maladies du cerveau et des nerfs, de la stupidité et de l'imbécillité. L'estomac se dérange, les personnes deviennent pâles, engourdies, paresseuses. Celles qui sont jeunes prennent l'air et les infirmités de la vieillesse, leurs yeux se cavent, leur corps se courbe, leurs jambes ne peuvent plus les porter ; elles ont un dégoût général ; elles sont inhabiles à tout ; plusieurs tombent dans la paralysie. »

On composerait une belle anthologie avec des textes de cette encre. Nous citerons encore celui dû à un casuiste dont l'autorité fut incontestée au XIXe siècle sur tout ce qui avait trait aux péchés de la chair. Il s'agit du père J.-C. Debreyne, religieux de la Grande-Trappe, mais également — signe des temps — docteur en médecine. Dans son célèbre traité de théologie morale [5], il a écrit une page entière qui complète la description que nous venons de citer. En voici l'essentiel : « Palpitations, diminution de la vue, maux de tête, vertiges, tremblements, crampes douloureuses, mouvement convulsifs, comme épileptiques et même assez souvent l'épilepsie véritable ; douleurs générales dans les membres ou fixées derrière la tête, à l'épine dorsale, la poitrine, le ventre ; grande faiblesse dans les reins, quelquefois un engourdissement presque universel. » Toujours sous Louis-Philippe, le docteur Lallemand, l'une des gloires de la faculté de médecine de Montpellier, publiait une somme unique dans la littérature médicale. En trois volumes comprenant 1 784 pages, il révélait tout, absolument tout, sur les « pertes séminales involontaires [6] ».

Surveillés et exclus.

Cette folie antimasturbatoire, née au siècle des Lumières, est une nouvelle « valeur » inventée par la bourgeoisie, avide de tous les pouvoirs. Il lui fallait se démarquer de la noblesse, classe dégénérée dont sortent par exemple ces ignobles personnages que sont le marquis de Sade et Choderlos de Laclos, odieux adversaires de cette « décence » que la famille bourgeoise exalte comme vertu suprême depuis le Moyen Age. Sa lutte contre toute forme de sexualité non ordonnée à la génération entrait aussi dans sa volonté d'économie, autre valeur obsessionnelle qu'elle opposera, pendant tout le XIXe siècle, à « l'imprévoyance » ouvrière. On doit tenir compte enfin de sa peur devant des pulsions pouvant devenir incontrôlables et entraîner la ruine d'une « maison », la « faillite », ce mal suprême pour M. Prudhomme.

Dans cet esprit, la condamnation des *« excès sexuels »*, à cette époque, sera aussi le fait de médecins anticléricaux. Tel le docteur A. Lutaud, adversaire de l'Église et néo-malthusien, qui peut écrire : « L'homme sage ne doit jamais répéter le coït sans avoir laissé entre chaque acte sexuel un intervalle dont la durée varie de un à plusieurs jours selon son âge et sa constitution[7]. » Et s'il fraude, il expose sa partenaire à la mort, comme l'a démontré le docteur L.-F. Bergeret dans un ouvrage qui fut très lu[8].

Le cancer menace l'utérus car cet organe a été prématurément usé. Le cœur est lui aussi atteint par les « spasmes cyniques » d'orgasmes répétés qui le déchirent.

La grande nouveauté du XIXe siècle consiste en ce que les arguments médicaux s'ajoutent aux anathèmes lancés par les prêtres contre toute forme de vie sexuelle « déréglée ». De là, un climat répressif reflétant exactement une idéologie de classe à laquelle l'Église finira par se rallier. Reniant une tradition millénaire, certains de ses théologiens n'hésiteront pas à proclamer la « sainteté » de l'argent et à présenter la « propriété » comme garante de l'ordre social.

La suspicion débute au collège où l'internat devient la règle dès la sixième, même si l'établissement scolaire se situe dans la ville de résidence des parents. Dans ces casernes de l'étude qui n'offrent plus aucun des agréments des institutions de l'Ancien Régime, celles des jésuites surtout, les médecins ont leur mot à dire. Le docteur Pavet de Courteille — attaché au collège royal Saint-Louis, à Paris — l'écrit : « Il serait bon, je crois, de faire porter, la nuit, des chemises qui descendraient au-dessous des pieds, à certains enfants soupçonnés de se livrer à de funestes habitudes. Il serait nécessaire que ces chemises fussent munies intérieurement d'une coulisse que l'on devrait serrer le soir après avoir fait satisfaire les besoins d'excrétion[9]. » Attention également aux latrines, endroits dangereux par excellence. Selon P. de Courteille, chaque loge doit être séparée de sa voisine par une cloison de plâtre montant du sol à la charpente. On prendra la précaution de couper les portes en haut afin que du dehors on puisse voir la tête de l'élève.

En tout état de cause, les élèves convaincus d'habitudes solitaires ne doivent s'attendre à aucun ménagement. L'ordonnance royale du 28 août 1827 — jamais abrogée —, et qui est le seul texte du code universitaire concernant la vie sexuelle, ne connaît que l'exclusion : « Il n'y a pas dans les collèges de punitions pour les fautes graves contre les mœurs. Le coupable est immédiatement séquestré pour être rendu à sa famille, avec tous les ménagements convenables », ce qui est aussi l'avis de Pavet de Courteille.

Étroitement surveillé, le malade sera soumis à un traitement spécial, recommandé par le père Debreyne. D'abord, obligation de se coucher sur le côté, jamais sur le dos ; manger et boire froid le plus possible, absorber même de la glace pure. Ensuite, des applications réfrigérantes locales seront faites au moyen d'une vessie renfermant de la glace pilée, de la neige ou de l'eau très froide salée avec du sel de cuisine. Pour les cas rebelles, le professeur Lallemand n'a qu'une méthode : cautérisation de la portion prostatique du canal de l'urètre au moyen de nitrate d'argent. Du début du XIXe siècle — P. de Courteille en témoigne — jusqu'en 1914, on vendra en France des bandages contre l'onanisme, que viennent acquérir des pères de famille et des chefs d'établissement. On fabrique naturellement sur mesure, suivant l'âge des sujets.

Aux grands maux, les grands remèdes.

Dans cette lutte fanatique, tous les enseignants « laïques » du XIXe siècle déploient le même zèle acharné que leurs collègues du privé. Comme l'a parfaitement démontré Paul Gerbod, leur premier historien[10], ces maîtres étaient des fils du peuple ayant renoncé, dans leur ensemble, à contester la société qui leur imposait ses modèles. « Stagiaires de la bourgeoisie », ils furent avant tout préoccupés d'ascension sociale et leur conformisme moral n'avait d'égal que leur docilité au pouvoir. Bien dressés depuis l'enfance, ils adoptent sans discuter l'ordre sexuel de la classe dominante. Corrompus, vicieux, pervers sont les adjectifs dont ils usent quand il s'agit de qualifier les élèves coupables de « délits sexuels » : les rapports qu'ils ont écrits officiellement à ce sujet le prouvent à l'évidence[11].

Concernant les filles, rigueur identique. Le père Debreyne sait que les filles d'Ève possèdent un organe fatal, source de toutes les tentations, c'est leur clitoris. Pénis en réduction, il ne sert qu'à la volupté. Or celle-ci n'est nullement nécessaire à la procréation. En conséquence, si le clitoris se révèle une source d'excitation permanente, on doit le considérer comme malade et son ablation devient licite.

Une attitude aussi extrême, sans exemple depuis les origines du christianisme, n'est nullement isolée. La clitoridectomie a été préconisée en Europe, au XIXe siècle, pour remédier à ce qu'on ne craignait pas de nommer « la trop grande lubricité des femmes ». Les plus hautes sommités médicales l'ont pratiquée sans hésitation et Zambaco en avait consulté quelques-unes. Il avait lu les observations du professeur J.-B. Fonssagrives, hygiéniste renommé et adversaire déclaré des « habitudes vicieuses[12] », et rencontré à Londres le docteur Jules Guérin, de l'Académie de médecine : celui-ci lui avait affirmé avoir guéri plusieurs jeunes filles affectées d'onanisme en brûlant leur clitoris au fer rouge.

On opérait avec le bistouri, les ciseaux ou le couteau galvanocaustique. Sans aller aussi loin, le docteur Pouillet, en 1894, conseille de cautériser avec un crayon de nitrate argentique toute la surface de la vulve[13]. Après cette intervention, n'importe quel frottement procure une très vive douleur. Ainsi la femme est-elle mise dans l'impossibilité de se manuéliser. Le bon docteur préconise également la camisole de force et lance un appel pour l'invention d'une « ceinture contentive », « un appareil léger et bien conditionné qui boucherait hermétiquement l'orifice vulvaire, tout en écartant un peu les cuisses et en ménageant une petite ouverture pour le passage de l'urine et des menstrues, rendrait, je pense, un signalé service aux masturbatrices ».

Encore à la veille de la Première Guerre mondiale, il se trouvera un médecin halluciné pour affirmer qu'il reconnaît les « malheureux manusexuels à l'odeur pénétrante de sperme qu'ils dégagent [14] ». Dans un article de *La Nouvelle Revue théologique* de 1927, un autre de ses confrères recommande de faire porter des gants aux enfants presque en permanence. « La main gantée est chaste », ce praticien sagace l'a observé dans plusieurs cas.

Cependant, à partir de l'entre-deux-guerres, l'idéologie bourgeoise vacille, minée de l'intérieur. Certains laïques n'hésitent plus à militer en faveur de l'éducation sexuelle, ainsi Albert Bayet, titulaire de la chaire de morale à la Sorbonne, et les francs-maçons. Peut-être sous l'influence du freudisme. Les discussions du Cercle de Vienne, au cours de l'hiver 1912-1913, avaient en effet porté sur la masturbation. Un consensus s'était établi pour considérer cette pratique comme normale durant l'enfance et l'adolescence. Freud et ses disciples avaient même dénoncé l'intolérance de la situation socioculturelle interdisant les relations hétérosexuelles à cette période de la vie. Les éducateurs français les plus attachés aux valeurs « laïques » n'iront jamais jusque-là, avant longtemps…

L'Église catholique restait donc seule mais ne désarmait pas. Tous les militants de ses mouvements d'action spécialisée, la Jeunesse ouvrière chrétienne, la JEC, la JAC, etc., ne devront pas transiger avec ce que leurs directeurs de conscience appellent la « pureté ». Les ouvrages à leur disposition pour les aider dans ce terrible combat ne manqueront pas. A la différence de ceux du XIXe siècle, d'ailleurs, ils ne contiennent plus aucune description précise de l'affreux péché de manuélisation. On insiste surtout sur ses conséquences, dont l'évaluation n'a pas changé depuis plus d'un siècle : intelligence obnubilée, volonté gravement atteinte, mémoire affaiblie, cœur rongé, corps flétri. « La bête a vaincu l'ange ! », s'écriait G. Hoornaert, un jésuite très actif dont les ouvrages furent des classiques dans les associations regroupant la jeunesse catholique [15].

L'un de ses confrères, le père Maurice Rigaux, adoptait, juste avant la guerre de 1939-1945, un langage d'apocalypse. Nous sommes en danger de mort ! lançait-il. Il faut se mobiliser pour promouvoir « un état d'esprit virginal » en avertissant nos jeunes gens — le père ne parle jamais des jeunes filles — des dangers qui les menacent, « car la corruption est actuellement si publique et si universelle qu'il est dangereux de laisser les garçons indéfiniment inavertis. Une mise en garde suffisante et progressive s'impose[16] ». Le bon père n'est pas plus explicite et il conseille même aux éducateurs naturels — l'éducation sexuelle doit être du ressort exclusif de la famille — de ne pas tout dire : « La maman adroite pourra conduire son enfant jusqu'au seuil du ''secret'', en laissant à son intelligence le soin de compléter. » Il va de soi que Rigaux condamne sans appel la masturbation : elle aboutit à des désastres intellectuels et moraux pouvant compromettre toute une vie de pensée.

Même pendant la Deuxième Guerre mondiale, les casuistes ne négligent pas ce problème clef de la morale catholique : en 1942, le Suisse Aloïs Gugler publie à Lucerne un ouvrage fort apprécié sur le traitement des jeunes masturbateurs. En 1967, l'abbé M. Petitmangin fait paraître un petit volume[17] — préfacé par le docteur Chauchard — auquel on ne pourra pas reprocher de se complaire dans le flou : il est difficile de rencontrer descriptions plus précises des techniques masturbatoires utilisées aussi bien par les hommes que par les femmes. L'abbé Petitmangin veut avertir : « La masturbation est un dangereux raté de la maturation sexuelle contre lequel il faut lutter sans découragement en faisant appel à toutes les ressources du psychobiologique comme du spirituel. » En bref, « c'est une plaie comme l'est la contraception chez les gens mariés ». On ne saurait mieux manifester la permanence et l'unité de la doctrine. Intransigeance identique chez A. Alsteens[18] mais avec un arrière-plan psychanalytique. Cet auteur s'appuie sur Freud pour avancer que la masturbation jouerait un rôle dans la neurasthénie et produirait des désordres organiques dont le maître ignorait le mécanisme. Le pécheur n'est plus condamné, une « aide éducative » pourra le tirer d'affaire.

Dans certains milieux donc, en 1983, la masturbation ne prête toujours pas à sourire. Mais sa pratique a désormais ses défenseurs et ses propagandistes. Jean-René Verdier y voit une triple fonction, physiologique, compensatoire et ludique[19], résumant ainsi l'opinion commune des sexologues ne se référant ni au judaïsme ni au catholicisme. Le temps de l'anathème et du délire pseudo-scientifique, étroitement liés à une société qui se voulait éclairée et rationnelle, semble définitivement révolu.

Notes

1. Réédité en 1978 par les éditions Solin, 58 p.

2. Sur Tissot, voir Théodore Tarczylo, *Sexe et Liberté au siècle des Lumières*, Presses de la Renaissance, 1983, *L'Onanisme* a été publié par les éditions du Sycomore en 1980.

3. *Les Vices du peuple, suivis de l'histoire et du traitement des maladies vénériennes*, 1888.

4. *Des habitudes secrètes ou des maladies produites par l'onanisme chez les femmes*, 1825.

5. *Essai sur la théologie morale considérée dans ses rapports avec la physiologie et la médecine*, 1842.

6. Parus en 1836, 1839, 1842.

7. *Manuel des maladies des femmes*, 1891.

8. *Des fraudes dans l'accomplissement des fonctions génératrices*, 1868. Ce livre fut réimprimé huit fois jusqu'en 1881.

9. *Hygiène des collèges et des maisons d'éducation*, 1827.

10. *La Condition universitaire en France au XIX*e *siècle*, étude d'un groupe socioprofessionnel, professeurs et administrateurs de l'enseignement secondaire public de 1842 à 1880, Presses universitaires de France, 1965.

11. Voir notre ouvrage, *Le prof ne rit pas,* La Table Ronde, 1964.

12. *Entretiens familiers sur l'hygiène*, 1867.

13. *De l'onanisme chez la femme.*

14. Dr E. Stérian, *L'Éducation sexuelle*, 1910.

15. *Le Combat de la pureté*, plusieurs éditions de 1923 à 1931.

16. *La Formation à la pureté*, éditions Spes, 2 vol.

17. *La Masturbation, études clinique, morale et pastorale,* éditions du Levain.

18. *La Masturbation chez l'adolescent*, Desclée de Brouwer, 1966.

19. *L'Onanisme ou le droit au plaisir*, Balland, 1973.

Naissance d'une minorité

Michel Rey

Faute de documents et d'études, on connaît peu la pratique réelle de la sodomie, tant à la Cour qu'à Paris, avant le XVIIIe siècle. Les aperçus que l'on peut en avoir, et la définition même de la sodomie (qui englobe aussi bien des rapports entre hommes qu'entre homme et femme), semblent indiquer que, pendant longtemps, cet acte n'entraînait pas l'appartenance à une minorité particulière, et que, pour la plupart de ceux qui pratiquaient l'amour des garçons, ce désir n'était pas exclusif. Les archives policières du XVIIIe siècle montrent à cet égard, au sein du peuple parisien, une transformation qui avait peut-être débuté plus tôt à la Cour. La sodomie masculine devient un « goût » qui *distingue* des autres hommes, elle est vécue comme un raffinement, elle « met à part ».

En 1706, l'officier de police qui inspecte annuellement l'hôpital général de Bicêtre note la présence de détenus ayant participé à des assemblées « dans les cabarets du Faubourg Saint-Antoine, où ils commettent les dernières abominations. Langlois était surnommé, dans ces assemblées, Monsieur le Grand Maître, et Bertauld, la Mère des novices ». Ces caractéristiques se retrouvent ensuite pour les assemblées du milieu du siècle : elles se tiennent le plus souvent dans un cabaret d'un faubourg populaire ; les participants se dotent de surnoms, transformant ainsi volontairement leur identité. Elles indiquent aussi une clôture du groupe sur lui-même, en référence à la Cour, ou à un couvent, et affirment la nécessité d'une initiation pour y entrer.

De 1723 à 1748, les archives policières concernant les sodomites sont constituées de rapports dictés par des provocateurs, qui incitent ceux qui les draguent à donner le maximum de détails sur leur vie sexuelle. D'après ces discours (mais les archives sont lacunaires), les réunions semblent se multiplier à partir des années 1730. En 1748, on ne compte pas moins de huit cabarets où se réunissent des groupes de quinze à trente personnes. En 1749, la police arrête d'ailleurs douze marchands de vin pour sodomie. Lors de ces réunions nocturnes à volets clos, les participants mangent, dansent, tentent de séduire ; ils échangent des informations, des grivoiseries et des propos obscènes. Il s'agit là d'un défoulement verbal et gestuel, mais, le plus souvent, on ne « commet pas l'action » sur place. Ainsi en 1748, un homme a voulu « manier » un joueur de violon : « La compagnie lui a fait reproche de sa hardiesse. » Le groupe se donne donc des règles de civilité.

La même année (1748), plusieurs témoins font allusion à une assemblée tenue au cabaret du « Fer à cheval », à la Courtille (faubourg situé actuellement entre la rue de la Folie-Méricourt et le boulevard de Belleville, dans le XIe arrondissement). Elle est appelée « le mariage du serrurier », c'est-à-dire qu'« on le débaucha à faire des infamies pour la première fois ». Il entre dans le cercle, on l'initie. En 1748 toujours, un autre témoin décrit une cérémonie en ces termes : « Cet été dernier, il s'est trouvé dans plusieurs assemblées des gens de la Manchette, soit à la Courtille, soit à l'enseigne des Six-Moineaux, rue aux Juifs (actuelle rue Ferdinand-Duval, dans le IVe arrondissement). Dans ces assemblées, la conversation est presque toujours sur ce goût-là. Il y en a qui mettent des serviettes sur leurs têtes, contrefont les femmes, faisant des minauderies comme elles. Quand il s'y trouve quelque nouveau jeune homme, on l'appelle la Mariée, et dans ce cas il devient l'objet de chacun. On se choisit dans ces assemblées pour se toucher et se faire des infamies. Quelquefois aussi, cela arrive après être sorti du cabaret. » Le mariage du jeune artisan n'est donc pas l'équivalent masculin d'un mariage hétérosexuel : il n'est pas uni à un homme, mais à un groupe, qui le caresse pour l'inclure.

Écoutons maintenant la description d'un dîner, organisé en 1735 par J. Baron, maître de bières : « Les autres vinrent à nous, nous embrassant en nous disant : "Bonjour, Mesdames." Baron se coiffa d'une garniture de femme qui était noire, pareille à la coiffure des dames de la Cour. Il nous mit des pompons dans les cheveux à tous, disant qu'il était la mariée. On dîna, et pendant le dîner, il fut parlé de mille infamies. Baron disait qu'il voulait être la mariée, et ils faisaient voir à travers leurs culottes qu'ils étaient en humeur, et Baron voulait qu'on consommât l'action avec lui. » Baron rappelle l'usage du mariage pour les nouveaux venus, mais il veut le détourner pour son plaisir personnel.

Un vice de noble ?

Tant l'utilisation du mot « Madame », réservé alors aux femmes de condition, que l'allusion aux modes de la Cour montrent qu'à l'intérieur de ce groupe les notions de sodomie, féminité, raffinement, aristocratie, sont très liées. Les assistants se recrutent presque tous parmi les petits artisans et commerçants. On trouve très peu de nobles ou de grands bourgeois dans ces réunions ; très peu également de gens sans aucune condition, immigrés provinciaux misérables, mendiants, prostitués d'occasion. Comme si, pour s'organiser sur la base de son désir, un minimum de stabilité et de conscience sociale était nécessaire.

C'est finalement une classe sociale assez cohérente qui rêve de la liberté de mœurs et des fastes de la Cour. Quitte à imaginer un monde idéal où les sodomites seraient majoritaires : « Il m'a dit : Vous n'aimez pas les femmes non plus que moi, et c'est à la mode à la Cour. Il n'y a plus que les hommes qui y président. Les femmes n'y ont plus de voix » (1736). Les femmes sont les ennemis. Qu'elles se retirent, et les hommes pourront connaître le plaisir et la félicité entre eux. Ce point de vue est comparable à celui d'un livre publié à Amsterdam en 1733 : *Anecdotes pour servir à l'histoire secrète des Ebugors* (Bougres), qui présente les sodomites comme un peuple en lutte contre un autre : les Cythéréennes, autrement dit les femmes, chacun se disputant les hommes, qui sont en fait les grands absents du livre. Une pièce manuscrite de 1739, *L'Ombre de Deschauffours*, met en scène des nobles qui comparent les plaisirs respectifs des bougres et des « conistes », pour conclure que :

« Tous les goûts sont dans la nature.
Le meilleur est celui qu'on a. »

Le type de sociabilité qui caractérise ces assemblées amène en effet certaines personnes à s'en retirer, à s'exclure. Elles refusent surtout l'efféminement et la liberté de paroles. En 1748, un peintre nommé Marendel déclara qu'« il s'était retiré de ces assemblées parce qu'il s'y passait trop de scandale. Plusieurs contrefaisaient les femmes et faisaient des gestes qui dénotaient ce qu'ils étaient, que souvent il en a repris plusieurs en leur disant : "Ne pouvez-vous pas prendre les manières d'hommes plutôt que celles de femmes ?" » La même année, Thomas, un quincaillier, dit qu'il était « fâché » d'être allé à ces assemblées de la Courtille « parce qu'il n'aimait point la compagnie et que parmi ces gens-là, il y en avait qui tenaient des propos trop licencieux ». En 1749, au cours d'une « partie » sexuelle à sept, où les autres participants l'ont appelé leur « tante » et se sont donné des prénoms féminins, Boudin, un revendeur de hardes, s'écrie : « Comment ! Vous êtes des hommes et vous vous donnez des noms de femmes ! » Ceux-là ne remettent pas en cause leur désir mais son affirmation, et la forme qu'elle prend.

Ces indignés iront rejoindre dans l'ombre anonyme des lieux de drague habituels (jardins, quais, etc.) les gens qui craignent d'être connus et ceux qui, par besoin, se prostituent parfois, mais qui, comme un domestique sans condition nommé Leveillé, en 1738, ne veulent pas endosser ce personnage du sodomite, qui se précise : « Il ne veut pas être regardé comme un infâme [...] Il a dit qu'il n'était point du *caractère* d'un infâme », signifiant par là son refus d'une image de passivité et de féminité, de transgression de la virilité. Il précise d'ailleurs qu'il refuse de « se le faire mettre ».

D'autres semblent marquer de plus en plus leur souci de se distinguer par la féminité et le type de civilité dans la rue même. Certaines personnes se maquillent de rouge et de blanc, portent des rubans de couleur, font la révérence « en femme », et s'appellent « Madame », pour se saluer. Aussi en 1737, un provocateur s'entend-il demander « s'il y avait des gens *de l'allure* » au Luxembourg. Comme au début du siècle, les surnoms indiquent une volonté de changer d'identité, sexuelle (La Souris, La Petite sainte Geneviève, Margot la Boulangère), et sociale (Madame de Nemours, la duchesse Duras et, plus parodique, la Baronne aux épingles). La particularité du groupe se marque aussi dans le langage par des allusions à une famille (1736) : « En voilà un qui a bien l'air d'en être. Séparons-nous et voyons ce que c'est que cette sœur-là. *C'est un terme d'infâme.* » Le policier note là l'usage d'expressions particulières aux sodomites (1748). Comme un garçon ne répondait pas à leurs avances, « ils se sont dit l'un à l'autre : "Laissons-le aller, il n'entend pas le latin" ». Enfin en 1749, un maître sculpteur nommé Feuillon se rend à une « partie », où on lui demande s'il veut être « fremaçon ». Dernière structure référentielle : une société secrète masculine.

Dans les mêmes années, plusieurs personnes un peu lettrées (un étudiant en médecine, un prêtre) distinguent entre « ceux qui pensent dans ce goût-là », et ceux « pensant différemment de lui ». Pour eux, le goût sexuel n'est donc plus seulement un acte interdit ; il est ressenti comme un mode de pensée. Les textes policiers traduisent d'ailleurs ces changements en n'utilisant plus à partir de 1738 le mot « sodomite », mais le mot « pédéraste ». Le premier fait directement référence à la Bible et à l'interdiction d'un péché, susceptible d'être commis par tous, tandis que le second, qui date du XVe siècle et n'est pas utilisé ici dans son sens étymologique, désigne une *personne* dont le désir est exclusivement orienté vers les relations masculines.

Les rapports des « patrouilles de pédérastie » montrent bien la poursuite de cette double distinction à la fin du siècle. Le 1er octobre 1781, l'inspecteur de police « chargé de la partie des pédérastes » arrête sur les grands boulevards « un particulier que le public poursuivait à cause de son costume indécent et caractéristique [...] Si jamais le vêtement dans toutes ses parties a pu faire soupçonner un particulier de pédérastie, le nommé Prainguet réunissait absolument tout ce qui peut convenir et le public l'avait jugé ». Arrêté à nouveau le 15 octobre « à la Grève, avec son même costume, hué et poursuivi par la populace », et une troisième fois le 20 octobre, il est finalement enfermé au Petit-Châtelet, pour « cette opiniâtreté à se vêtir d'une manière indécente, et qui n'est employée que par les pédérastes les plus crapuleux ». C'est un aide-cuisinier de dix-sept ans au service d'un intendant de l'armée. Il porte une lévite ou redingote, une cravate, un catogan et un chapeau. Où est l'indécence ? Qu'est-ce qui permet à la foule de reconnaître un pédéraste ?

Le 1er décembre de la même année, l'inspecteur arrête sur le boulevard Poissonnière un jeune homme de dix-neuf ans, sans emploi, « vêtu de la manière la plus suspecte », c'est-à-dire « vêtu d'une très grande lévite brune, rosettes aux souliers, chapeau rond, catogan, grosse cravate et cheveux courts sur les oreilles [...] A lui demandé pourquoi il est vêtu de cette sorte — A répondu que son habit n'a rien d'extraordinaire puisque tous les gens de qualité en portent de semblables le matin ». Voilà peut-être une réponse : ces deux garçons arborent un raffinement vestimentaire au-dessus de leur condition. Ils sont à la dernière mode par souci de se distinguer, par imitation de l'aristocratie, quels qu'en soient les risques. Tant la foule que la police et que les pédérastes arrêtés lient les distinctions sociales et sexuelles, le raffinement aristocratique et la féminité. Celle-ci est un attribut aritocratique interdit aux garçons du peuple.

Pendant tout le XVIIIe siècle, des hommes essaient donc de se regrouper sur la base d'un désir sexuel exclusif et minoritaire. Ils se créent une identité doublement transgressive : de la virilité, de leur condition sociale. Ces deux interdits se fondent dans l'adoption d'un modèle de raffinement aristocratique. L'auto-affirmation des sodomites ouvre alors la voie à la théorie du troisième sexe, et à l'opposition entre hétéro et homosexualité. La sodomie n'est plus un risque grave d'une nature pécheresse commune, mais l'expression d'une nature particulière.

Orientation bibliographique

Bray A., *Homosexualité in Renaissance England*, Londres, Gay Men's Press, 1982. « Homosexuality and the signs of male friendship in Elisabethan England », *History Workshop*, n° 21, 1989.

Carrasco R., *Inquisicion y Represion sexual in Valencia. Historia de los sodomitas (1565-1785)*, Barcelone, Laertes, 1986.

Martini G., *Il « vitio nefando » nella Venezia del Secento. Aspetti sociali e repressione di giustizia*, Rome, Juvence, 1988.

Monter W. E., « La sodomie à l'époque moderne en Suisse Romande », *Annales ESC*, 1974 (4).

Rey M., « Police et sodomie à Paris au XVIIIe siècle : du péché au désordre », *Revue d'histoire moderne et contemporaine*, vol. 29, 1982. « Parisian homosexuals create a lifestyle, 1700-1750 : the police archives », *'Tis Nature's fault,* Cambridge University Press, 1987. « Justice et sodomie à Paris au XVIIIe siècle », *Droit, Histoire et Sexualité*, L'espace juridique, 1987.

Rocke M., « Il controllo dell' omosessualità a Firenza nel XV secolo : gli ufficiali di notte », *Quaderni Storici*, n° 66, 1987. *Male homosexuality and its regulation in late medieval Florence,* Ph. D. dissertation, State University of New York, at Binghamton, 1990.

Ruggiero G., *The Boundaries of Eros. Sex crime and sexuality in Renaissance Venice*, New York, Oxford University Press, 1985.

Trumbach R., « London's sodomites : homosexual behaviour and Western culture in the 18th century », *Journal of Social History*, vol. 11, 1977.

Recueils d'articles.

'Tis Nature fault. Unauthorized Sexuality during the Enlighten-

ment, R.P. Maccubin ed., New York, Cambridge University Press, 1987.

The Pursuit of sodomy : male homosexuality in Renaissance and Enlightenment Europe, K. Gerard & G. Hekma ed., New York, Harrington Park Press, 1989.

Les Français et l'amour

Théodore Zeldin

L'HISTOIRE : Théodore Zeldin, peut-on parler d'une sexualité spécifiquement française ?

THÉODORE ZELDIN : Je me méfie des définitions. Au reste, je ne crois pas qu'il y a une « sexualité spécifiquement française ». Je me souviens d'un sondage où l'on posait aux Français des questions très intimes. Puis on a refait exactement le même sondage aux États-Unis et on a obtenu des pourcentages tout à fait identiques, sauf sur une question...

L'HISTOIRE : Pourtant, vos compatriotes ont du mâle français l'image d'un séducteur latin, un « Don Juan » ou un « macho » ?

THÉODORE ZELDIN : Ce sont des écrivains français qui l'ont fabriquée. Elle ne reflète la réalité que d'une petite minorité qui a été mise en avant. Les livres de sexologie traitant de la France donnent une tout autre impression. Il est étonnant de constater à quel point les femmes dans ce pays se disent insatisfaites de leurs rapports avec leurs maris.

L'HISTOIRE : Vous savez certainement que, vus de France, la plupart des Anglais sont des homosexuels... Cette projection vous renseigne-t-elle sur la sexualité française ?

THÉODORE ZELDIN : Cette image est aussi utile aux Français que celle du Français Don Juan l'est aux Anglais. Entre les deux guerres, à Oxford et à Cambridge, il y avait en effet une pépinière d'étudiants, d'origine aristocratique bien souvent, qui devinrent des écrivains, des artistes, des poètes ou des espions soviétiques. Ils étaient souvent homosexuels. On croyait à tort qu'ils parlaient au nom du pays simplement parce qu'ils sont tous devenus très célèbres. La renommée d'Oscar Wilde en Europe avait déjà bien préparé le terrain. On a alors beaucoup insisté sur la répression des tendances homosexuelles dans la société anglaise. Mais pour jouir de la liberté sexuelle, les Anglais vont à Paris... aux Folies Bergère ! On commence seulement à écrire l'histoire de l'homosexualité : il est encore trop tôt pour faire ces comparaisons.

L'HISTOIRE : Peut-on écrire l'histoire de France sans parler de sexualité ?

THÉODORE ZELDIN : On peut, mais ça ne m'intéresse pas. Au reste, dans « sexualité » il y a beaucoup plus de choses que ce que le mot recouvre. Le problème n'est pas tant de savoir qui couche avec qui mais plutôt quels sont les sentiments, les émotions que les gens éprouvent, ce qui se passe dans la tête des gens. Je tiens la sexualité pour un sous-sujet dans les rapports humains. En insistant sur les détails physiques de la sexualité, on continue dans la voie tracée par les Américains après la Seconde Guerre mondiale. Pendant des années, ils ont cru, et ils ont fait croire, que la sexualité se résumait à une manière de toucher les autres. Ainsi, on prétendait trouver le bonheur dans des techniques ! C'est devenu le point de vue dominant de toute une génération de chercheurs dans le monde entier. Aujourd'hui je crois que c'est tout à fait dépassé. A une époque où l'on couche aussi facilement, la sexualité n'est pas l'Amour, et vice versa.

L'HISTOIRE : Dans votre *Histoire des passions françaises* vous aviez encore une conception assez classique de la sexualité. Vous la traitiez dans des chapitres très institutionnels tels que « Le mariage et les mœurs », « Les enfants »...

THÉODORE ZELDIN : Certes, mais cela a été écrit en 1970 : à l'époque c'était un peu choquant, nouveau. Je crois aujourd'hui que la faiblesse des études sur la sexualité, c'est qu'elles ne sont qu'une partie de la démographie, de l'histoire de la morale, de la théologie, etc. Je propose de la resituer dans le contexte des émotions. La transformation de l'individu est le plus important développement de ces deux derniers siècles. La conscience de soi est plus forte qu'avant.

L'HISTOIRE : Mais en quoi avez-vous évolué, précisément ?

THÉODORE ZELDIN : Maintenant, ce qui m'intéresse, ce n'est plus le « pouvoir » mais le « bonheur ». Dans l'histoire telle que je l'ai apprise, tout était expliqué en termes de pouvoir. Même dans la sexualité, qui domine ? L'histoire des femmes a malheureusement souvent pris ce chemin. Ce qui me paraît plus important actuellement, c'est les satisfactions et les peines qui sont cachées derrière les rapports de forces, les nuances intimes qui rendent la vie supportable, les sentiments intimes des individus.

L'HISTOIRE : Vous avez depuis dépassé la stricte acception du mot « sexualité ». Aujourd'hui, qu'y mettez-vous ?

THÉODORE ZELDIN : Amour, bien sûr, mais aussi intimité, solitude, amitié, timidité... D'une manière générale, je préfère parler d'émotions plutôt que de sexualité. L'histoire des émotions n'est pas encore née. Certes, il y a eu des études sur les émotions dans le passé, mais, généralement, c'était dans le cadre de l'une des ramifications de l'histoire. L'amour, par exemple, est le plus souvent étudié dans la démographie. Mais on attend encore que les historiens étudient l'amour pour lui-même, à travers ses nombreuses manifestations et ses ambiguïtés, mais dans une optique indépendante.

L'HISTOIRE : Comment peut s'effectuer la recherche dans l'histoire des émotions ?

THÉODORE ZELDIN : Au moins dans trois directions : d'abord on peut dresser l'inventaire des connaissances concernant le comportement humain, de la même manière qu'on recense les richesses agricoles ou minérales d'une région et qu'on reconstitue sa croissance. On peut ainsi évaluer la prédominance et les manifestations de différentes émotions dans différentes régions, à différentes époques. On pourra écrire par exemple des livres sur la peur dans le Bronx dans les années 1890, sur la jalousie au XVIIe siècle ou sur la diversité des espérances, de l'imagination, chez les entrepreneurs au début de la révolution industrielle.

Ensuite, une histoire des émotions ouvrirait la perspective d'une clarification et d'une recherche approfondie sur la signification, le vocabulaire, le comportement et les attitudes d'émotions particulières, — et donc de mots que les historiens utilisent sans y réfléchir à deux fois. Il ne suffit plus de consulter le dictionnaire, qui donne au reste des définitions essentiellement littéraires, c'est-à-dire des interprétations mises en mots par des écrivains. Il ne suffit plus de demander aux psychologues quelles sont les émotions, même si les uns et les autres nous offrent des définitions très utiles pour notre réflexion. Une émotion suscite des manifestations physiques et il faut autant en tenir compte que des idées ou des mots auxquels on les associe.

Enfin, une histoire des émotions peut consister en la réécriture d'un morceau d'histoire du point de vue d'une émotion particulière.

L'HISTOIRE : Si nous prenions l'exemple de l'amour...

THÉODORE ZELDIN : C'est intéressant car personne ne sait exactement ce que cela signifie et il n'y a pas deux personnes qui l'aient expérimenté de la même façon. Quand les journalistes ont demandé à Lady Diana si elle était amoureuse, elle a répondu « Bien sûr », et le prince Charles a ajouté : « quoi que amour signifie... » L'amour ne se compte ni ne se demeure mais il faut l'intégrer dans l'explication des événements et des attitudes. On peut l'étudier et l'utiliser d'une manière éclatée, mais on peut aussi s'arranger pour en faire un critère central. On peut diviser les gens entre pauvres et riches, entre capitalistes et ouvriers, entre lords et hommes du commun, mais aussi entre ceux qui sont séduisants et beaux et ceux qui ne le sont pas et pour des raisons qui ne ressortissent pas nécessairement au statut social. Les gens séduisants sont aussi une classe. La séduction est à la fois source de pouvoir et d'inconvénients. C'est une étiquette qui peut flatter et condamner car elle est régie par des lois non écrites. La séduction a sa littérature, ses manuels (comment se faire des amis...), sa morale, son esthétique... C'est une source de prestige aussi instable que l'argent ou la politique.

Avec l'époque, le critère change. L'historien qui réussira à comprendre comment Elizabeth Taylor a séduit toute une génération pourra, non sans vice, qualifier sa thèse exploratoire de « taylorisme », en serait-ce que pour souligner l'autre type de taylorisme qui a tant fait pour l'enrégimentation du travail en usine mais qui n'a pu enrégimenter l'imagination des ouvriers.

Déclaration d'indépendance.

L'HISTOIRE : N'est-ce pas tout de même un peu dangereux de choisir l'amour comme exemple quand on sait les glissements du sens en histoire, en littérature, en sociologie ?...

THÉODORE ZELDIN : L'amour a souvent été confondu avec l'amitié, dont l'histoire est pleine d'ambiguïtés : elle suggérait des alliances qui n'allaient pas de pair, nécessairement, avec l'affection.

Pour comprendre, aujourd'hui, qui fut l'ami de qui, quand et pourquoi, on pourrait (de la même manière que l'on étudie qui domine quoi et qui emploie qui) développer un autre genre d'histoire diplomatique avec des contreparties émotionnelles à la Détente, l'Entente, les alliances, les traités et les accords des diplomates. On peut tenir la chronique des luttes entre père et fils pour fournir des cas à mettre en parallèle avec les analyses des batailles et des guérillas des historiens militaires. On peut écrire sur les oppressions et les conspirations que l'on retrouve dans les relations entre mères et filles exactement comme sur les intrigues de cour. En tout cas, on ne pourra commencer à formuler des conclusions générales que lorsque les étudiants consacreront des thèses entières aux relations entre parents et enfants sans les subordonner à l'histoire politique ou économique. Elles ressembleront à des romans, à ceci près qu'elles ne seront pas de la fiction.

L'HISTOIRE : L'intimité est un terrain probablement encore plus dangereux à étudier...

THÉODORE ZELDIN : Certainement car on a tendance parfois à oublier que le fait de coucher avec d'autres n'a pas toujours supposé d'avoir des relations sexuelles. Le partage d'un même lit par les familles ou les employés nous renseigne surtout sur leur notion de la communauté. Nous avons besoin d'historiens du goût et de géographes de l'émotion. Le sujet est énorme, bien entendu, quand on s'aperçoit, par exemple, qu'il implique l'étude de la maison et de la conception du « chez soi ». En ce sens l'avènement de la chambre individuelle est une véritable déclaration d'indépendance.

L'HISTOIRE : Bref, l'imagination d'abord, les archives ensuite !

THÉODORE ZELDIN : Elle est aussi importante, pour les historiens, que les documents nouveaux. Les documents sont un moyen commode de nous donner l'illusion de l'originalité. Mais il est plus difficile d'avoir une lecture neuve et fraîche de faits déjà connus. On accordera d'autant plus de prix aux qualités humaines, à la sympathie et à la sensibilité que l'on attendra des historiens qu'ils réinterprètent et recréent le passé, plutôt que d'ajouter simplement leur contribution à la connaissance.

L'HISTOIRE : Et les autres émotions : solitude, intimité... Croyez-vous que les historiens doivent être impliqués dans leur sujet — sans grand recul, donc — quand ils les étudient ?

THÉODORE ZELDIN : Le champ est vaste... Jean Delumeau a bien montré la richesse de l'histoire de la peur [1]. Il est significatif de constater qu'il l'a entreprise dans le but de comprendre la terreur qu'il avait ressentie à l'âge de dix ans quand un de ses amis est mort subitement. Sa frayeur fut telle qu'il n'alla pas à l'école pendant trois mois. Le problème de la peur l'avait toujours hanté. Aussi son histoire de la peur est-elle une réflexion d'ensemble sur l'expérience des autres. Dans l'histoire de l'amour, pareillement, nombre d'études suggèrent qu'à l'origine de cette recherche il y a eu une expérience personnelle.

Aussi je crois qu'en donnant plus d'eux-mêmes les historiens rétabliront au mieux leur position de témoins privilégiés des sensibilités de leur époque.

(Propos recueillis par Pierre Assouline).

Note

1. *La Peur en Occident* (Paris, Fayard, 1978 ; en poche dans la collection « Pluriel »).

Les auteurs

Philippe Ariès (1914-1984). Auteur notamment d'une *Histoire des populations françaises* (Le Seuil, 1948, 1971), de *L'Enfant et la Vie familiale sous l'Ancien Régime* (Plon, 1960, Le Seuil, 1973, 1975) et d'une somme sur *L'Homme devant la mort* (Le Seuil, 1977), il est l'un de ceux qui ont contribué, depuis quelques dizaines d'années, au profond renouvellement de l'historiographie française.

Jean Bottéro. Directeur d'études à l'École pratique des hautes études (assyriologie), il a notamment publié « Le message universel de la Bible » dans *Vérité et Poésie de la Bible* (Hatier, 1969), le chapitre sur la Mésopotamie ancienne dans l'ouvrage collectif *Divination et Rationalité* (Le Seuil, 1974) et *Naissance de Dieu : la Bible et l'Historien* (Gallimard, 1986).

Guy Chaussinand-Nogaret. De l'École des hautes études en sciences sociales, il est l'auteur notamment de *La Noblesse au XVIII*^e^ *siècle* (Hachette, 1976), de biographies de grands personnages révolutionnaires (*Mirabeau,* Le Seuil, 1982 ; *Madame Roland*, Le Seuil, 1985) et d'essais (*La Bastille est prise,* Complexe, 1988).

Alain Corbin, né en 1936. Professeur (histoire de la France au XIXe siècle) à l'université de Paris-I-Sorbonne, il s'est consacré à l'histoire de la paysannerie au XIXe siècle, puis à celle de la sexualité et de l'imaginaire social. Il a notamment publié, outre les ouvrages indiqués dans la bibliographie de son article : *Le Miasme et la Jonquille. L'odorat et l'imaginaire social* (Aubier, 1982), *Le Territoire du vide. L'Occident et le désir du rivage* (Aubier, 1988), *Le Village des cannibales* (Aubier, 1990).

Pierre Darmon. Historien, chargé de recherche au CNRS, a publié quelques ouvrages remarqués sur les mythes sexuels de l'Ancienne France — notamment son *Tribunal de l'impuissance* (Le Seuil, 1979). Il a fait sa thèse d'État sur la variole en France et a d'autre part publié *Médecins et Assassins à la Belle Époque* (Le Seuil, 1989).

Robert Delort. Agrégé d'histoire, docteur ès lettres, il est professeur d'histoire médiévale à l'université de Paris-VIII, à l'École normale supérieure et, depuis 1986, à l'université de Genève. Membre du comité de rédaction de la revue *L'Histoire*, il a publié notamment *Histoire des croisades* (Laffont, 1969), *Le Commerce des fourrures en Occident à la fin du Moyen Age* (École française de Rome, 1978), *La Vie au Moyen Age* (Edita et Le Seuil « Points Histoire », 1982) et *Les animaux ont une histoire* (Le Seuil, 1984).

Georges Duby. Professeur pendant vingt ans à l'université d'Aix-Marseille, il occupe depuis 1970 la chaire d'histoire des sociétés médiévales au Collège de France. A la suite de Marc Bloch, il s'est efforcé, durant près d'un demi-siècle, de comprendre ce qu'était la société féodale. Il étudia d'abord les relations économiques et les rapports de pouvoir dans les campagnes européennes. Il s'est ensuite intéressé aux circonstances de la création artistique, aux représentations mentales de l'organisation sociale, aux structures de parenté, à la morale et à la pratique du mariage. Ses recherches portent aujourd'hui sur la situation des femmes dans l'aristocratie aux XIe et XIIe siècles.

Roger-Henri Guerrand. Professeur émérite à l'École d'architecture de Paris-Belleville, il s'est consacré, depuis trente ans, à l'histoire de la vie sociale dans ses aspects les plus quotidiens : *Mémoires du Métro*, 1960 ; *Les Origines du logement social en France* (Quintette, 1966) ; *La Libre Maternité*, (Casterman, 1971) ; *Les Lieux, histoire des commodités* (La Découverte, 1985).

Arlette Lebigre. Agrégée des facultés de droit (droit romain-histoire du droit), licenciée ès lettres, a été professeur à l'université de Paris-Sud et, en dernier lieu, à l'université de Clermont-Ferrand-I. Spécialiste en histoire de la justice, a notamment publié *La Justice du roi,* Albin Michel, 1988, et *L'Affaire des Poisons*, Complexe, 1989.

François Lebrun. Professeur émérite à l'université de Rennes-II et membre du comité de rédaction de *L'Histoire*, il s'est toujours intéressé à la démographie et aux mentalités dans la France d'Ancien Régime, depuis sa thèse *Les Hommes et la Mort en*

Anjou aux XVIIe et XVIIIe siècles (Mouton, 1971, éd. de poche, Flammarion, 1975) jusqu'à des ouvrages comme *La Vie conjugale sous l'Ancien Régime* (Colin, 1975) et *Se soigner autrefois. Médecins, saints et sorciers aux XVIIe et XVIIIe siècles* (Messidor, 1983).

Jacques Le Goff. Directeur d'études à l'École des hautes études en sciences sociales (dont il a été président de 1972 à 1977), il a publié *Les Intellectuels au Moyen Age* (Le Seuil, rééd. 1976) ; *La Civilisation de l'Occident médiéval* (Arthaud, 1965) ; *Pour un autre Moyen Age* (Gallimard, 1978) ; *La Naissance du purgatoire* (Gallimard, 1981) ; *L'Imaginaire médiéval* (Gallimard, 1985) ; *La Bourse et la Vie* (Hachette, 1986) ; *L'Homme médiéval* (Le Seuil, 1989).

Claude Mossé. Professeur à l'université de Paris-VIII où elle enseigne l'histoire de la Grèce ancienne, elle collabore régulièrement à la revue *L'Histoire* et a publié, dans la collection « Points Histoire », *Histoire d'une démocratie : Athènes*, 1971 et *La Grèce archaïque d'Homère à Eschyle*, 1984. A l'occasion du Bicentenaire, elle a fait paraître un livre sur *L'Antiquité dans la Révolution française*, 1989. Elle achève la préparation d'un manuel d'histoire grecque en collaboration avec Annie Schnapp.

Anne-Marie Moulin. Directeur de recherche au CNRS (histoire et philosophie des sciences), docteur en médecine, agrégée de philosophie, spécialisée dans les maladies parasitologiques et tropicales. A publié *L'Islam au péril des femmes* (La Découverte, Paris, 1981, en collaboration avec P. Chuvin). Son dernier livre s'intitule *Le dernier langage de la médecine. Histoire de l'immunologie, de Pasteur au SIDA (1880-1980)*. Auteur de nombreux articles sur l'histoire et la philosophie de la médecine.

Michel Rey. Chercheur à l'Institut universitaire européen (Florence), il a consacré sa thèse à l'amitié à la Renaissance.

Daniel Roche. Professeur à l'université de Paris-I et directeur d'études à l'École des hautes études en sciences sociales, il est l'auteur de nombreux ouvrages sur les Lumières et sur l'histoire de la société, notamment *Le Peuple de Paris* (Aubier, 1981), *Les Républicains des Lettres* (Fayard, 1988), et *La Culture des apparences* (Fayard, 1989 ; à paraître dans la coll. « Points Histoire »).

Catherine Salles. Agrégée de lettres classiques et docteur d'État, maître de conférences à l'université de Paris-X-Nanterre (civilisations anciennes), elle a publié *Les Bas-fonds de l'Antiquité* (Robert Laffont, 1982), *Tibère le second César* (Robert Laffont, 1985) et a contribué aux ouvrages *La Médecine en Gaule* (Picard, 1985) et *Politique et Religion dans le judaïsme ancien et médiéval* (Desclée, 1989).

Maurice Sartre. Professeur d'histoire ancienne à l'université de Tours, spécialiste du Proche-Orient gréco-romain, il a donné au Seuil une somme sur *L'Orient romain*.

Jacques Solé. Professeur à l'université des sciences sociales de Grenoble, il a publié en 1976, chez Albin Michel, *L'Amour en Occident à l'époque moderne* et *La Révolution en question* (Le Seuil, 1988).

Michel Sot. Spécialiste de l'historiographie épiscopale, il est maître de conférences en histoire médiévale à l'université de Paris-X-Nanterre et détaché au CNRS.

Françoise Thébaud. Ancienne élève de l'École normale supérieure, agrégée d'histoire, actuellement maître de conférences à l'université Lyon-II, elle consacre ses recherches à l'histoire des femmes. A publié notamment : *La Femme au temps de la guerre de 14* (Stock, 1986) ; *Quand nos grand-mères donnaient la vie. La maternité en France dans l'entre-deux-guerres* (Presses universitaires de Lyon, 1986). Elle dirige le volume XXe siècle de la *Storia delle Donne* des éditions Laterza, une collection dirigée par Georges Duby et Michelle Perrot (à paraître en français chez Plon).

Paul Veyne. Professeur au Collège de France, il a publié notamment au Seuil : *Comment on écrit l'histoire* (1971), *Le Pain et le Cirque* (1976), *L'Élégie érotique* (1983), *Les Grecs ont-ils cru à leurs mythes ?* (1983), *Histoire de la vie privée*, t.1 (1985).

Theodore Zeldin, né en 1934. Professeur d'histoire et doyen du St. Antony's College d'Oxford. Il est l'auteur de *Conflict in French Society* et *Histoire des passions françaises, 1848-1945* (5 vol. Le Seuil, coll. « Points-Histoire », 1980-1981), *Les Français* (Fayard, 1983), *Le Bonheur* (Fayard, 1988).

Index

Table

1. L'amour en liberté

2. Le couple

3. Le plaisir et la souffrance

COMPOSITION : IMP. CHARENTE-PHOTOGRAVURE À L'ISLE-D'ESPAGNAC
IMPRESSION : IMP. BRODARD ET TAUPIN À LA FLÈCHE (SARTHE)
DÉPÔT LÉGAL : JANVIER 1991. Nº 12500 (6095 D-5).

Collection Points

SÉRIE HISTOIRE

H1. Histoire d'une démocratie : Athènes
des origines à la conquête macédonienne
par Claude Mossé

H2. Histoire de la pensée européenne
1. L'éveil intellectuel de l'Europe du IXe au XIIe siècle
par Philippe Wolff

H3. Histoire des populations françaises et de leurs attitudes devant la vie depuis le XVIIIe siècle
par Philippe Ariès

H4. Venise, portait historique d'une cité
par Philippe Braunstein et Robert Delort

H5. Les Troubadours, *par Henri-Irénée Marrou*

H6. La Révolution industrielle (1770-1880)
par Jean-Pierre Rioux

H7. Histoire de la pensée européenne
4. Le siècle des Lumières,
par Norman Hampson

H8. Histoire de la pensée européenne
3. Des humanistes aux hommes de science
par Robert Mandrou

H9. Histoire du Japon et des Japonais
1. Des origines à 1945, *par Edwin O. Reischauer*

H10. Histoire du Japon et des Japonais
2. De 1945 à 1970, *par Edwin O. Reischauer*

H11. Les Causes de la Première Guerre mondiale
par Jacques Droz

H12. Introduction à l'histoire de notre temps.
L'Ancien Régime et la Révolution
par René Rémond

H13. Introduction à l'histoire de notre temps.
Le XIXe siècle, *par René Rémond*

H14. Introduction à l'histoire de notre temps.
Le XXe siècle, *par René Rémond*

H15. Photographie et Société, *par Gisèle Freund*

H16. La France de Vichy (1940-1944)
par Robert O. Paxton

H17. Société et Civilisation russes au XIXe siècle
par Constantin de Grunwald

H18. La Tragédie de Cronstadt (1921), *par Paul Avrich*

H19. La Révolution industrielle du Moyen Age
par Jean Gimpel

H20. L'Enfant et la Vie familiale sous l'Ancien Régime
par Philippe Ariès

H21. De la connaissance historique
par Henri-Irénée Marrou
H22. Malraux, une vie dans le siècle
par Jean Lacouture
H23. Le Rapport Khrouchtchev et son histoire
par Branko Lazitch
H24 Le Mouvement paysan chinois (1840-1949)
par Jean Chesneaux
H25. Les Misérables dans l'Occident médiéval
par Jean-Louis Goglin
H26. La Gauche en France depuis 1900
par Jean Touchard
H27. Histoire de l'Italie du Risorgimento à nos jours
par Sergio Romano
H28. Genèse médiévale de la France moderne, XIVe-XVe siècle
par Michel Mollat
H29. Décadence romaine ou Antiquité tardive, IIIe-VIe siècle
par Henri-Irénée Marrou
H30. Carthage ou l'Empire de la mer, *par François Decret*
H31. Essais sur l'histoire de la mort en Occident
du Moyen Age à nos jours, *par Philippe Ariès*
H32. Le Gaullisme (1940-1969), *par Jean Touchard*
H33. Grenadou, paysan français
par Ephraïm Grenadou et Alain Prévost
H34. Piété baroque et Déchristianisation en Provence
au XVIIIe siècle, *par Michel Vovelle*
H35. Histoire générale de l'Empire romain
1. Le Haut-Empire, *par Paul Petit*
H36. Histoire générale de l'Empire romain
2. La crise de l'Empire, *par Paul Petit*
H37. Histoire générale de l'Empire romain
3. Le Bas-Empire, *par Paul Petit*
H38. Pour en finir avec le Moyen Age
par Régine Pernoud
H39. La Question nazie, *par Pierre Ayçoberry*
H40. Comment on écrit l'histoire, *par Paul Veyne*
H41. Les Sans-culottes, *par Albert Soboul*
H42. Léon Blum, *par Jean Lacouture*
H43. Les Collaborateurs (1940-1945), *par Pascal Ory*
H44. Le Fascisme italien (1919-1945)
par Pierre Milza et Serge Berstein
H45. Comprendre la révolution russe, *par Martin Malia*
H46. Histoire de la pensée européenne
6. L'ère des masses, *par Michaël D. Biddiss*
H47. Naissance de la famille moderne
par Edward Shorter
H48. Mythe de la procréation à l'âge baroque
par Pierre Darmon

H49. Histoire de la bourgeoisie en France
1. Des origines aux temps modernes
par Régine Pernoud
H50. Histoire de la bourgeoisie en France
2. Les temps modernes, *par Régine Pernoud*
H51. Histoire des passions françaises (1848-1945)
1. Ambition et amour, *par Theodore Zeldin*
H52. Histoire des passions françaises (1848-1945)
2. Orgueil et intelligence, *par Theodore Zeldin* (épuisé)
H53. Histoire des passions françaises (1848-1945)
3. Goût et corruption, *par Theodore Zeldin*
H54. Histoire des passions françaises (1848-1945)
4. Colère et politique, *par Theodore Zeldin*
H55. Histoire des passions françaises (1848-1945)
5. Anxiété et hypocrisie, *par Theodore Zeldin*
H56. Histoire de l'éducation dans l'Antiquité
1. Le monde grec, *par Henri-Irénée Marrou*
H57. Histoire de l'éducation dans l'Antiquité
2. Le monde romain, *par Henri-Irénée Marrou*
H58. La Faillite du Cartel, 1924-1926
(Leçon d'histoire pour une gauche au pouvoir)
par Jean-Noël Jeanneney
H59. Les Porteurs de valises, *par Hervé Hamon et Patrick Rotman*
H60. Histoire de la guerre d'Algérie, 1954-1962
par Bernard Droz et Évelyne Lever
H61. Les Occidentaux, *par Alfred Grosser*
H62. La Vie au Moyen Age, *par Robert Delort*
H63. Politique étrangère de la France (La Décadence, 1932-1939)
par Jean-Baptiste Duroselle
H64. Histoire de la guerre froide
1. De la révolution d'Octobre à la guerre de Corée, 1917-1950
par André Fontaine
H65. Histoire de la guerre froide
2. De la guerre de Corée à la crise des alliances, 1950-1963
par André Fontaine
H66. Les Incas, *par Alfred Métraux*
H67. Les Écoles historiques, *par Guy Bourdé et Hervé Martin*
H68. Le Nationalisme français, 1871-1914, *par Raoul Girardet*
H69. La Droite révolutionnaire, 1885-1914, *par Zeev Sternhell*
H70. L'Argent caché, *par Jean-Noël Jeanneney*
H71. Histoire économique de la France du XVIIIe siècle à nos jours
1. De l'Ancien Régime à la Première Guerre mondiale
par Jean-Charles Asselain
H72. Histoire économique de la France du XVIIIe siècle à nos jours
2. De 1919 à la fin des années 1970
par Jean-Charles Asselain
H73. La Vie politique sous la IIIe République, *par Jean-Marie Mayeur*
H74. La Grèce archaïque d'Homère à Eschyle, *par Claude Mossé*

H75. Histoire de la « détente », 1962-1981
par André Fontaine
H76. Études sur la France de 1939 à nos jours
par la revue « L'Histoire »
H77. L'Afrique au XXe siècle, *par Elikia M'Bokolo*
H78. Les Intellectuels au Moyen Age, *par Jacques Le Goff*
H79. Fernand Pelloutier, *par Jacques Julliard*
H80. L'Église des premiers temps, *par Jean Daniélou*
H81. L'Église de l'Antiquité tardive
par Henri-Irénée Marrou
H82. L'Homme devant la mort
1. Le temps des gisants, *par Philippe Ariès*
H83. L'Homme devant la mort
2. La mort ensauvagée, *par Philippe Ariès*
H84. Le Tribunal de l'impuissance, *par Pierre Darmon*
H85. Histoire générale du XXe siècle
1. Jusqu'en 1949. Déclins européens
par Bernard Droz et Anthony Rowley
H86. Histoire générale du XXe siècle
2. Jusqu'en 1949. La naissance du monde contemporain
par Bernard Droz et Anthony Rowley
H87. La Grèce ancienne, *par la revue « L'Histoire »*
H88. Les Ouvriers dans la société française, *par Gérard Noiriel*
H89. Les Américains de 1607 à nos jours
1. Naissance et essor des États-Unis, 1607 à 1945, *par André Kaspi*
H90. Les Américains de 1607 à nos jours
2. Les États-Unis de 1945 à nos jours, *par André Kaspi*
H91. Le Sexe et l'Occident, *par Jean-Louis Flandrin*
H92. Le Propre et le Sale, *par Georges Vigarello*
H93. La Guerre d'Indochine, 1945-1954
par Jacques Dalloz
H94. L'Édit de Nantes et sa révocation
par Janine Garrisson
H95. Les Chambres à gaz, secret d'État
par Eugen Kogon, Hermann Langbein et Adalbert Rückerl
H96. Histoire générale du XXe siècle
3. Depuis 1950. Expansion et indépendance (1950-1973)
par Bernard Droz et Anthony Rowley
H97. La Fièvre hexagonale, 1871-1968, *par Michel Winock*
H98. La Révolution en questions, *par Jacques Solé*
H99. Les Byzantins, *par Alain Ducellier*
H100. Les Croisades, *par la revue « L'Histoire »*
H101. La Chute de la monarchie (1787-1792)
par Michel Vovelle
H102. La République jacobine (10 août 1792 - 9 Thermidor an II)
par Marc Bouloiseau
H103. La République bourgeoise (de Thermidor à Brumaire, 1794-1799)
par Denis Woronoff

H104. La France napoléonienne (1799-1815)
1. Aspects intérieurs, *par Louis Bergeron*
H105. La France napoléonienne (1799-1815)
2. Aspects extérieurs, *par Roger Dufraisse* (à paraître)
H106. La France des notables (1815-1848)
1. L'évolution générale, *par André Jardin et André-Jean Tudesq*
H107. La France des notables (1815-1848)
2. La vie de la nation, *par André Jardin et André-Jean Tudesq*
H108. 1848 ou l'Apprentissage de la république (1848-1852)
par Maurice Agulhon
H109. De la fête impériale au mur des Fédérés (1852-1871)
par Alain Plessis
H110. Les Débuts de la Troisième République (1871-1898)
par Jean-Marie Mayeur
H111. La République radicale? (1898-1914)
par Madeleine Rebérioux
H112. Victoire et Frustrations (1914-1929)
par Jean-Jacques Becker et Serge Berstein
H113. La Crise des années 30 (1929-1938)
par Dominique Borne et Henri Dubief
H114. De Munich à la Libération (1938-1944)
par Jean-Pierre Azéma
H115. La France de la Quatrième République (1944-1958)
1. L'ardeur et la nécessité (1944-1952), *par Jean-Pierre Rioux*
H116. La France de la Quatrième République (1944-1958)
2. L'expansion et l'impuissance (1952-1958)
par Jean-Pierre Rioux
H117. La France de l'expansion (1958-1974)
1. La République gaullienne (1958-1969), *par Serge Berstein*
H118. La France de l'expansion (1958-1974)
2. Croissance et crise (1969-1974)
par Serge Berstein et Jean-Pierre Rioux (à paraître)
H119. La France de 1974 à nos jours
par Jean-Jacques Becker (à paraître)
H120. Le XXe Siècle français, documents (à paraître)
H121. Les Paysans dans la société française, *par Annie Moulin*
H122. Portrait historique de Christophe Colomb
par Marianne Mahn-Lot
H123. Vie et Mort de l'ordre du Temple, *par Alain Demurger*
H124. La Guerre d'Espagne, *par Guy Hermet*
H125. Histoire de France, *sous la direction de Jean Carpentier et François Lebrun*
H126. Empire colonial et Capitalisme français
par Jacques Marseille
H127. Genèse culturelle de l'Europe, Ve-VIIIe siècle
par Michel Banniard
H128. Les Années trente, *par la revue « L'Histoire »*
H129. Mythes et Mythologies politiques, *par Raoul Girardet*

H130. La France de l'an Mil, *collectif*
H131. Nationalisme, Antisémitisme et Fascisme en France *par Michel Winock*
H132. De Gaulle 1. Le rebelle (1890-1944) *par Jean Lacouture*
H133. De Gaulle 2. Le politique (1944-1959) *par Jean Lacouture*
H134. De Gaulle 3. Le souverain (1959-1970) *par Jean Lacouture*
H135. Le Syndrome de Vichy, *par Henri Rousso*
H136. Chronique des années soixante, *par Michel Winock*
H137. La Société anglaise, *par François Bédarida*
H138. L'Abime 1939-1944. La politique étrangère de la France *par Jean-Baptiste Duroselle*
H139. La Culture des apparences, *par Daniel Roche*
H140. Amour et sexualité en Occident, *par la revue « L'Histoire »*

H201. Les Origines franques (v^e^-IXe siècle), *par Stéphane Lebecq*
H202. L'Héritage des Charles (de la mort de Charlemagne aux environs de l'an mil), *par Laurent Theis*
H203. L'Ordre seigneurial (XIe-XIIe siècle) *par Dominique Barthélemy*
H204. Temps d'équilibres, temps de ruptures *par Monique Bourin-Derruau*
H205. Temps de crises, temps d'espoirs, *par Alain Demurger*

Collection Points

DERNIERS TITRES PARUS

69. Psychanalyse et Pédiatrie, *par Françoise Dolto*
70. S/Z, *par Roland Barthes*
71. Poésie et Profondeur, *par Jean-Pierre Richard*
72. Le Sauvage et l'Ordinateur, *par Jean-Marie Domenach*
73. Introduction à la littérature fantastique *par Tzvetan Todorov*
74. Figures I, *par Gérard Genette*
75. Dix Grandes Notions de la sociologie, *par Jean Cazeneuve*
76. Mary Barnes, un voyage à travers la folie *par Mary Barnes et Joseph Berke*
77. L'Homme et la Mort, *par Edgar Morin*
78. Poétique du récit, *par Roland Barthes, Wayne Booth, Philippe Hamon et Wolfgang Kayser*
79. Les Libérateurs de l'amour, *par Alexandrian*
80. Le Macroscope, *par Joël de Rosnay*
81. Délivrance, *par Maurice Clavel et Philippe Sollers*
82. Système de la peinture, *par Marcelin Pleynet*
83. Pour comprendre les média, *par M. McLuhan*
84. L'Invasion pharmaceutique *par Jean-Pierre Dupuy et Serge Karsenty*
85. Huit Questions de poétique, *par Roman Jakobson*
86. Lectures du désir, *par Raymond Jean*
87. Le Traître, *par André Gorz*
88. Psychiatrie et Antipsychiatrie, *par David Cooper*
89. La Dimension cachée, *par Edward T. Hall*
90. Les Vivants et la Mort, *par Jean Ziegler*
91. L'Unité de l'homme, *par le Centre Royaumont*
    1. Le primate et l'homme
    par E. Morin et M. Piattelli-Palmarini
92. L'Unité de l'homme, *par le Centre Royaumont*
    2. Le cerveau humain
    par E. Morin et M. Piattelli-Palmarini
93. L'Unité de l'homme, *par le Centre Royaumont*
    3. Pour une anthropologie fondamentale
    par E. Morin et M. Piattelli-Palmarini
94. Pensées, *par Blaise Pascal*
95. L'Exil intérieur, *par Roland Jaccard*
96. Semeiotiké, recherches pour une sémanalyse *par Julia Kristeva*
97. Sur Racine, *par Roland Barthes*
98. Structures syntaxiques, *par Noam Chomsky*
99. Le Psychiatre, son « fou » et la psychanalyse *par Maud Mannoni*

100. L'Écriture et la Différence, *par Jacques Derrida*
101. Le Pouvoir africain, *par Jean Ziegler*
102. Une logique de la communication
par P. Watzlawick, J. Helmick Beavin, Don D. Jackson
103. Sémantique de la poésie, *par T. Todorov, W. Empson J. Cohen, G. Hartman et F. Rigolot*
104. De la France, *par Maria-Antonietta Macciocchi*
105. Small is beautiful, *par E. F. Schumacher*
106. Figures II, *par Gérard Genette*
107. L'Œuvre ouverte, *par Umberto Eco*
108. L'Urbanisme, *par Françoise Choay*
109. Le Paradigme perdu, *par Edgar Morin*
110. Dictionnaire encyclopédique des sciences du langage
par Oswald Ducrot et Tzvetan Todorov
111. L'Évangile au risque de la psychanalyse (tome 1)
par Françoise Dolto
112. Un enfant dans l'asile, *par Jean Sandretto*
113. Recherche de Proust, *ouvrage collectif*
114. La Question homosexuelle, *par Marc Oraison*
115. De la psychose paranoïaque dans ses rapports avec la personnalité, *par Jacques Lacan*
116. Sade, Fourier, Loyola, *par Roland Barthes*
117. Une société sans école, *par Ivan Illich*
118. Mauvaises Pensées d'un travailleur social
par Jean-Marie Geng
119. Albert Camus, *par Herbert R. Lottman*
120. Poétique de la prose, *par Tzvetan Todorov*
121. Théorie d'ensemble, *par Tel Quel*
122. Némésis médicale, *par Ivan Illich*
123. La Méthode
1. La nature de la nature, *par Edgar Morin*
124. Le Désir et la Perversion, *ouvrage collectif*
125. Le Langage, cet inconnu, *par Julia Kristeva*
126. On tue un enfant, *par Serge Leclaire*
127. Essais critiques, *par Roland Barthes*
128. Le Je-ne-sais-quoi et le Presque-rien
1. La manière et l'occasion, *par Vladimir Jankélévitch*
129. L'Analyse structurale du récit, Communications 8
ouvrage collectif
130. Changements, Paradoxes et Psychothérapie
par P. Watzlawick, J. Weakland et R. Fisch
131. Onze Études sur la poésie moderne, *par Jean-Pierre Richard*
132. L'Enfant arriéré et sa mère, *par Maud Mannoni*
133. La Prairie perdue (Le Roman américain), *par Jacques Cabau*
134. Le Je-ne-sais-quoi et le Presque-rien
2. La méconnaissance, *par Vladimir Jankélévitch*
135. Le Plaisir du texte, *par Roland Barthes*
136. La Nouvelle Communication, *ouvrage collectif*

137. Le Vif du sujet, *par Edgar Morin*
138. Théories du langage, Théories de l'apprentissage *par le Centre Royaumont*
139. Baudelaire, la Femme et Dieu, *par Pierre Emmanuel*
140. Autisme et Psychose de l'enfant, *par Frances Tustin*
141. Le Harem et les Cousins, *par Germaine Tillion*
142. Littérature et Réalité, *ouvrage collectif*
143. La Rumeur d'Orléans, *par Edgar Morin*
144. Partage des femmes, *par Eugénie Lemoine-Luccioni*
145. L'Évangile au risque de la psychanalyse (tome 2) *par Françoise Dolto*
146. Rhétorique générale, *par le Groupe μ*
147. Système de la Mode, *par Roland Barthes*
148. Démasquer le réel, *par Serge Leclaire*
149. Le Juif imaginaire, *par Alain Finkielkraut*
150. Travail de Flaubert, *ouvrage collectif*
151. Journal de Californie, *par Edgar Morin*
152. Pouvoirs de l'horreur, *par Julia Kristeva*
153. Introduction à la philosophie de l'histoire de Hegel *par Jean Hyppolite*
154. La Foi au risque de la psychanalyse *par Françoise Dolto et Gérard Sévérin*
155. Un lieu pour vivre, *par Maud Mannoni*
156. Scandale de la vérité, *suivi de* Nous autres Français *par Georges Bernanos*
157. Enquête sur les idées contemporaines *par Jean-Marie Domenach*
158. L'Affaire Jésus, *par Henri Guillemin*
159. Paroles d'étranger, *par Élie Wiesel*
160. Le Langage silencieux, *par Edward T. Hall*
161. La Rive gauche, *par Herbert R. Lottman*
162. La Réalité de la réalité, *par Paul Watzlawick*
163. Les Chemins de la vie, *par Joël de Rosnay*
164. Dandies, *par Roger Kempf*
165. Histoire personnelle de la France, *par François George*
166. La Puissance et la Fragilité, *par Jean Hamburger*
167. Le Traité du sablier, *par Ernst Jünger*
168. Pensée de Rousseau, *ouvrage collectif*
169. La Violence du calme, *par Viviane Forrester*
170. Pour sortir du xxe siècle, *par Edgar Morin*
171. La Communication, Hermès I, *par Michel Serres*
172. Sexualités occidentales, Communications 35 *ouvrage collectif*
173. Lettre aux Anglais, *par Georges Bernanos*
174. La Révolution du langage poétique, *par Julia Kristeva*
175. La Méthode
    2. La vie de la vie, *par Edgar Morin*
176. Théories du symbole, *par Tzvetan Todorov*

177. Mémoires d'un névropathe, *par Daniel Paul Schreber*
178. Les Indes, *par Édouard Glissant*
179. Clefs pour l'Imaginaire ou l'Autre Scène
par Octave Mannoni
180. La Sociologie des organisations, *par Philippe Bernoux*
181. Théorie des genres, *ouvrage collectif*
182. Le Je-ne-sais-quoi et le Presque-rien
3. La volonté de vouloir, *par Vladimir Jankélévitch*
183. Le Traité du rebelle, *par Ernst Jünger*
184. Un homme en trop, *par Claude Lefort*
185. Théâtres, *par Bernard Dort*
186. Le Langage du changement, *par Paul Watzlawick*
187. Lettre ouverte à Freud, *par Lou Andreas-Salomé*
188. La Notion de littérature, *par Tzvetan Todorov*
189. Choix de poèmes, *par Jean-Claude Renard*
190. Le Langage et son double, *par Julien Green*
191. Au-delà de la culture, *par Edward T. Hall*
192. Au jeu du désir, *par Françoise Dolto*
193. Le Cerveau planétaire, *par Joël de Rosnay*
194. Suite anglaise, *par Julien Green*
195. Michelet, *par Roland Barthes*
196. Hugo, *Par Henri Guillemin*
197. Zola, *par Marc Bernard*
198. Apollinaire, *par Pascal Pia*
199. Paris, *par Julien Green*
200. Voltaire, *par René Pomeau*
201. Montesquieu, *par Jean Starobinski*
202. Anthologie de la peur, *par Éric Jourdan*
203. La Paradoxe de la morale, *par Vladimir Jankélévitch*
204. Saint-Exupéry, *par Luc Estang*
205. Leçon, *par Roland Barthes*
206. François Mauriac
1. Le sondeur d'abîmes (1885-1933), *par Jean Lacouture*
207. François Mauriac
2. Un citoyen du siècle (1933-1970), *par Jean Lacouture*
208. Proust et le Monde sensible, *par Jean-Pierre Richard*
209. Nus, Féroces et Anthropophages, *par Hans Staden*
210. Œuvre poétique, *par Léopold Sédar Senghor*
211. Les Sociologies contemporaines, *par Pierre Ansart*
212. Le Nouveau Roman, *par Jean Ricardou*
213. Le Monde d'Ulysse, *par Moses I. Finley*
214. Les Enfants d'Athéna, *par Nicole Loraux*
215. La Grèce ancienne, tome 1
par Jean-Pierre Vernant et Pierre Vidal-Naquet
216. Rhétorique de la poésie, *par le Groupe μ*
217. Le Séminaire. Livre XI, *par Jacques Lacan*
218. Don Juan ou Pavlov
par Claude Bonnange et Chantal Thomas